MICHAEL WOLFFSOHN

Meine Juden – Eure Juden

Michael Wolffsohn

Meine Juden – Eure Juden

Piper
München Zürich

Die Forschungsarbeit für dieses Buch wurde durch die großzügige Förderung der *Volkswagen-Stiftung* ermöglicht.
Sie wurde besonders durch das Bayerische Staatsministerium für Unterricht, Kultus, Wissenschaft und Kunst im Rahmen der »Forschungsstelle deutsch-jüdische Zeitgeschichte« e. V. gefördert.

Für
KLAUS PIPER
Er gab die Anregung
zu diesem Buch

ISBN 3-492-03637-6
© Piper Verlag GmbH, München 1997
Satz: Wirth, München
Druck und Bindung: Pustet, Regensburg
Printed in Germany

Inhalt

Scheinheiligkeiten

Dasein ohne Sein

Juden in der »antifaschistischen« DDR

Israel und die Juden in Deutschland

An den Rand notiert

Wie normal ist heute jüdisches Leben in Deutschland?

Scheinheiligkeiten

Ein Vorwort

Wie leben Juden nach der Menschheitskatastrophe (hebräisch »Schoa«) in Deutschland, im Land des millionenfachen Judenmordes? Sie leben wie eben Menschen leben. Sie sind Menschen mit Tugenden und Schwächen; genau wie die Nachfahren der Täter, Mitmacher und Mitläufer; wie die Überlebenden selbst. Wo Menschen ganz einfach Menschen sind, begegnet man überall und immer Scheinheiligkeiten. Immer. Wahrlich nicht nur im deutsch-jüdisch-israelischen Verhältnis, aber auch hier. Und von diesem Beziehungsgeflecht, also von der Geschichte der Juden in Deutschland *nach* 1945, will ich in diesem Buch reden. »Die Scheinheiligkeit« an sich gibt es nicht, wohl aber viele verschiedene Scheinheiligkeiten. Und weil es keine Scheinheiligkeit an sich gibt, kann man auch keine *Geschichte* dieser deutsch-jüdisch-israelischen Scheinheiligkeiten, sondern nur *Geschichten* schreiben. Diese Geschichten lassen kleine Bilder entstehen, Miniaturen, die zusammengenommen eine Art Gesamtbild ergeben. Das jedenfalls ist meine Absicht und Hoffnung.

In diesem Buch steht Erforscht-Geschichtliches, belegt durch Archivmaterialien, neben Geschichten, Anekdoten, Gedankensplittern, Erinnerungsfetzen und Versuchen (»Essays«) über das deutsch-jüdisch-israelische Verhältnis nach dem millionenfachen Judenmord.

Objektivität ist ein unerreichbares Ziel, um das sich der Wissenschaftler ebenso bemühen muß wie der Publizist. Das sei versucht. Nicht selten ist der Schreibende und Beschreibende selbst Akteur. Ich spiele auf der Bühne dieses Theaters auch eine kleine Rolle, besser oder schlechter – je nach persönlichem Geschmack des Zuschauers. Meine ganz persönlichen, also stets subjektiven Erfahrungen und Erlebnisse gehören zu deutsch-jüdisch-israelischen Geflechten und Gefechten nach 1945.»Objektiv« kann ich (wie jeder Betroffene und Handelnde) darüber nicht schreiben. Um eine Objektivierung meiner subjektiven Erfahrungen muß und will ich mich freilich bemühen.

Mit dem Juden als Menschen, als »Mensch wie du und ich«, haben Deutsche *und* Juden ihre Probleme. Die christlich-jüdische Geschichte kennt im allgemeinen nur das *Zerrbild* oder das *Idealbild* vom Juden. Das Realbild fehlte fast stets. Das trug zu Mißverständnissen, zum Mißverhältnis, zum Unverhältnis und schließlich zum millionenfachen Judenmorden bei.

Das Bild vom Juden schwankt hierzulande seit dem Mittelalter zwischen Zerrbild einerseits und Idealbild andererseits. Seit dem Vierten Laterankonzil, 1215, wurden wir Juden als »Judenschweine« dargestellt. Kaum eine Kirche, die seitdem nicht, bestens sichtbar, eine »Judensau« als provokative »Verzierung« aufwies.

Nicht besser der Reformator Luther, der die »Judensau« an der Kirche von Wittenberg eindringlich und durchaus zustimmend beschrieb. Den mehr als unmenschlichen, also nichtmenschlichen Darstellungen folgte während der Aufklärung Lessings Idealbild: »Nathan der Weise«. Ein großer, großartiger Mensch. Ein Mensch? Ein Übermensch! Der Gegenschlag ließ nicht auf sich warten, erfolgte schon in der Aufklärung. In Voltaires »Candide« entsprechen alle drei auftretenden Juden dem voraufklärerischen Zerrbild. Trauriger Höhepunkt altneuer Zerrbilder war der »Stürmer« des Julius Streicher, das nationalsozialistische Hetzblatt. Nach 1945 wurden wir Juden, zumindest in Westdeutschland, geradezu heilig gesprochen. Aus den vermeintlichen Teufeln wurden Engel. Ein Realbild vom Juden als Mensch wurde und wird kaum gezeichnet. Es gibt nur das entweder – oder, schwarz oder weiß.

Der 1988 verstorbene Vorsitzende des Zentralrates der Juden in Deutschland, Werner Nachmann, galt vielen Zeitgenossen als eine Art Übermensch,»Superman«, Saubermann und Heiliger. Er fiel jedoch (nach seinem Tod) und wurde zum Menschen – für manche aber zum jüdischen Unmenschen, zum »jüdischen Schieber«.

Sein Nach-Nachfolger Ignatz Bubis wurde (vor seinem Amtsantritt) in ähnlicher Weise als Unmensch, mieser Spekulant und finsterer Kapitalist verteufelt – auch von »Fortschrittlichen«. Man erinnere sich an das eigentlich in den Müll gehörende Theaterstück Faßbinders »Die Stadt, der Müll und der Tod«. Nach der vorher zerrbildhaften Verzeichnung wird Bubis nun, als Spitzenvertreter der deutschen Juden, also seit Herbst 1992, in idealer Weise gezeichnet. Ist dieses Bild nun das Realbild? Als »Mann des Ausgleichs und der Gerechtigkeit« pries man ihn sogar im Sportteil der FAZ.[1]

Erfreulicherweise kenne ich auch den anderen Bubis. Einen, der durchaus und ganz gerne polarisiert und einseitig ist. Wann wird es endlich möglich, uns Juden, jeden Juden, als Menschen zu sehen und zu zeichnen? Weder als Übermenschen noch gar als Unmenschen oder Nicht-Menschen (»Judenschwein«), sondern als Menschen mit ganz normalen Stärken und Schwächen.

Das *Realbild* vom Juden überwindet Antisemitismus, weil es den Juden zum Menschen macht. Das Bild vom jüdischen Unter- oder Übermenschen erzeugt Spannungen und Haß, nicht das Bild vom Menschen – im Guten wie im Schlechten.

Innerjüdischen Konflikten oder gar dem ewig-neuen »Jüdischen Krieg«, sozusagen der jeweiligen Fortsetzung des von Flavius Josephus beschriebenen der Antike, weichen besonders die »Guten Deutschen« aus. Sie wollen es allen recht machen, was natürlich ausgeschlossen ist. Deshalb begnügen sie sich mit der zweitbesten Lösung: Sie setzen auf den Juden, der die stärksten

PR-Divisionen aufbringt. Tatsächlich sitzen sie dann zwischen allen Stühlen. Manchmal ist es schmerzhaft, das zu beobachten, manchmal lachhaft.

»Deutsche und Juden«? Gibt es bei den hierzulande lebenden Juden ein Gefühl, das sowohl deutsch als auch jüdisch, also deutsch-jüdisch ist? Kann ein Jude kein Deutscher sein? Gewiß, er (oder sie) kann. Formal und objektiv ohnehin, aufgrund der Staatsbürgerschaft. Aber im Innersten, subjektiv, in ihrer Seele ringen viele Juden in Deutschland mit dem Wort »deutsch«, wenn sie es auf sich selbst beziehen sollen oder wollen. Sehr viele deutsche Staatsbürger jüdischen Glaubens zögern, wenn sie sagen sollen: »Wir Deutschen«. Ihr »Wir« gilt der jüdischen Gemeinschaft, nicht »den Deutschen«. Dies zu sagen, ist wahrlich keine Anklage, es ist allein eine Beschreibung.

Daß ich selbst nicht nur objektiv ein jüdischer Deutscher beziehungsweise deutscher Jude bin, mich sogar als einen »deutsch-jüdischen Patrioten« bezeichne, habe ich zur Genüge schriftlich und mündlich erklärt. Gemeint ist damit vor allem staatsbürgerlicher Einsatz für dieses Gemeinwesen »Bundesrepublik« – weil es eine demokratische deutsche Republik ist. Aus Scheu vor dem Wort »Patriot« sprechen heute manche lieber von »citoyen«. Das ist französisch und unverdächtig. Unblutig war es auch nicht. Man denke an die Französische Revolution ...

Auf eine Wiederholung sei doch nicht verzichtet. Im Fragebogen des FAZ-Magazins gibt es bekanntlich folgende Frage: »Ihre Lieblingsgestalt in der Geschichte?« Meine damalige Antwort gilt nach wie vor. Sie gilt vor allem in bezug auf »Meine Juden«, und auch »Meine Deutschen«. »Moses (geschichtlich?). Er litt unter und an seinem Volk und liebte es trotzdem.«[2]

Viele Personen werden in diesem Buch genannt, kritisiert und attackiert. Nicht, um »Rache« zu üben, sondern weil an diesen Personen, ihrem Verhalten, ihren Verdrängungen, ihren Schuldzuweisungen und Empfindlichkeiten das allgemeine Muster, die Mechanismen deutsch-jüdischer Beziehungen erkennbar werden. Diese Mechanismen sollen aufgedeckt, keine Abrechnungen vorgelegt werden. Am Persönlichen, am Besonderen also, soll das Allgemeine gezeigt werden. Darum geht es.

Um Inhalte und Formulierungen haben einmal mehr mit mir gerungen: Rita, mein Freund Doktor Jürgen Kolbe sowie meine Lektoren Ulrich Wank und Annette Seybold. Es war »eine Lust«, ihre Kritik und Vorschläge zu lesen und mit ihnen zu streiten. Das – etwas abgenagte – Wort »Streitkultur«, hier wurde es Ereignis. Herzlichst danke ich.

Dasein ohne Sein

Im Anfang war der Massentod. Und der Massentod war der Holocaust. Deshalb nannte Frank Stern zurecht (wenngleich nicht ganz originell) seine trotz ihrer Einseitigkeiten bemerkenswerte Analyse über Deutsche und Juden in der unmittelbaren Nachkriegszeit: »Im Anfang war Auschwitz«.[1] Nach dem millionenfachen Judenmord durch die deutschen Nationalsozialisten schien ein jüdischer Neuanfang im Westen ebenso wie im Osten Deutschlands nicht nur absurd, sondern pervers. Verwüstet, im wahrsten Sinne des Wortes, hatten die Nationalsozialisten die deutsch-jüdische Landschaft. Trotzdem entstand in dieser Wüste neues jüdisches Leben.

Überlebende, Rückwanderer, Ostjuden:
Woher sie kommen

Rund eine halbe Million Juden hatten 1933 in Deutschland gelebt. Knapp 10 000 hatten in Deutschland die judenmörderischsten Jahre von 1939 bis 1945 überlebt. 2000 bis 5000 wurden von Nicht-

15

juden versteckt, knapp 4000 überlebten dank ihrer nichtjüdischen Ehepartner.[2]

Nicht die Ideologie zählte dabei, sondern Zuneigung, Partnerschaft und eben Menschlichkeit, nichts als Menschlichkeit. So hatten zum Beispiel nichtjüdische Deutsche dem jungen deutschen Juden Gerhard Löwenthal geholfen. Ihnen hat er sein Überleben zu verdanken. »Ich bin geblieben«, sagte er wohl deshalb nicht ohne Stolz und allen Kritikern zum Trotz.[3]

Hans Rosenthal, nach dem Krieg Quizmaster und Liebling deutscher Radiohörer und Fernsehzuschauer, wurde ebenfalls von deutschen Nichtjuden gerettet. Beide, Löwenthal und Rosenthal, hatten »Zwei Leben in Deutschland« ge- und erlebt.[4] Das eine in der deutschen Diktatur, das andere in der bundesdeutschen Demokratie. Die Art ihres Überlebens hatte Folgen für ihr zweites Leben nach 1945, auf ihre Welt- und Deutschlandsicht: Sie hatten selbst sowohl das teuflische als auch das gute, hilfreiche Deutschland kennengelernt. Nein, sie hatten Deutsche kennengelernt: solche und solche. »Die Deutschen« gab es daher für sie nicht. Den Kampf gegen alte und neue Nationalsozialisten haben sie als gemeinsame Aufgabe von Nichtjuden und Juden betrachtet. Sie verstanden sich nicht als die »Mahner vom Dienst«, eher als Brückenbauer.

Nicht alle Juden oder Nichtjuden wollten über diese Brücken gehen. Aber diese Verweigerung war Teil der innerdeutschen Auseinandersetzung. Sie gehörte nicht ins Spannungsfeld zwischen Juden und Nichtjuden.

Kollektive Denkschablonen über Deutschland und »die« Deutschen waren in dieser ideologisch und politisch vielfältigen und vielschichtigen deutsch-jüdischen Gruppe, in der es eben nicht nur Rosenthals und Löwenthals gab, aufgrund ihrer Lebensgeschichte so gut wie ausgeschlossen. Daß sie sich von der allgemeinen, nichtjüdisch deutschen Bevölkerung ausschließen, sich abkapseln oder ins freiwillige Ghetto zurückziehen würden, war für sie und ihresgleichen undenkbar.

Unverkrampft und unideologisch bewerteten die meisten deutsch-jüdischen Überlebenden daher auch das Problem der sogenannten Mischehen. Ohne Mischehen hätten viele dieser jüdischen Überlebenden gar nicht überleben können. Allein diese Mischehen schufen ihnen die juristischen Schlupflöcher der nationalsozialistischen »Gesetz«gebung und die tätige Hilfe ihrer Partner. Um wieder auf das Beispiel von Hans Rosenthal zu kommen: Obwohl mit einer Nichtjüdin verheiratet, blieb er zeitlebens in der jüdischen Gemeinde zu Berlin sowie im Zentralrat der Juden in Deutschland aktiv. Dem jüdischen Religionsgesetz entsprechend, waren seine beiden Kinder keine Juden. Beide Kinder und die Eltern legten aber wert auf das jüdische Gegenstück zur Kommunion, die Bar- und Bat Mitzwah. Sein Sohn Gert sowie dessen nichtjüdische Frau und Kinder beteiligen sich aktiv am jüdischen Gemeindeleben Berlins. Was das bedeutet? Daß die altjüdischen und orthodoxen Wege nicht die einzigen Wege in die jüdische Zukunft sind.

Im Westen wurden die schon vor 1945 in Deutschland ansässigen Juden zur Minderheit unter den bundesdeutschen Juden insgesamt. In Ostdeutschland blieben sie – innerhalb der noch kleineren jüdischen Gemeinschaft – die Mehrheit. Der Grund: Ostjüdische Überlebende der Vernichtungslager flohen nach 1945 in die Bundesrepublik Deutschland, nicht in die DDR.

OSTJÜDISCHE ÜBERLEBENDE
UND FLÜCHTLINGE

Bis auf knapp 200 000 Menschen schwoll zwischen 1945 und 1948 der Strom ostjüdischer Flüchtlinge aus Osteuropa nach West-Deutschland an. »Displaced Persons« (DP), Entwurzelte also, nannte man sie. Einzelheiten werden wir im Zusammenhang mit Israel und der bayerisch-jüdischen Geschichte beschreiben. Kaum waren diese Juden den deutschen Mördern entkommen, mußten sie sich in ihrer osteuropäischen Heimat, besonders in Polen, vor neuen antisemitischen Verfolgungen der befreiten Landsleute retten. Die Tore Israels waren den Juden damals noch verschlossen. Dafür hatte Großbritannien gesorgt. Es fürchtete schon seit 1939, durch eine Öffnung Palästinas für jüdische Einwanderer die Araber zu verprellen und somit das Treuhandgebiet Palästina, das faktisch eine britische Kolonie war, zu verlieren. Es verlor Palästina trotzdem, kurz danach, 1947/48. In ihrer deutschen Besatzungszone zeigte sich die britische Labour-Regierung ebenso hartherzig und zynisch gegenüber den Schwierigkeiten, mit denen die überlebenden Juden zu kämpfen hatten, wie ihre konservativen Vorgänger unter Chamberlain und Churchill es in ihrer Politik seit 1939 gewesen waren. Ab Juli 1946 wurden Juden selbst nicht mehr in den »Displaced-Persons«-Lagern der britischen Zone aufgenommen. Praktizierter Humanismus?

Die französische Besatzungszone war winzig, die sowjetische wenig anziehend und (wie wir zeigen werden) zum Teil aktiv abstoßend. Juden, die vor den Nachkriegspogromen aus Osteuropa flohen, kamen nach Deutschland, aber nicht nach Ostdeutschland, in die SBZ. Keiner blieb dort, schreibt Harry Maor.[5]

Diese Juden stimmten mit den Füßen ab: widerwillig für Deutschland, aber gegen das kommunistisch gestaltete und keineswegs judenfreundliche. Die Folge: Außer den westlichen Sektoren Berlins wurde die amerikanische Besatzungszone das Hauptsiedlungsgebiet osteuropäisch-jüdischer Flüchtlinge. Die meisten wanderten in den späten 40er und frühen 50er Jahren aus, meistens ins 1948 gegründete und nun allen Juden offenstehende Israel. Doch etwa 12 000 aus Osteuropa stammende Juden blieben in West-Deutschland. Noch heute leben die meisten »Ostjuden« in Bayern und München.[6] Sie sind hier unfreiwillig gestrandet, hadern mit sich selbst und ihrer Umwelt – entwurzelte Menschen mit einem tragischen Schicksal. Natürlich wäre es ihnen spätestens seit den 50er Jahren objektiv möglich gewesen, sich in jedem westlichen Land niederzulassen oder auch nach Israel überzusiedeln. Zu jenem Zeitpunkt hatten sie jedoch geschäftliche Wurzeln in Deutschland geschlagen. Hätten sie noch einmal ihre Wanderung aufnehmen und wieder neu anfangen sollen? Die meisten konnten es nicht mehr; weder

seelisch noch gesundheitlich oder auch nur wirtschaftlich.
»Nein«, sagte mir der aus Polen stammende Herr F. im Herbst
1996,»privat pflege ich keine Kontakte zu (nichtjüdischen)
Deutschen. Irgendwann wird ja doch über Politik und Geschichte gesprochen. Und darüber will ich mit den Deutschen
nicht reden.« Kein Leben in Geborgenheit! Im Israel-Kapitel beschreibe ich die Situation ausführlicher.

EIN BLICK AUF BAYERN

Mißhandelt
Am 1. Februar 1947 beschäftigte sich das bayerische Kabinett
mit der »Angelegenheit Wingorsky-Mulfinger«. Sie war höchst
unappetitlich.[7] Im noch gar nicht so neuen Deutschland war
Altbekanntes geschehen. Einem Juden, Herrn Wingorsky eben,
waren (so lesen wir im Protokoll)»durch einen Nationalsozialisten (namens Mulfinger; M.W.) mit Hilfe von Wohnungsamt
und Polizei zugewiesene Möbel weggenommen worden«. Dabei
wurde »der Jude schwer mißhandelt«. Ministerpräsident Ehard
(CSU) bat sein Innenministerium »um Aufklärung«. Er bekam
sie.

Ja, der Jude war mißhandelt worden, und das Wohnungsamt
hatte die Anweisung erteilt, dem Juden die Möbel wegzuneh-
men. »Er selbst«, so der Innenminister, habe »Anweisung gegeben, Mulfinger sofort zu verhaften«.

Offenbar hatten auch Polizisten Wingorsky mißhandelt, denn
(so der Innenminister weiter) die »schuldigen Polizeibeamten
seien gestern von Polizeipräsident Pitzer vernommen worden und
würden wohl vom Dienst suspendiert«.

Der Ministerpräsident war »aufs höchste entrüstet über die
unglaublichen Methoden, die in diesem Fall von Polizei und
Wohnungsamt angewendet worden seien. Wenn man schon
wage, gegen Juden in dieser Form vorzugehen, könne man sich
denken, mit welchen Mitteln man in anderen Fällen arbeite.«[8]
Konkreter wurde er nicht.

Vorfall und Reaktion sind bezeichnend für die Nachkriegszeit:

für die allgemeine Not, für die Wohnungsnot, für die Kontinuität des Alten (Mulfinger, Polizei) im allgemein Aggressiven und Antisemitischen sowie nicht zuletzt für den Willen zum Neuanfang. Konkret: für ein besonderes Entgegenkommen, das zumindest die politische Führung den Juden gegenüber anstrebte – nicht nur in Bayern. Auf der gesellschaftlichen Ebene steckte im Neuen noch viel Altes, aggressiv Antisemitisches.

Klassisch ist der Fall des einstigen Staatskommissars für die rassisch, religiös und politisch Verfolgten in Bayern, Philipp Auerbach. Dieser hatte – rein rechtlich gesehen – nicht korrekt gehandelt. Ebenfalls rein rechtlich stellte sich im Gerichtsverfahren heraus, daß seine Vergehen längst nicht so dramatisch waren, wie ursprünglich behauptet. Höchst unerfreulich waren aber die antisemitischen Neben- und Untertöne seiner nichtjüdischen Gegner und Richter. Drei seiner fünf Richter waren zuvor der NSDAP verbunden gewesen. »Feinfühligkeit« der besonderen Art einem Auschwitz-Überlebenden gegenüber ... Freilich hatte Auerbach auch jüdische Gegner[9] – wir kommen später darauf zurück.

Die »unkontrollierte Zuwanderung von nichtdeutschen Flüchtlingen (Juden)« war 1946/47 besonders von den Ministerpräsidenten der Länder in der amerikanischen Besatzungszone kritisiert worden. Die »bevorzugten Rationierungen und Wohnungszuteilungen an Displaced Persons bedeuten für Deutschland eine große Bürde«, meinten sie. Für »diese neuen Flüchtlinge könne Deutschland keine Verantwortung übernehmen, weder moralisch noch sonstwie«.[10]

Gewiß, im israelischen Außenministerium erkannte man sehr wohl, daß die »deutschen Ministerpräsidenten den Antisemitismus nicht wiederbeleben wollen, aber sie wiegeln, wenngleich indirekt, eher auf als ab«. Sie haben das Ganze ihrer »wenig toleranten Öffentlichkeit erst ins Bewußtsein gebracht«.[11]

Kein Geld für die Synagoge?
Im August 1947 bestand für das Vorderhaus der Synagoge in der Münchener Reichenbachstraße Einsturzgefahr. Sollte Bayern die

Instandsetzungskosten von 250 000 Mark übernehmen?[12] Das aus CSU und SPD bestehende Kabinett bewilligte 200 000 Mark als »freiwilligen Zuschuß«. Die »Anerkennung einer Rechtspflicht« wurde einhellig abgelehnt. Dies sollte auch öffentlich »betont« werden. Von einer moralischen und geschichtspolitischen Verpflichtung war nicht einmal andeutungsweise die Rede. Der Sozialdemokrat Hoegner wollte gegenüber »den Belangen der Jüdischen Kultusgemeinde«, wie schon zuvor, »sehr weitherzig« sein. Aus moralischer Überzeugung? Nein, »um wegen einer verhältnismäßig niedrigen Summe nicht in Verruf zu kommen«.

Antisemitische Staatsorgane?

Am 28. März 1949 brachen 18 Juden aus Süddeutschland mit dem D-Zug nach Israel auf. Auf dem Bahnhof Schwandorf kam es zu einem Zwischenfall mit der Bahnpolizei.[13]

Einer der Juden hatte – welch schreckliches Vergehen – »beim Verlassen des Bahnsteigs keine Bahnsteigkarte, da diese von seinem Kameraden mitgenommen wurde. Diese Lapalie artete in einen Streit aus.«

Einige Bahnpolizisten meldeten sich zu Wort: »Was für ein Volk seid ihr denn, ihr verfluchten Juden, es ist nur schade, daß man euch nicht alle umgebracht und vergast hat.« Den freundlichen Worten folgten Taten: Schläge mit dem Gummiknüppel.

Kaum erfreulicher verliefen im Juli und August 1949 die Zusammenstöße zwischen der Polizei und Juden in München.[14] Bis dahin hatte allein die US-Militärpolizei den jüdischen Schwarzmarkt kontrolliert, die deutschen Ordnungshüter beobachteten den nichtjüdischen. Nun aber gaben die Amerikaner ihre Verantwortung an die Deutschen ab. Für die Juden ein verständlicher Schock, denn sie lebten zwar in, aber losgelöst von Deutschland und den deutschen Behörden, sozusagen exterritorial.

In seinem internen Bericht an das israelische Außenministerium legte Konsul Livneh den größten Wert auf die Feststellung, daß jegliche jüdische Aktivität in Deutschland abzulehnen sei, und für Schwarzmarkttätigkeiten hatte er noch weniger als kein Verständnis. »Wir haben die hiesigen Juden auf die Gefahren stets aufmerksam gemacht. Wir hatten sie davor gewarnt, wieder in Deutschland Wurzeln zu schlagen. Ihr Eintritt ins deutsche Wirtschaftsleben werde unweigerlich dazu führen, daß sie, anders als in den (DP)-Lagern exterritoriale Rechte hätten.«[15] Trotz aller grundsätzlichen Bedenken bat Livneh seine Regierung, sich bei der US-Administration dafür einzusetzen, daß amerikanischen und nicht deutschen Polizisten die Kontrolle und der Schutz von Juden obliegen sollten.[16] Er wußte weshalb.

Der Schutz aller Juden gehört zum grundlegenden Staats- und Selbstverständnis Israels. Auf Dauer war natürlich auch für Israel der quasi exterritoriale Status der Juden in Deutschland nicht hinnehmbar. Erstens wäre ein Konflikt mit den USA programmiert gewesen. Diese übertrugen offenkundig immer mehr hoheitsrechtliche Aufgaben den deutschen Behörden. Im Zeitalter des Kalten Krieges waren die Amerikaner nicht an Konflikten mit Westdeutschland interessiert. Zweitens war Israel nichts an jüdischer Existenz in Deutschland gelegen. Drittens genoß jeder Jude seit der Errichtung des jüdischen Staates dort ständigen Schutz. Eine dauerhafte Schutzfunktion Israels für Juden in Deutschland wäre also außenpolitisch und ideologisch für Jerusalem widersinnig gewesen. So gesehen, war es logisch, daß Israel alle Hebel, auch Druckmittel in Bewegung setzte, um die in Deutschland lebenden Juden zur Auswanderung ins Land der Väter zu motivieren.

Judenreines Bayern?
War auch in der politischen Klasse nicht alles Gold, was glänzte?[17]

Vom Zuzug weiterer Juden zeigte sich die bayerische Regierung im Juni 1947 wenig begeistert, als aus der Tschechoslowakei 625 Juden ausgewiesen wurden, »da sie deutsch sprächen und früher die deutsche Schule besucht hätten«. Das war nun wirklich eine neue Tragödie nach der Tragödie der millionenfachen Judenvernichtung. Während der deutschen Besatzung wurden die tschechischen Juden als Juden verfolgt. Als »Deutsche« verfolgten sie dann die Behörden der neuen Tschechoslowakei.

Nach dem kommunistischen Umsturz vom Februar 1948 wurden dann die Juden als Juden verfolgt. Das ging bis zur Vollstreckung des Todesurteils nach einem Schauprozeß gegen den Generalsekretär der KP, Rudolf Slansky, und andere meist jüdische »Mitverschwörer«.

Zurück ins Jahr 1947 zu den Problemen der Bayern mit ihren zureisenden Juden. Ministerpräsident Ehard fragte die Ministerrunde, »ob denn wirklich alle derartigen Gruppen nach Bayern müßten«. »Derartige Gruppen« – keine sehr sympathische Formulierung. Innenminister Seifried berichtete gar, »es läge ihm außerdem schon ein Bericht vor über die Auswanderung von 51 Juden aus der Türkei«. Staatssekretär Gentner malte das Horrorszenarium mit seinen Vorurteilen weiter aus: »Jeder Jude« habe »mindestens zehn Angehörige, Freunde oder Bekannte ..., die ihm nachfolgten.«

Im Klartext: In Sippen, also nicht wie zivilisierte Völker, träten die Juden auf. »In seinem Landkreis befänden sich 600 polnische Juden. Von diesen würden nur zwei wirklich arbeiten, während alle anderen Schwarzhandel trieben. Die Folge sei Judenhaß, der früher völlig unbekannt gewesen sei.« Eine erstaunliche Interpretation der Geschichte, zwei Jahre nach dem Holocaust.

»Mit ernster Sorge« betrachtete Ministerpräsident Ehard »das Problem«, denn der »Antisemitismus werde in einer Form kommen, die man bisher nicht gekannt habe«. Sollte der Zuzug dieser wenigen Juden Schlimmeres auslösen als den Holocaust? Das war wohl nicht gemeint. Ehards Sprache war gewiß ungenau. Oder sprach er aus, was er im Unterbewußtsein dachte? Gegen die 625 tschechischen Juden, so meinte er, »werde man sich wohl nicht wehren können«. Dann aber basta: »Man müsse ... darauf hinweisen, daß es damit auch sein Bewenden haben müsse.«

Ein anderer Staatssekretär hegte zur jüdischen Einreise nach Bayern diesen Gedanken: Man solle »zurückfragen (wo, das sagte er nicht, M. W.), ob Württemberg und Hessen auch Juden aufnehmen müßten«. Diese Politiker empfanden es offenbar als

23

höchst unangenehm, ihrem fast »judenreinen« Volk nach 1945 wieder Juden zumuten zu müssen.

Staatsminister Hundhammer wollte Nägel mit Köpfen machen. Er wandte »sich in diesem Zusammenhang gegen die Sonderbehandlung der Juden«. Unter dem Deckmantel, Privilegien zu verweigern, sollten Juden ausgesperrt bleiben.

Auch bei der Lektüre der bayerischen Kabinettsprotokolle wird man den Eindruck nicht los, daß man die Juden am liebsten losgeworden wäre. Freilich: 90 Prozent aller in Deutschland lebenden Displaced Persons (DPs) waren noch Anfang 1951 in Bayern zu finden.[18]

Der Wohnungsbau für die verschleppten Personen (DPs) erregte besonders in den Kommunen viel Mißstimmung. Die Staatsregierung »sei an alle in Frage kommenden Städte herangetreten«, aber »der Widerstand versteife sich immer mehr«. Lediglich Weißenburg habe sich »einverstanden erklärt«, 50 Wohnungen zu bauen, berichtete der zuständige Staatssekretär im April 1951.[19] Und weiter: »An sich sei dieser Widerstand nicht recht verständlich, da früher oder später diese Wohnungen doch den Städten zur Verfügung stünden.«[20] Der Grund: Mit der »Abwanderung der DPs« wurde fest gerechnet.[21] Am liebsten sahen die jeweils Ortsansässigen die Juden woanders. So hat der Oberbürgermeister von Regensburg im Januar 1952 »Verwahrung dagegen eingelegt«, daß »650 DPs aus dem Regierungsbezirk Schwaben« in seine Stadt kommen sollten.[22]

Nicht nur auf Regensburg, sogar »auf die Stimmung in den Vereinigten Staaten und in Israel« mußten damals die armen bayerischen Politiker achten.[23]

Hilfe, die Juden kommen
Gerade Israel und der übrigen Außenwelt gegenüber hätte Bayern ein vortreffliches Entlastungsargument vorbringen können: Es hatte ja schon so viele Juden, viel mehr als alle anderen deutschen Länder oder gar europäischen Staaten aufgenommen: die Juden, die aus Israel und Frankreich nach Bayern kamen. Aus Osteuropa waren sie schon 1945/46 in Scharen gekommen, um

dem dortigen Antisemitismus zu entfliehen.[24] Die Juden kamen, sie waren aber unwillkommen.

Im Februar 1953 rechnete der damals noch zum BHE (Bund der Heimatvertriebenen und Entrechteten), dann zur CDU zählende Staatssekretär Oberländer mit 60 jüdischen Flüchtlingen »aus der Sowjetzone«. Sie sollten ins DP-Lager Föhrenwald. Der Staatssekretär hielt es deshalb für »dringend notwendig, die aus Israel stammenden Juden, die sich dort illegal aufhielten, zu entfernen«.[25] Was für ein Wort! Ist es so entfernt von »ausmerzen«? Kontinuität im Wandel?

Eine gewisse Beklemmung kann man nicht überwinden: Oberländer wurde bekanntlich vorgeworfen, im Zweiten Weltkrieg an fürchterlichen Massakern beteiligt gewesen zu sein. Er wurde in mehreren westdeutschen Gerichtsverfahren rehabilitiert. Trotzdem werden immer wieder Zweifel laut, ob die belastenden Materialien, die seinerzeit die DDR vorgelegt hatte, wirklich gefälscht waren.[26] Wie auch immer: Der Nachgeschmack ist eben doch bitter, und die Beklemmung bleibt. Es gab sie schon damals. Es hätte sich doch gewiß auch ein anderer finden lassen, der sich mit Juden und jüdischen Fragen beschäftigte. Offenbar war dies jedoch alles andere als ein bayerisches Problem. Die »Personalpolitik« der Bundesregierung »bei der Besetzung höchster Beamtenstellen (Globke, Dr. Kutscher, Dr. Erich)« nannte der Vorstand des Verbandes der Jüdischen Gemeinden Nordwestdeutschlands im September 1950 »eine Brüskierung für unsere Gemeinschaft«.[27]

Das »Entfernen« der Juden aus Bayern sollten nun, nach dem Holocaust, aber keine Deutschen, sondern die Juden selbst übernehmen. »Da man bisher mit polizeilichen Maßnahmen keine guten Erfahrungen gemacht habe«, schlug Oberländer vor, »daß sich die Bayerische Staatskanzlei über das Auswärtige Amt oder unmittelbar an den israelischen Konsul in München wende und ihm mitteile, Israel habe sich verpflichtet, diese Juden zurückzunehmen.« Er wußte auch, wie man es am gescheitesten durchführe: Für »die Abnahme dieser Personen« müsse eine Frist bis zum 1. April 1953 gesetzt werden.[28] »Abnahme von Personen«.

Man kennt die »Warenabnahme«. Aber die »Abnahme von Personen« ...? Wie soll man das nennen? Bürokratendeutsch? Unmenschliches Deutsch? Aus dem Wörterbuch der Unmenschen? Auf jeden Fall wurden die Juden als Störenfriede wahrgenommen und behandelt.

Und der Strom jüdischer Störenfriede riß nicht ab. Schon im Dezember 1952 waren »plötzlich aus Paris illegal 200 Juden eingetroffen«. Anfang Mai gesellten sich weitere einhundert dazu. Oberländer schien verzweifelt, denn Mitte Mai wurde (von wem?) »angekündigt, daß 3000 bis 4000 Illegale im Anzug seien. Seit dieser Zeit gebe es nichts wie Schwierigkeiten, vor allem auch mit den anderen, rechtmäßig in Föhrenwald befindlichen Juden, so daß sogar der Leiter des Jüdischen Hilfswerks gewarnt habe, weiteren Zuzug zu genehmigen.«[29] Der Leiter des Jüdischen Hilfswerks machte also die inhumane Sicht- und Vorgehensweise human. Sie wurde sozusagen koscher. Zumindest war sie Teil eines (wandeln wir Flavius Josephus ab) »Jüdischen Krieges«.

Israel wollte Juden im jüdischen Staat haben, doch offenbar wollten nicht alle Juden in den jüdischen Staat. »Bedauerlich« fand Oberländer jedenfalls die Haltung des Vorsitzenden der Israelitischen Kultusgemeinde, Herrn Weinberger. »Im Gegensatz zu den anderen Juden« habe der »die Illegalen in jeder Weise« unterstützt.

Unterstützung fand Oberländer statt dessen beim Sozialdemokraten Hoegner, dem stellvertretenden Ministerpräsidenten. Er wollte die Illegalen auch nicht weiter »dulden«.

Der bayerische Ministerpräsident meinte: »Wenn es schon nicht möglich sei, die 300 an die Grenze zu bringen, so sei man keinesfalls verpflichtet, sie in Föhrenwald zu lassen.«[30] Wie gut, daß man auch nach dem Holocaust alles ganz legalistisch anpakken konnte ...

Bayern und andere Deutsche durften ein reines Gewissen bewahren, denn sowohl Israel als auch der Zentralrat der Juden in Deutschland und die amerikanisch-jüdische Organisation HIAS halfen bei der »Rückführung« der Rückwanderer.[31]

Wir-Gefühl?
Die innere Zerrissenheit von vielen der heute in Deutschland
lebenden Juden ist die Folge ihres äußeren Schicksals. Aus Osteuropa stammen sie. Dort überlebten sie die Hölle der Vernichtungslager, im Versteck oder im Untergrund. Die meisten ihrer
Angehörigen und Freunde wurden von Deutschen ermordet. In
Osteuropa, besonders in Polen, wurden sie auch nach dem Holocaust weiter verfolgt. Deshalb flohen sie nach Deutschland, das
zuvor für alle Juden das »Land der Mörder« war. Besonders nach
Israel oder in die USA wollten sie. Sie hatten aber für einen
nochmaligen Neuanfang keine innere oder äußere Kraft. Knapp
4000 ehemalige DPs kamen in den frühen 50er Jahren vor allem
aus Israel ins »Land der Mörder« zurück – mit schlechtem Gewissen. Die späteren Rückwanderer und ihre Kinder hatten dagegen
dieses schlechte Gewissen nicht oder zumindest seltener. Sie
wußten, was sie in Deutschland erwartete, sie kannten die beiden
Deutschland, das dunkle und das helle. Kein Wunder also, daß
ein Daniel Cohn-Bendit (oder auch ich) mit »gutem Gewissen«
in Deutschland leben kann.[32] ˙
   Ihr schlechtes Gewissen gaben die in Deutschland gestrandeten Überlebenden ihren Kindern weiter. Wem gegenüber haben
sie ein schlechtes Gewissen? Sich selbst, ihren ermordeten Angehörigen, den Israelis und den übrigen Juden gegenüber. Sie
waren und blieben gebrochene Menschen, obwohl, nein, gerade
weil sie überlebt hatten.
   Ein deutsch-jüdisches *Wir-Gefühl* konnte bei der Generation
der Eltern und Kinder einfach nicht entstehen.
   Wird es künftig entstehen? Bis 1989/90 waren rund zwei Drittel
der in Deutschland lebenden Juden osteuropäischer Herkunft.
Diese Menschen konnten ein deutsches Wir-Gefühl nicht haben,
denn die NS-Mörder hatten ihnen ihr Ich-Gefühl für alle Zeiten
geraubt.
   Inzwischen hat sich die Zahl der in Deutschland lebenden
Juden von damals rund 28000 auf circa 50000 erhöht. Sie
kamen aus den GUS-Staaten. Für sie ist Deutschland nicht das
»Land der Mörder«, sondern fast so etwas wie das Gelobte Land,

zumal sie in das (biblisch) Gelobte Land, nach Israel also, gar nicht wollten. Deutschland ist das Land ihrer Wahl, aber ihre innere Heimat ist es noch nicht. Das wird sich in der zweiten Generation ändern. Selbst nach den zahlreichen antisemitischen und fremdenfeindlichen Verbrechen der Jahre 1991/92 bedauerten die wenigsten jüdisch-russischen Einwanderer, nach Deutschland gekommen zu sein.[33]

Das bedeutet langfristig: Die heutigen »Juden in Deutschland« werden dann eines Tages mehrheitlich »deutsche Juden« sein. »Deutsch« in einem inneren Sinne, bezogen auf ihr Wir-Gefühl. Ob sie ein jüdisches Wir-Gefühl dann auch noch haben werden? Die Zeichen der Entwicklung weisen nicht auf die Religion hin, sondern von der Religion weg. Bei Juden ebenso wie bei Nichtjuden.

München ehrt den Judenvertreiber
Die beiden folgenden Geschichten verdeutlichen auf ihre Weise, wie schwierig es für Juden sein kann, ein deutsches Wir-Gefühl zu entwickeln.

Die Von-Kahr-Straße im Nordwesten der bayerischen Landeshauptstadt kennt fast jeder Münchener Autofahrer. Sie ist eine der großen »Ausfallstraßen«. Benannt wurde sie nach Gustav Ritter von Kahr. Zwei Männer gleichen Namens kommen dabei als Geehrte in Frage. Der eine, der Ältere und Vater des Jüngeren, war nur Präsident des Bayerischen Verwaltungsgerichtes. Der ebenfalls erzkatholische (also »schwarze«) Sohn erklomm höhere Erfolgsstufen. Er war 1920/21 Ministerpräsident Bayerns und 1923 »Generalstaatskommissar«. Als Generalstaatskommissar ließ er im Oktober 1923 Juden aus München regelrecht vertreiben.[34]

Von Kahr junior betätigte sich 1923 zunächst als Steigbügelhalter (»nützlicher Idiot«) Hitlers und wechselte dann die Front. Daß der »Hitlerputsch« vom 9. November 1923 niedergeschlagen wurde, war nicht nur, aber auch ihm zu verdanken. Hitler lohnte es ihm 1934 auf seine Weise: Er ließ ihn im Zusammenhang mit dem »Röhm-Putsch« 1934 ermorden.

Das wäre, dachten Münchens Stadtspitzen nach dem Zweiten Weltkrieg, der rechte Stoff, aus dem gute Ehrungen (wie Straßennamen) sind: ein Schwarzer, der von den Braunen ermordet wurde. Gedacht, gesagt, getan.

Schon in den 6oer Jahren empfanden einige Münchner Bürger diesen Straßennamen als nicht ganz koscher im neudeutschen Sinne. Der damalige Oberbürgermeister Hans-Jochen Vogel suchte intern eine pragmatische, kostengünstige Lösung, denn die Umbenennung von Straßen ist nicht nur teuer, sie ist bei den Anwohnern meistens unbeliebt. Sie kostet also auch Wählerstimmen. Was tun? Ein Pfiffikus entdeckte den gleichnamigen Vater. Fortan verbreitete die Stadt die Version, daß die Von-Kahr-Straße nach von Kahr senior benannt sei.

Hier und da gab es trotzdem peinliche Pannen. Dem »Opfer des Nationalsozialismus«, dem Junior also, setze die Straßenbenennung ein ehrendes Denkmal. So ist es in einem von der Landeshauptstadt München noch 1993 herausgegebenen Buch zu lesen, für das Oberbürgermeister Christian Ude und Kulturreferent Siegfried Hummel das Vorwort schrieben.[35]

Mehrmals machte ich OB Ude (SPD) darauf aufmerksam und schlug vor, wenigstens Schildchen anzubringen, daß der Vater Namensgeber gewesen sei. Alles vergeblich.[36]

Sabine Csampai, Grüne Bürgermeisterin Münchens, hatte ich auch angeschrieben. Sie würdigte mich nicht einmal einer Antwort. Und wie reagierte die CSU Münchens? Sie fürchtete in einer ihrer Hochburgen Wähler zu verlieren – und tat auch nichts. Die »Einheitsfront« der Demokraten, hier gibt es sie. Du glückliches München ...

Zwischen allen Stühlen: Der CSU-Jude
Marian Offmann, Mitglied des Vorstands der Israelitischen Kultusgemeinde München und praktizierender Jude, kandidierte bei den Münchner Kommunalwahlen vom 1o. März 1996 für die CSU. Nur zögerlich hatte die Basis der CSU seine Bewerbung akzeptiert. Mit Platz 28 wurde er »belohnt«.

In der Gemeinde kritisierten ihn viele, weil er für eine C-, also
»christliche« Partei kandidierte, »und überhaupt in einer deutschen Partei«, wie manche grummelten.[37] FDP-Mitglied Ignatz
Bubis flog jedoch extra nach München, um vor einem ausgesuch-
ten Publikum über und für den jüdischen CSU-Bewerber zu sprechen. Eine schöne Geste.

In einer Briefaktion stellte sich Offmann seinen CSU-Partei-
freunden vor. Es kam eine Antwort. In Umlauf gebracht wurde
eine Liste, die folgende Überschrift trug: »Wahlvorschlag für alle
Wähler, die trotz Max Strauß und Peter Gauweiler noch CSU
wählen«. Die Partei»freunde« wurden aufgefordert, Offmann
und die von ihm empfohlenen Kandidaten auf dem Wahlzettel zu
streichen, was in Bayern, ebenso wie das Häufeln von bis zu drei
Stimmen für einen Bewerber, möglich ist. Bemerkenswert war
die Begründung für die vorgeschlagenen Streichungen: Bei Offmann wurde die Tatsache erwähnt, daß er jüdischer Immobi-
lienkaufmann sei. Ähnliche »Vorwürfe« waren in den 80er Jahren von dem Filmemacher Rainer Werner Fassbinder gegen
Ignatz Bubis gekommen. Neben den meisten übrigen Strei-
chungsvorschlägen stand: »Von Offmann empfohlen«. Auch aus
anderen Gründen wurden auf dieser Liste Bewerber diffamiert.
Einer wäre ein »Handy-Schwätzer«, war zu lesen. Kein Argument aber wurde so oft verwendet wie »von Offmann empfohlen«. Es lebe die Versöhnung zwischen Deutschen und Juden.

Fast ebenso engagiert betätigte sich die linksliberale Orts-
presse, allen voran die »Süddeutsche Zeitung«, am deutsch-
jüdischen Brückenschlag. Üblicherweise berichtet sie über jede
jüdische Erdnuß (»peanuts«), Offmanns Kandidatur aber wurde
totgeschwiegen, während der eher konservative »Münchner
Merkur« berichtete. Natürlich hatte die Ablehnungsfront einen
guten Grund: sie könne doch nicht einen Bewerber durch inten-
sivere Berichterstattung bevorzugen. Es lebe die Ausgewogen-
heit!

Offmanns Reaktion dazu: »Jüdische Kultur ist gut, aber die
aktive Beteiligung eines jüdischen Bürgers unter einem konservativen Vorzeichen ... erscheint nicht opportun.«

Die Allianz aus Schwarzen, Braunen, Roten, Rötlichen, Gelben und Grünen hatte Erfolg, besonders in Wahlbezirken mit einem hohen Anteil von Sozialmietern. In Perlach zum Beispiel. Dort fiel Offmann vom vorgeschlagenen Listenplatz 28 auf 42, am Ende fand er sich auf Rang 39. Das reichte nicht für einen Sitz im Rathaus.

Gewiß, es gab auch andere unbekannte Kandidaten, die durch Streichungen und Häufelungen zugunsten anderer verloren. So schlecht wie Offmann ging es keinem. Es lebe die, ach, so bunte Große Koalition der Judenfreunde.

RÜCKWANDERER

Deutsch-jüdische Emigranten, Auswanderer, die nach 1945 zurückkamen, also »Remigranten« wurden, gab es auch. Nicht viele, aber es gab sie. Maor nennt die Zahl von 2060.[38] Kommunistischen Juden fiel diese Rückwanderung leichter. Sie sahen es so: Gemeinsam mit den Alliierten, besonders der Roten Armee und der Kommunistischen Bewegung innerhalb und außerhalb Deutschlands, war der »Faschismus« besiegt worden. Nun galt es, nach der gemeinsamen Zerstörung des alten Deutschland, auch gemeinsam das »Neue Deutschland« aufzubauen. Besonders deutlich ausgeprägt und formuliert findet man diese Weltsicht bei Alexander Abusch, der unter anderem die Kulturpolitik der DDR mitprägte.[39]

Anders als die Legende besagt, gewährte die SBZ, dann DDR, tatsächlich nur handverlesenen Rückkehrwilligen die Rückkehr. Über die Einwanderungsgenehmigung für Stefan Heym hatte immerhin das Politbüro zu entscheiden, das mächtigste Gremium der DDR.[40] Wäre man in West-Deutschland ähnlich vorgegangen, hätte 1954 das Kabinett Adenauer über die Rückkehr der Familie Wolffsohn entscheiden müssen ...

Zur deutsch-jüdischen Crème de la crème gehörten die Wolffsohns nicht. Sie gingen in den Westen, während so mancher große Kopf in den Osten Deutschlands ging: zum Beispiel Anna Seghers, Alfred Kantorowicz, Arnold Zweig, Hans

Meyer, Ernst Bloch, John Heartfield, Stephan Hermlin oder auch die Brüder Eisler. Nicht alle blieben, manche zogen weiter: in den Westen. Zunächst hatte es sie aber in den scheinbar fortschrittlichen Osten gezogen.

Die Zahl all derer, die nach 1945 in den westlichen und östlichen Teil zurückkehrten, schätzt Burgauer auf plus minus 10 000.[41] Sehr ungenau und zum Teil auch widersprüchlich sind diese Zahlen. Das liegt nicht zuletzt daran, daß der Zentralrat und viele Gemeinden die Auswertung von Archivmaterialien für den Bruch eines Staatsgeheimnisses halten. Man muß auch das historisch verstehen, wenngleich es gerade dem Historiker schwerfällt, dies zu billigen.

Meistens werden nur die frühen Rückwanderer erwähnt. Es gab jedoch einige wenige, die viel später nach Deutschland zurückkamen. Auch aus biologischen Gründen, ihres hohen Alters wegen, wurden es immer weniger. Es gab sie aber, und bemerkenswert sind sie: Der Schriftsteller Hans Sahl zum Beispiel. Im fast methusalemischen Alter kehrte er nach Deutschland zurück, das ihn – viel zu spät – gebührend ehrte.

Kurt Lachmann, ein entfernter Verwandter, kehrte nach Deutschland zurück; in sein Deutschland, ins Saarland, das er freilich zunächst lieber enger mit Frankreich verbunden gesehen hätte. Er wurde unter den Franzosen Polizeipräsident. Den Posten nahm er nicht an, um Rache zu üben, sondern um Vorbild der Versöhnung – ohne Vergessen – zu sein. Ihm gelang in seinem schweren Amt bis 1955 die Quadratur des Kreises: bei Deutschen und Franzosen war er beliebt.

Wenn meine Frau und ich öfters in den 1970er Jahren mit ihm im Saarbrücker Restaurant»Horch« am Sonntag saßen, erzählte er uns mit diebischer Freude über diesen und jenen:»Seht ihr, der war mal ein richtiger Nazi. Hat sich nach dem Krieg redlich bemüht, ein anständiger Mensch zu werden. Hab ihm dabei geholfen. Er wußte natürlich, daß ich wußte, wie braun er in der Nazizeit war. Ihm war das peinlich, nicht mir.« Kurt Lachmanns zwei Kinder zog es nach Frankreich.

Gemessen an den circa 250 000 deutschen Juden, die ihre

Heimat bis 1939 lebend verlassen konnten, blieb die Zahl der Rückwanderer natürlich winzig.

ISRAELIS IN DEUTSCHLAND

Auch über die Zahl der in Deutschland lebenden Ex- oder Paßisraelis gibt es nur mehr oder weniger informierte Schätzungen. Bis in die frühen 50er Jahre kamen circa 3000 Juden aus Israel nach Deutschland. Die meisten hatten als Entwurzelte osteuropäischer Herkunft zwischen 1945 und 1948 in den Lagern der »Displaced Persons« auf deutschem Boden gelebt. Vereinzelt kamen auch deutsche Juden zurück, die seinerzeit vor den Nationalsozialisten nach Palästina geflohen waren. Zu diesen wenigen zählte die Familie Wolffsohn. Mein Großvater Karl Wolffsohn betrachtete sich bis zu seinem Lebensende nicht als »Rückwanderer«. Er kam schon im Dezember 1949 nach Deutschland, um die »Arbeiten für die Wiedergutmachung einleiten« zu können, persönlich, an Ort und Stelle und deshalb »intensiver«.[42] Nicht nur unwillige bundesdeutsche oder Westberliner Bürokraten machten ihm das Leben dabei schwer. Seit 1945 hatten sich neue, historisch höchst seltsame Seilschaften gebildet; zum Beispiel aus alten Nazis und Angehörigen der Besatzungsbürokratie. Karl Wolffsohn mußte gegen einen hochrangigen Franzosen kämpfen, der sich mit einem alten NS-Parteigenossen namens Borchard Wolffsohnsche Beute gerne aufgeteilt hätte. Alle Absprachen waren schon getroffen worden – bis der Spielverderber Karl Wolffsohn auftrat.[43] Er machte den braven Franzosen, den Capitaine Chambon, auf, sagen wir, einige Ungereimtheiten aufmerksam.

Der Franzose hieß, wohlgemerkt, Chambon und nicht »Jambon«, Schinken, also wie das Hinterteil des für uns Juden unkoscheren Schweines. Aber mein Großvater Karl Wolffsohn empfand das alles doch eher als unkoschere Schweinerei. Mein »Opa Karl« war eben ein koscherer Mensch, wenngleich er durchaus auch unkoscher aß, Schweinefleisch zum Beispiel.

Monsieur Chambon dagegen sah das natürlich alles ganz

anders. Richtig zackig wurde er: »Hier habe ich zu befehlen, nicht Sie!« schrie er Karl Wolffsohn an.

Cool, wie man neudeutsch sagen würde, reagierte Karl Wolffsohn: »Selbstredend haben Sie hier zu befehlen, aber kann Ihr Befehl auch Gesetze brechen?«

Der Mann aus Frankreich wurde sanfter, lenkte schließlich ein: »Ich will Ihnen ja helfen, aber ich kann die französische Regierung nicht desavouieren.«

Nun sollte also auch die »französische Regierung« mit dem deutschen Gauner gemeinsame Sache gemacht haben? Was war zuvor geschehen? Karl Wolffsohn sah es so: »Tatsächlich hatte man (in der französischen Besatzungsbehörde) mit Borchard geschoben, mich mit Briefen beruhigt und in Tel-Aviv gehalten« und wollte »die Schiebungen decken«. Meinen »Opa Karl« konnte man aber weder bremsen noch abschieben. Mit seinem Raketenantrieb setzte er sich ins Flugzeug und kam nach Deutschland, nach West-Berlin.

»Es wird harte Kämpfe geben«, notierte er im Januar 1950. Er behielt recht. Sie dauerten bis zu seinem Tod am 6. Dezember 1957, und darüber hinaus, an. Sein Sohn, mein Vater Max Wolffsohn, hat sie erfolgreich beendet. Zum Teil gegen den erbitterten Widerstand deutscher und alliierter Behörden. Letzteres war noch schwieriger, denn das »Vorgehen gegen (die) französische Regierung ist für einen deutschen Anwalt unmöglich. Jede Kritik an den Besatzungsbehörden ist nämlich verboten. Und weil Israel zudem keine konsularische Vertretung hat, muß sich jeder Jude seiner Haut selbst wehren. Ob mit Erfolg, bleibt abzuwarten«, notierte mein »Opa Karl«.[44]

Wie »Vor dem Gesetz« (Franz Kafka) stand Karl Wolffsohn, und sein durchaus realer »Prozeß« trug dann durchaus surrealistische Züge. Aber er ließ sich nicht abweisen. Beim französischen Hochkommissar persönlich beschwerte er sich.[45]

Sehr wohl gab es schon Anfang 1950 Gesetze zur individuellen Entschädigung beziehungsweise »Wiedergutmachung«. »Aber der Geist dieser Gesetze wird (in den deutschen Behörden) in ein Nichts verwandelt«, notierte Karl Wolffsohn bitter.[46] Und

»gefühlsmäßig« seien die alliierten Stellen »stillschweigend einverstanden, sonst könnten die Gesetze jederzeit entsprechend ergänzt werden«. Sein Fazit: »Langsam wird der Gedanke der ›Sabotage‹ bei allen Beteiligten zur Tatsache.«[47] Auch vor der israelischen Regierung glaubte Karl Wolffsohn auf der Hut sein zu müssen: Sie wolle selbst alle jüdischen Werte in Deutschland auflösen und den Berechtigten im Lande bar oder in Anleihen zahlen.[48] Das, so »Opa Karl«, bringe den Eigentümern große Verluste – die er nicht hinnehmen mochte. In israelische Anleihen setzte er damals offenbar so wenig Vertrauen wie in die Landeswährung, das israelische Pfund. Da war ihm die D-Mark lieber.

Einer seltsamen Koalition stand Karl Wolffsohn gegenüber: Alliierte, Deutsche, einige Juden (deren Namen keiner der Leser kennen würde) und auch der Staat Israel machte es ihm nicht gerade leicht.

Viele Fälle wie die des Karl Wolffsohn gab es nicht, weil nur wenige der einst deutschen Juden in ihre frühere Heimat zurückkamen. Aber einzig oder gar einzigartig ist der Fall Karl Wolffsohn nicht. Er ist durchaus repräsentativ für die kleine Gruppe der frühen deutsch-jüdischen Rückkehrer. Die meisten dieser wenigen betrachteten sich, wie mein »Opa Karl«, nicht mehr als Deutsche, sondern als Israelis. »Unser Land« und »unsere Regierung« war für Karl Wolffsohn in einem Brief zwei Jahre vor seinem Tod das Land Israel und die Regierung Israels.[49]

»Ist Deutschland heute noch das Vaterland der in Eretz (Israel) oder sonstwo lebenden deutschen Juden?« fragte sich »Opa Karl« im Juli 1950. Seine Antwort: »Das Vaterland hat uns Juden abgestoßen, verleugnet und negiert. Deshalb hat Deutschland seine Stellung als Vaterland verloren ... Wenn ein Vater seinen Sohn verstößt, bleibt er doch der Vater, wenngleich ein schlechter, und der Sohn bleibt doch der Sohn. Deutschland bleibt deshalb unser Vaterland, aber Israel ist unser Mutterland, auf das wir nun unser Interesse konzentrieren.«[50]

»Für die empfindlichen Auslandsjuden« (zu denen sich Karl Wolffsohn zählte) sei die Atmosphäre auch im Westsektor Berlins »nicht tragbar. Man empfindet, daß man nicht mehr hierher gehört, und will daher seine Sachen ordnen.«[51] Deutschland war und blieb für ihn so wenig sein Land wie die jüdische Nachkriegsgemeinde Berlins seine Gemeinde wurde: »Wenn man glaubt, daß die jüdische Gemeinde und deren Synagogen den früheren deutschen Juden seelischen Halt und Stütze geben, irrt man sich ... Eine andere Welt! Andere Menschen! ... Anders in Tradition, anders in der Durchführung des Gottesdienstes ... Ein anderes Milieu, Menschen aus Polen etc., die viel erlitten und viel durchmachen mußten. Man bedauert, aber man kann sich nicht mehr zurechtfinden.«[52]

Abstoßend war für ihn der Kampf von »Juden gegen Juden ... In diesem Milieu kann sich ein deutscher Jude aus Israel nicht zurechtfinden. Diese jetzigen – meist polnischen – Juden fragen nicht nach dem früheren jüdischen Besitzer, wenn sie heute ›billig‹ zu diesem früher jüdischen Besitz kommen können. Und wenn dann ein früherer deutscher Jude seinen Besitz fordert, schreien diese, daß man sie betrogen und reingelegt hat. Das ist das Milieu, das sind die maßgebenden und führenden Menschen in der Jüdischen Gemeinde Berlin.«[53] Das war die Wahrnehmung von Karl Wolffsohn, der bis zu seinem Tod auf Distanz zu dieser Gemeinde und ihrer Führung ging. Auch und erst recht zu Heinz Galinski, den er aufgrund einschlägiger Informationen dem Milieu des Berliner Schwarzmarktes zurechnete.[54] Dafür gibt es jedoch, trotz der Zuverlässigkeit meines Großvaters, nicht den geringsten archivalischen Hinweis; nicht einmal im Archiv der Polizei, sei es Ost- oder West-Berlin.

Dagegen gab es 1996/97 nicht nur Hinweise auf mehrfach nachgeprüfte Presseberichte über unkorrekte Immobiliengeschäfte führender Repräsentanten der Jüdischen Gemeinde zu Berlin. Zwar repräsentierten sie diese Gemeinde, doch repräsentativ waren sie weder für die Mehrheit noch die Moral ihrer Gemeinde. Sowohl Nichtjuden als auch jüdischen Nachfahren von Holocaustopfern gegenüber hatten sie sich, sagen wir »unkorrekt«, verhalten.

Eine innerjüdische Schlammschlacht folgte. Unkorrektheiten

und Schiebereien, so die Gemeindeopposition, habe allein die Vorstandspartei begangen. Nein, konterte diese, nur oder zumindest auch in den Reihen der Opposition seien die Übeltäter zu finden.[55] Jahrelang hatten diese Mitglieder der Gemeinderepräsentanz Geschäft und Politik vermengt und zugleich die alldeutschen Moralwächter gespielt. Sie »predigten Wasser und tranken Wein«. Die Spatzen pfiffen es schon lange von den Dächern Berlins, doch die politisch-publizistische Öffentlichkeit spielte die Farce mit. »Aus Angst, Antisemitismus zu schüren.« Das war ebenso gut gemeint wie töricht. Was Unrecht ist, muß Unrecht genannt werden, denn das Vermengen von Politik und Geschäft ist wahrhaftig keine jüdische Eigenheit.

Das Gefühl für Recht und Unrecht fehlte aber jenen ins Gerede gekommenen Repräsentanten der Jüdischen Gemeinde zu Berlin. Ein Zufall, der individuell erklärt werden kann oder allgemein-historisch eingeordnet werden muß? Beides trifft zu. Die historisch bedingte Erklärung interessiert uns hier. Sie sei skizziert.

Die erwähnten jüdischen Repräsentanten Berlins gehören entweder der Generation der Holocaustüberlebenden an oder es sind ihre Nachfahren, also Angehörige der zweiten Generation. Die meisten Überlebenden grenzen sich als Juden von ihrer nichtjüdischen Gesellschaft ab. Den Deutschen und ihren einstigen europäischen Kollaborateuren gegenüber verspüren sie – als unmittelbare Folge der Verfolgungen und Morde – eine tief verinnerlichte Wir-Ihr-Distanz, sowohl sozial als auch politisch und normativ. Diese Wir-Ihr-Distanz haben sie ihren Kindern weitergegeben, und bei diesen ist sie ebenfalls verwurzelt.

Rational wissen sowohl die Holocaustüberlebenden als auch ihre Nachfahren natürlich, daß die Bundesrepublik ein ganz anderes Deutschland als das »Dritte Reich« ist, emotional, in ihrem Innersten, haben sie diesen Wandel nicht mitvollzogen.

Antisemiten aller Länder haben zur Entstehung dieses Gefühls kräftig und seit Jahrhunderten beigetragen. Die meisten der heute in Deutschland lebenden Juden oder ihre Nachkommen stammen aus Osteuropa, und dort gehörte der Antisemitismus traditionell schon fast zum »guten Ton«. Deshalb war dort auch die Kluft zwischen Juden und Nichtjuden sehr tief.

Wer ein derart gebrochenes Verhältnis zu seiner Umwelt und keinerlei innere Bindung zu ihr hat, verspürt auch weniger Barrieren, sie zu betrügen. Eine jüdische Minderheit hat sich – über das geschichtlich gewachsene und verständliche Gefühl der Nichtzugehörigkeit hinaus – angemaßt, »Recht« nach ganz persönlichem Nutzen zu begreifen. Sie haben sich damit selbst vom Recht an sich sowie dem Streben nach Gerechtigkeit und Anstand abgekoppelt; von Maßstäben, die sowohl für Juden als auch für »Gojim«, eben für alle Menschen guten Willens gelten. Geschichte, die jüdische Leidensgeschichte und die Unmoral der einstigen Gojim mißbrauchen sie als Alibi ihres eigenen heutigen unmoralischen Verhaltens. Doch Betrug ist Betrug.

Wer, wie diese jüdische Minderheit, kein Rechtsempfinden hat, wird nicht »nur die Gojim übers Ohr hauen«, sondern auch »die eigenen Leute«, also auch Juden. Genau das geschah in der Berliner Gemeinde. Deshalb wurden auch jüdische Nachfahren von Holocaustopfern durch eigene Glaubensgenossen betrogen. Solche Geschäftemacher waren weder in den 90er noch in den späten 40er Jahren, obwohl zu den Gemeinderepräsentanten zählend, repräsentativ.

Aus gut gemeinter, doch falsch verstandener geschichtspolitischer Rücksichtnahme verhielt sich die längst informierte nichtjüdische Öffentlichkeit Berlins, besonders in Medien und Justiz, wie die berühmten drei Affen: Nichts sehen, nichts hören, nichts sagen. Erkannten sie nicht, daß sie damit eigentlich die Juden in Mißkredit brachten, die sich an Recht und Gesetz hielten, also die überwältigende Mehrheit der in Berlin und Deutschland lebenden Juden? Sie erkannten es nicht, denn sie setzten die Mitglieder der Gemeinderepräsentanz mit »den Juden« gleich. Im Denkgefüge der bundesdeutschen Verbandsdemokratie gefangen, war die Repräsentanz der Juden für sie eben identisch mit »den Juden«. Und so entsteht dann, was alle verhindern wollten: Antisemitismus. Ein betrügender Jude, der offen zur Rechenschaft gezogen wird, ist nicht das Problem. Es entsteht erst, wenn dunkle Geschäfte zunächst verheimlicht und allmählich doch öffentlich und dann »den Juden« als Gesamtheit angelastet werden.

Die meisten Berliner Juden waren über ihre Repräsentanten empört, wollten aber diese dreckige Wäsche nicht öffentlich waschen. Kein Wunder, daß ein geprellter Jude aus Israel, und kein deutscher Jude, im Herbst 1996 die Mauer des Schweigens durchbrach und »auspackte«. Malte Lehming vom Berliner »Tagesspiegel« brachte den Mut auf, das alles endlich zu veröffentlichen. Prompt wurde er des »Antisemitismus« bezichtigt.[56] Absurdes Theater.

Einen politischen und moralischen Scherbenhaufen haben diese jüdischen Repräsentanten ihrer Gemeinde hinterlassen. »Was hier passiert, ist zu viel«, meinte schließlich auch der Vorsitzende der Repräsentantenversammlung, Michael Zehden, und verzichtete auf künftige Gemeindepolitik. Es solle »nur jemand in der Gemeinde führen, der nichts mit Immobilien zu tun hat. Sonst ist er immer irgendwie angreifbar.«[57]

Im Geiste »Opa Karls« bin ich aufgewachsen, er hat meine Wahrnehmung geschärft, weshalb es nicht selten zu scharfen Gegensätzen zwischen den Gemeindeführungen und mir gekommen ist. Bequemer, wenngleich unaufrichtig, wäre es gewesen, die Moral-Farce der Gemeindeführung mitzuspielen und auch als Wolffsohn mit den Wölfen zu heulen. Jüdische ebenso wie nichtjüdische Amtsträger, Politiker und Publizisten hätten einen Ruhestörer weniger gehabt. Ich aber hätte meine Seelenruhe verloren. Danke, »Opa Karl«.

Die Macht der Gewohnheit und des Alltages (im Jargon: »die normative Kraft des Faktischen«) machte Israelis wie Karl Wolffsohn und die Seinen allmählich zu »Deutschen«, die dann Deutsche ohne Anführungszeichen wurden; nicht nur objektiv als Staatsbürger, sondern auch subjektiv, in ihrem persönlichen Empfinden. Auch hierin sind die Wolffsohns alles andere als einzigartig. Sie wurden auch innerlich Deutsche – aber behielten gerne ihre feste innere Verbindung zu und mit Israel.

Die Mehrheit der einst deutschen Juden in Israel verhielt sich eher wie mein Großvater mütterlicherseits, Justus Saalheimer aus Bamberg, dann Tel-Aviv. Anders als Karl Wolffsohn hatte Justus Saalheimer im Ersten Weltkrieg freiwillig, also aus Überzeugung, gedient, als »Königlich-Bayerischer Ulan«. Ebenfalls aus Überzeugung hatte sich Karl Wolffsohn gedrückt. Dem Kaiser Wilhelm Zwo wollte er nicht dienen. Sein Enkel Michael versteht das gut. Justus Saalheimer kämpfte mutig, er wurde sogar mit dem »Eisernen Kreuz« ausgezeichnet. »Zweiter Klasse«, aber immerhin. Noch 1961 zeigte mir »Opa« in Tel-Aviv stolz das Metallstück. »Zurück nach Deutschland? Ja, als Tourist. Gerne und mehrfach nach dem Krieg. Aber wieder Bürger Deutschlands? Ich? Nein danke! Ich verzeihe den Deutschen nicht, was sie mir angetan haben. Vor allem am 9. November 1938. Die SA kam zu uns, um mich zu verhaften. Ich hielt das für ein Mißverständnis und wies auf mein EK II hin. Ein Schlag mit dem Gummiknüppel des SA-Mannes klärte das Mißverständnis auf. Zur Belohnung brachte mich die SA nach Dachau.«

Nach heftigen und abenteuerlichen Kämpfen wurde Justus Saalheimer im März 1939 aus Dachau entlassen. Mit seiner Frau und den drei Töchtern konnte er, sozusagen im letzten Augenblick, nach Palästina fliehen. Die Flucht dorthin war keinesfalls selbstverständlich, da die Briten seit 1922 Juden nur äußerst selektiv und seit dem 17. Mai 1939 noch seltener in ihr Mandatsgebiet einwandern ließen.

Die Saalheimers hatten auch dabei Glück im Unglück. Justus Saalheimers Bruder Siegfried (jawohl, »Siegfried«) war damals schon Direktor des landesgrößten Geldinstituts, der »Anglo Palestine Bank« (heute »Bank Leumi«). Wie einst der germanische Held Siegfried kämpfte der deutsch-jüdische Siegfried Saalheimer um die Einwanderung seiner Familie ins Gebiet der Briten.

Sein ganzes (damals durchaus beträchtliches) Vermögen mußte Justus Saalheimer in Deutschland lassen. Er wurde von der Bundesrepublik Deutschland nur unzureichend entschädigt, weil er, aus anderem Holz als Karl Wolffsohn geschnitzt, der westdeutschen Bürokratie nicht gewachsen war.

Einen Streich spielten die Saalheimers den Nazis noch. Anstatt ihnen alles zu überlassen, buchten sie für die Schiffspassage Triest–Haifa Luxuskabinen. »Don Juans letztes Abenteuer«, kommentierte Justus Saalheimer. Mehr schlecht als recht boxte er sich dann im britisch-palästinensischen und später israelischen Alltag durch. Assimiliert waren die Saalheimers also auch. Sehr, sehr deutsch. Wie gesagt, der Bruder meines Großvaters hieß »Siegfried«. Mein Großvater hatte »gedient«, und er aß unendlich gerne deutsche Bratwürste. Das »Bratwurstglöckel« in Nürnberg war sein Lieblingslokal. »Juden ist der Eintritt verboten«, stand dort ab 1935 am Haupteingang. Was tat Justus Saalheimer? Er betrat das Lokal durch den Nebeneingang.

Es sind schon Größere als Justus Saalheimer wegen ihrer kleinen Laster schwach geworden: Hatte sich nicht Galileo Galilei (zumindest im Theaterstück von Bert Brecht) mit Gänsebraten über seinen Widerruf hinweggetröstet? Was der Gänsebraten beim großen Galileo, war die Bratwurst beim kleinen Justus Saalheimer.

Wie Justus Saalheimer blieben die meisten der einst deutschen Juden als oft belächelte »Jeckes« in Israel. Manche wurden bedeutende Professoren, aber die meisten lernten die Landessprache nur unvollkommen und verwechselten, wie mein »Opa Justus«, sogar das Wort Tisch mit dem Wort Knie. Dabei könnte man die beiden hebräischen Wörter leicht unterscheiden. Tisch heißt »Schulchan« und Knie »Berech«.

Diejenigen, die wenigstens das hebräische Vokabular und die Grammatik beherrschten, hatten eine Aussprache, die einem die Haare zu Berge stehen ließ. Der eine sprach fränkisches, der andere bayerisches und der dritte sächsisches Hebräisch. Unüberhörbar war der jeweilige deutsche Dialekt. Beim Sachsen zum Beispiel war der Apfel kein »Tapuach«, sondern ein »Dabuach« ...

Justus Saalheimer und die anderen Jeckes hatten überlebt, und ihren Lebensabend beendeten sie ganz bescheiden, ein wenig (nicht viel) verbessert durch deutsche Wiedergutmachungsgelder im Tel-Aviver Kreis deutsch-jüdischer Emigranten, eine Art Deutschland in Israel. »Opa« sprach dabei immer vom »Klub des Goldenen Alters«.

»Opa Karl« dagegen lebte, so sein handschriftlicher Vermerk im Gebetsbuch, nur »Zur Zeit in Berlin«. Diese Zeit wurde immer länger; für Karl Wolffsohn und die anderen wenigen Rückwanderer. Wie Karl, Max und meine Mutter Thea Wolffsohn behielten sie meistens außer ihrem deutschen Paß auch ihren israelischen. Nur der seltsame Purist Michael Wolffsohn handelte anders. Mit seinen Eltern kam er 1954 nach West-Berlin, legte dort 1966 das Abitur und 1967 das Vordiplom im Fach Volkswirtschaft an der Freien Universität ab und diente dann freiwillig drei Jahre im israelischen Militär. Ebenso freiwillig kehrte er danach, 1970, zurück. Seine israelische Staatsbürgerschaft gab er 1983 auf. Nicht, weil er von der damaligen deutschen Modekrankheit des Anti-Israelismus beziehungsweise Antizionismus befallen gewesen wäre. Er empfand die doppelte Staatsbürgerschaft als Schizophrenie; als ein für Israel und ihn selbst »unwürdiges Rollenspiel«. Obwohl freiwillig und auf Dauer wieder in Deutschland lebend, spielte er durch den Israelpaß bei jedem Israelbesuch die Rolle des israelischen Bürgers. Artig ließ er sich den Stempel für die Befreiung vom Reservedienst beim Militär geben. Ebenso brav zahlte er, wie damals alle Israelis, am Flughafen die Ausreisesteuer, wenn er nach Deutschland heimreisen wollte. Kasperletheater dieser Art wollte er weder Israel noch sich selbst antun. Das schrieb er in einem freundschaftlichen Brief dem damaligen israelischen Botschafter. Dieser und seine Nachfolger haben das gut verstanden. Man freundete sich an.

JUDEN AUS GUS-STAATEN

Schon vor dem Fall der Mauer, seit den 70er Jahren, strömten zahlreiche Juden aus der Sowjetunion nach Deutschland, besonders nach West-Berlin. Rund dreitausend dürften es gewesen sein. Den angeblichen »Kalten Kriegern« aus den USA und dem Staat Israel hatten die sowjetischen Juden dies zu verdanken. Vor allem der Senator Jackson aus dem US-Bundesstaat Washington hatte, mit seinem Kollegen Vanik, im US-Kongreß durchgesetzt, daß Handelsvergünstigungen an die UdSSR mit der Ausreisegenehmigung für Juden gekoppelt werden sollten. Auf neudeutsch nennt man eine solche Verknüpfung »linkage«. Die Väter und Mütter dieses Gedankens saßen – keine Überraschung – in Israel. Der Dank der seit Mitte der 70er Jahre ausreisenden sowjetischen Juden war dem jüdischen Staat gewiß: Scharenweise zogen sie vor, was auf hebräisch »Neschira«, auf deutsch »Absprung« heißt. Im Klartext: Anstatt ins Gelobte Land der Väter zu ziehen, bestiegen sie (meistens in Wien) das Flugzeug in die USA oder den Zug ins einstige Land der Mörder. Sowohl historisch als auch klimatisch war Deutschland kälter, aber Israel war ihnen in jeder Hinsicht zu heiß. Sie suchten nicht unbedingt das süße Leben, wohl aber das bequemere. Der Mensch lebt nicht von Geschichte, auch nicht »vom Brot allein« – aber er verdient es gerne auf leichtere Art.

Wie viele sowjetische Juden stiegen während der Fahrt nach Israel aus und sprangen ab? Bis 1989 stieg der Anteil auf rund 80 Prozent. Israel reagierte empört und suchte Abhilfe. Weil die meisten in die USA weiterzogen, wurden Israels Politiker und Diplomaten in Washington vorstellig. Sie hatten Erfolg. Die USA verhängten fortan auch für jüdische Einwanderer Jahresquoten. Nur 40 000 sollten es sein.

Streiten mögen andere über die Haltung der sowjetischen Juden, wir beschreiben hier nur den Gang der Menschen und Dinge. Für die völlig überalterte Gemeinde West-Berlins jedenfalls bedeutete diese Zuwanderung einen wahren Jungbrunnen. Endlich gab es wieder eine biologische Perspektive. Zuvor

drohte diese Gemeinschaft nämlich auszusterben, Deutschland
doch noch »judenrein« zu werden, denn trotz vereinzelter Rückkehrer war der Zeit der großen Zuwanderung in den Jahren 1945
bis 1948 die große Abwanderung gefolgt – eben bis zur zweiten
großen Zuwanderung der 70er und besonders der 90er Jahre.
Verständlich, daß Heinz Galinski diese Juden, trotz israelischer Proteste, gerne aufnahm. Leicht war diese Aufnahme
nicht, doch sie gelang gut. Die weniger zahlreichen, doch bemer-
kenswerten, sagen wir, »Probleme« hat Irene Dische in ihrem
Erzählband *Fromme Lügen* witzig-boshaft skizziert.[58]

Am 9. November 1989 fiel bekanntlich die Mauer, und der
Eiserne Vorhang wurde hochgezogen. Ausziehen wollten die
Juden der UdSSR nun scharenweise. Weil die Spät-DDR, die
dann eine End-DDR wurde, nichts sehnlicher suchte als geschichtspolitische Legitimität vor der Völkergemeinschaft, emp-
fingen sowohl Ministerpräsident Hans Modrow (SED/PDS) als
auch sein frei gewählter Nachfolger Lothar de Maizière (CDU)
die einströmenden Juden mit offenen Armen. Dieser Dynamik
wollte sich das sich vereinigende und dann das vereinte Deutschland unter Helmut Kohl und den Ministerpräsidenten der Bun-
desländer nicht entziehen. Im Januar 1991 wurde eine Regelung
gefunden, die sowohl den Interessen der Juden in Deutschland
als auch dem Staat Israel mehr oder weniger entgegenkam. Die
Folge: Die meisten aus GUS-Staaten stammenden Juden zogen
nach Israel, ein erheblich kleinerer Teil kam nach Deutschland.
Es waren bis Anfang 1996 circa 24 000. Mit ihnen kamen rund
21 000 nichtjüdische Partner.[59]

Hitler hat – dem Fall des Kommunismus sei Dank – nicht
gewonnen. Deutschland wurde nicht »judenrein«. Es gibt eine
jüdische Zukunft in Deutschland. Wie wird sie gestaltet?

Der jüdische Kaufmann:
Was sie beruflich machen

Ende der 50er Jahre ermittelte Maor in den deutsch-jüdischen Gemeinden 43 Prozent Rentner, 34 Prozent selbständig Erwerbstätige sowie 23 Prozent Arbeiter und Angestellte.[60] Die damalige Überalterung zeigt sich am Anteil der Rentner. Bei den Selbständigen waren 72 Prozent im Handel tätig.[61] Ärzte oder Anwälte, also die sozusagen klassischen Berufe der Vorkriegsjuden, fand man nach dem Krieg kaum. Kein Wunder, denn für diese Berufe mußte man studiert haben. Auschwitz und die anderen Lager waren bekanntlich Vernichtungs- und keine Ausbildungsstätten. Wer diese überlebt hatte, suchte sich Erwerbsmöglichkeiten, für die man keine vorherige Ausbildung benötigte. Wer sich darüber empört, daß besonders Herren und Schirmherren des frühen bundesdeutschen Rotlichtmilieus und des Schwarzmarkts nicht ganz selten jüdisch waren, bedenke diese braune Vorgeschichte der Nachkriegszeit. Israels einstiger Botschafter in Bonn, Yohanan Meroz, tut es aus meiner Sicht nicht genügend. Er schreibt über die (west)deutschen Juden in diesen nicht ganz feinen Gewerben: »Manche unter ihnen waren von dem verständlichen Wunsch beseelt, es den Peinigern ›heimzuzahlen‹. Die Form, in der dies gelegentlich geschah – Schwarzmarkt, Spekulation, Zuhälterei und ähnliche Milieuvergehen –, war kein Ruhmesblatt jüdischer Ethik, auch wenn die Motive psychologisch mehr als verständlich waren.«[62] Obwohl er auf sein Verständnis pocht, bringt Meroz meines Erachtens nicht genügend Einfühlungsvermögen für die historisch-psychologische Notlage dieser Menschen auf. Meroz, meine ich, sieht die deutschen Juden wie Ausstellungsstücke von weitem, nein, von oben, von oben herab. Hätten diese Menschen in Auschwitz »jüdische Ethik« lernen sollen? Diese Annahme und Hoffnung ist ebenso unrealistisch wie ein Argument, das Nichtjuden gerne Israelis entgegenschleudern: »Nach Auschwitz« müßten die Israelis der palästinensischen Minderheit gegenüber besonders tolerant sein. Israels Botschafter Meroz saß in gewisser Hinsicht als Israeli im Glashaus, als er diese Bemerkungen niederschrieb. Die meisten der in Deutschland lebenden Juden, die im »Gastgewerbe« oder in »Bars« tätig waren, stammten nämlich aus Israel.[63] Sollten sie das alles dort gelernt haben? Oder waren sie nach Deutschland gekommen, weil dieser Gewerbezweig bis in die 60er Jahre in Israel noch nicht so weit »entwickelt« war wie heute? Wie bei jeder Interpretation kann man auch hier den Spieß umkehren ...

Trotz allem: Die Ausbildungsbilanz der in Deutschland lebenden Juden kann sich sehen lassen.[64] Knapp ein Drittel hatte studiert, fast die Hälfte das Gymnasium mit oder ohne Abitur besucht. Damit verfügten sie über eine deutlich bessere Ausbildung als die meisten Nichtjuden West-Deutschlands,[65] denn 31 Prozent der Juden und knapp acht Prozent der Nichtjuden wiesen 1990 in der Bundesrepublik Deutschland einen Hochschulabschluß vor.[66] Nicht einmal 17 Prozent waren Rentner und mehr als die Hälfte in mittleren oder leitenden Positionen tätig.[67]

»Juden sind immer links«:
Was sie politisch denken

Der Nationalsozialismus und seine Steigbügelhalter waren zweifellos Rechte. Daß die jüdischen Überlebenden zur Rechten insgesamt auf Distanz gehen würden, kann nicht überraschen. Anders als in Weimar und im Dritten Reich war aber in der Bundesrepublik, besonders in der Union, eine demokratische Rechte entstanden – für Deutschland eine historische Neuheit. Trotzdem waren verständlicherweise nichtlinke Parteien bei

Deutschlands Juden anfänglich im Nachteil. An eine erstmals demokratische Rechte mußten sie sich erst gewöhnen. Diese Gewöhnung fiel ihnen in bezug auf die CDU/CSU aus einem zweiten Grund nicht leicht: Das für Christliches stehende »C« im Parteinamen schuf innere Distanz, auch nach 50 Jahren christlich-demokratischer Politik. Das mag man verstehen oder nicht, begrüßen oder ablehnen, es ist eine Tatsache.

Silbermann und Sallen haben dazu 1990 aufschlußreiche Umfrageergebnisse ermittelt. »Mitte-links«, das ist der politische Standort der meisten Juden in Deutschland.[68] »In der Mitte« positionierten sich 59 Prozent, »eher links« 29 Prozent und »sehr links« fünf Prozent. »Eher rechts« sagten vier und »sehr rechts« sagten ein Prozent.[69]

Den »persönlichen Interessen« der befragten Juden West-Deutschlands kam 1990 rot-grün »am nächsten«: 37 Prozent SPD, zwölf Prozent Grüne. Die Werte in bezug auf die Koalition: CDU/CSU und FDP je rund 15 Prozent.[70]

Für wie antisemitisch halten die Juden hierzulande ihre nichtjüdischen Mitbürger? »Mäßig antisemitisch« meinten 1990 rund 62 Prozent, »stark antisemitisch« sagten sieben Prozent. »Nicht antisemitisch« glaubten nur 30 Prozent.[71]

Eine »Bedrohung der eigenen Person« fürchteten allerdings nur 13 Prozent, 87 Prozent fürchteten sie nicht. Eine »Bedrohung der Juden allgemein« glaubten 57 Prozent erkennen zu können.[72] Als Juden in Deutschland hatten 68 Prozent nie »Ablehnung erfahren«, nur 1,6 Prozent »öfter«.[73] Und trotzdem hielten, wie wir sahen, 62 Prozent die Deutschen für »mäßig antisemitisch«. Doch warum sollen Einstellungen von Juden weniger widersprüchlich sein als bei Nichtjuden?

Und die Gretchenfrage: »Deutsche Juden sind zunächst Deutsche« meinten 1990 genau zwei Drittel, ein Drittel lehnte diese Aussage ab.[74] Von der allgemeinen ebenso wie der jüdischen Öffentlichkeit werden die Proportionen wohl eher umgekehrt wahrgenommen.

Nicht gleich, aber doch vergleichbar war die Anfang der 70er Jahre gestellte Frage, ob die in Deutschland lebenden Juden ein »Zugehörigkeitsgefühl« zur »deutschen Kultur« empfänden. Nein, sagten danach 88 Prozent.[75]

Unbemerkt und unbestreitbar hat zwischen den frühen 70er Jahren und 1990 in den Köpfen der hierzulande lebenden Juden eine kleine Revolution stattgefunden: Sie fühlen sich zunehmend als Deutsche, gestehen es jedoch selten weder sich noch gar der Öffentlichkeit wirklich ein. Ausnahmen bestätigen die Regel. Und die *Distanz im Alltag?* Verkehren Juden mit Nichtjuden, haben sie »freundschaftlichen Kontakt«? »Ja«, sagten Anfang der 70er Jahre nur 37 Prozent.[76] Man fragt sich angesichts dieser Antworten ratlos, wie der deutsch-jüdische Weltrekord von Mischehen zu erklären ist – zumal einige Jahre zuvor 64 Prozent der jüdischen Jugendlichen (im Alter von neun bis 18 Jahren) bei einer anderen Umfrage erklärten, sowohl Juden als auch Christen besuchten sie zu Hause.[77]

Im Jahr der Vereinigung, 1990, ermittelten Silbermann und Sallen eine weitaus größere Offenheit, ein ganz und gar anderes Bild: Sowohl mit Juden als auch mit Nichtjuden kamen 63 Prozent zusammen, nur zwölf Prozent blieben ausschließlich unter den eigenen jüdischen Glaubensgenossen.

Wie haben sich die aus GUS-Staaten eingewanderten Juden eingelebt, eingefügt, eingefühlt? Bereuten sie ihre Entscheidung? Die meisten, nämlich 63 Prozent, hätten auch nach ihrer Einwanderung, 1993/94, anderen Juden den Rat gegeben, »nach Deutschland zu emigrieren«. Nur fünf Prozent hätten abgeraten.[78] Das ist die Lichtseite. Hier die Schattenseite: »Selten« oder »nie« »Kontakte zur deutschen Bevölkerung« hatten 40 Prozent der eingewanderten Juden, 35 Prozent wenigstens »gelegentlich«. Kein Wunder, daß 56 Prozent die »sozialen Beziehungen zu Deutschen« als »unbefriedigend« bezeichneten und 27 Prozent als »oberflächlich«, nur neun Prozent als »gut«.[79]

Juden ohne Judentum:
Wie religiös sie sind

»Rabi Hija ben Abba sagte im Namen Rabbi Jochanans: Der Heilige, gepriesen sei er, sah, daß die Frommen spärlich sind. Da verteilte er sie auf alle Generationen«, lesen wir im Talmud (Joma III, XI). Das hat sich im Laufe der Jahrhunderte nicht verändert, ist jedoch kein rein jüdisches Problem – hört man. Wüste, weit und breit. Das ist das vorweggenommene Fazit über die Religiosität der jüdischen Gemeinschaft in Deutschland. Natürlich gibt es praktizierende, tief religiöse, ja orthodoxe Juden in Deutschland. Doch die Mehrheit ist nicht religiös, obwohl die meisten osteuropäischer Herkunft sind, wo traditionell die Orthodoxie ihre Hochburgen hatte, ja, Judentum war für osteuropäische Juden orthodox, nichts anderes. Das westeuropäisch-amerikanische Reformjudentum war für sie eine andere Welt.

Kann eine wie auch immer geartete Reform das Problem des religiösen Desinteresses lösen? Gibt es wirklich auf Dauer ein religionsloses Judentum? »Nicht die volle Synagoge ist der Normalfall, sondern die leere – da hilft auch keine Gottesdienstreform«, meinte P. J. Blumenthal in der jüdischen *Allgemeinen* im Sommer 1996.[80] Vor fast jedem Gottesdienst werde ein »Minjan verzweifelt gesucht«. Ohne einen »Minjan«, also 10 Männern, die älter als 13 sind, kann kein gemeinschaftliches Gebet von Juden stattfinden. Nur etwa fünf Prozent der jüdischen Bevölkerung besuche die Gotteshäuser an einem normalen Sabbat, so Blumenthals Beobachtungen.[81]

Was für 1996 gilt, galt ebenso für die Juden der frühen Bundesrepublik Deutschland. Ende der 50er Jahre hatte Harry Maor in seiner Umfrage fünf Prozent ermittelt, die mehr oder weniger regelmäßig den Sabbatgottesdienst besuchten.[82] 1962/63 gaben allerdings 26 Prozent der von Oppenheimer befragten jüdischen

Jugendlichen im Alter von neun bis 18 an, »jeden Samstag oder noch öfter« in die Synagoge zu gehen.[83] Wo sind sie geblieben? Einige zusätzliche Zahlen müssen wir präsentieren und interpretieren. Ihre Aussagekraft ist weit stärker als die oft sehr verzerrende persönliche Wahrnehmung.

Daß der jüdische Glaube für die jüdische Identität »wichtig« sei, meinten 1990 86 Prozent.[84] Trotzdem meiden die meisten ihre Synagoge. Wie bei vielen Nichtjuden klafft zwischen Erkenntnis und Handeln eine große Lücke. Und die neudeutschen Juden, die aus GUS-Staaten einwanderten? Nur für zwei Prozent bedeutete 1993/94 jüdische Identität, »sich zur jüdischen Religion zu bekennen«.[85] Erstaunlicherweise bezeichneten sich gleichzeitig knapp 13 Prozent als »religiös«.[86] Keine Frage: Religiös ist nur noch eine kleine Minderheit der deutsch-jüdischen Minderheit.

Desinteresse an institutionalisierter Religion ist wahrlich kein rein jüdisches Problem. Wer die gähnende Leere evangelischer oder katholischer Kirchen in Deutschland oder anderen Staaten Europas erlebt hat, weiß, wovon die Rede ist.

Der moderne Mensch ist weitgehend verweltlicht und der Religion entfremdet; »säkularisiert« heißt der Fachbegriff. Den modernen Juden bedrängt ein zusätzliches Problem: Wie kann er »nach Auschwitz« noch an Gott glauben? Wir wollen und werden »jüdische Theologie nach Auschwitz« hier nicht erörtern, aber hinweisen müssen wir auf diesen Abgrund gerade in diesem Zusammenhang.[87] Die extreme jüdische Orthodoxie hat damit die geringsten Probleme: Sie betrachtet auch den millionenfachen Judenmord durch Deutschland (»Holocaust«) als »Gottes Werk«, als »Strafe für die Sünden Israels«.[88] Dieses Teufelswerk als »Gotteswerk« zu interpretieren, fällt nicht nur dem scheinbar glaubensschwachen Nichtjuden schwer.

Die Folge: Jüdische Religiosität ist durch Auschwitz für moderne Juden sehr viel stärker in Frage gestellt. Schon vor dem millionenfachen Judenmord war die Religiosität der Juden durch den Einbruch der Moderne erschüttert, danach bleibt sie weitgehend zertrümmert.

In der jüdischen Gottesvorstellung gibt es sowohl den starken, allmächtigen, als auch den schwachen Gott, der sich sozusagen »einzwängt« oder »einschränkt« oder »kleiner macht«; »Zimzum« heißt das hebräische Wort. Die »Kabbala«, die jüdische Mystik, »spricht vom leidenden Gott, der in seinen Geschöpfen mitleidet, ja mitleiden will«.[89] An diese Gottesvorstellung hat Hans Jonas in seinem Essay »Der Gottesbegriff nach Auschwitz« erinnert: »Nach Auschwitz können wir mit größerer Entschiedenheit als je zuvor behaupten, daß eine allmächtige Gottheit entweder nicht allgütig oder ... total unverständlich wäre. Wenn aber Gott ... verstehbar sein soll (und hieran müssen wir festhalten), dann muß sein Gutsein vereinbar sein mit der Existenz des Übels, und das ist es nur, wenn er nicht *all*mächtig ist ... Aber Gott schwieg. Und da sage ich nun: nicht weil er nicht wollte, sondern weil er nicht konnte, griff er nicht ein.«[90] Zu fragen bliebe dann freilich: Wozu man ausgerechnet an diesen schwachen, ohnmächtigen Gott in dieser »Zeit der Gottesfinsternis« (Martin Buber) noch glauben solle?

Eine tröstliche Erklärung bietet Schalom Ben-Chorin an: Die »beiden Pole Holocaust und Errichtung des Staates Israel« müsse man »in den Blick bekommen ... Der Holocaust war nicht das letzte Wort, war eben *nicht* die Endlösung, als die er gedacht war von Gehirnen, von Haß vernebelt und zerfressen.«[91]

Israels Staatsgeschichte wäre demnach Teil der jüdischen Heilsgeschichte. Man kann es auch so sehen. Muß man es so sehen? Nur glauben oder nicht glauben kann man es. Und damit sind wir bei der »jüdischen Theologie im 20. Jahrhundert«. Sie ist nicht unser Thema. Wer dazu mehr wissen möchte, schlage im gleichnamigen Buch Schalom Ben-Chorins nach. Die Leser werden belohnt, die »Lust an der Erkenntnis« sei empfohlen.[92] Nachdrücklich empfohlen sei Verena Lenzens grundlegendes Werk über *Jüdisches Leben und Sterben im Namen Gottes.*[93]

Nach *geistlich-geistiger* Führung hält man vergeblich Ausschau. Ein neuer Leo Baeck? Wo wäre er? Einer seiner Schüler wagte als Rabbiner die Rückkehr nach Deutschland: Peter Natan Levinson.[94] Schon in der Frühzeit seiner Tätigkeit hatte er gelernt, wer in den deutsch-jüdischen Gemeinden führte: die jüdischen Politiker, nicht der oder die Rabbiner.

Im Militär ist das Primat der Politik unverzichtbar, in einer jüdischen Gemeinschaft, die mehr als nur der Bezeichnung nach »jüdisch«, also nicht zuletzt religiös sein soll, ist die Vorherrschaft der Politik zumindest problematisch. Levinson wurde jedenfalls Anfang 1953 von Heinz Galinski sofort gekündigt, als und weil er selbständig gehandelt hatte.[95] In der Sache selbst bestanden keine Meinungsverschiedenheiten. Rabbinische Selbständigkeit mußte eben bestraft werden. Sie stellte das Primat der Politik – in einer Religionsgemeinschaft (ohne Religiosität) – in Frage.

Auf dem Höhepunkt der antisemitischen Welle in der DDR hatte Levinson die ostdeutschen Juden aufgerufen, Ostdeutschland zu verlassen. Selbst ein so mutiger und kluger Mann wie Levinson gab nach. »Der Klügere gibt nach.« Wirklich? Fortan blieb Levinson im religiösen Elfenbeinturm. Zwischendurch hatte er, im wörtlichen Sinne, das Weite gesucht. Nach der Kündigung verließ er Deutschland wieder zeitweilig.[96]

Nach seiner zweiten Rückkehr erwarb er sich enorme Verdienste um den jüdisch-christlichen Dialog in Deutschland, und auch sonst können sich seine Leistungen sehen lassen. Aber eine geistliche Führungspersönlichkeit wurde er nicht, weil geistliche Führung in der deutsch-jüdischen Gemeinschaft politisch unerwünscht blieb. Der Vorrang der Politik blieb bis zum heutigen Tage unbestritten. Der schnelle Wechsel von Rabbinern in zahlreichen Gemeinden beweist dies ebenfalls.

Rabbinische Nachwuchskräfte resignierten oder gingen ins Ausland. Marcel Marcus aus Berlin ging als Rabbiner in die Schweizer Hauptstadt Bern. 1996 gab er seinen Beruf auf und zog nach Jerusalem, wo er die Traditionsbuchhandlung »Ludwig Mayer« übernahm.

Der ebenfalls aus der Berliner Gemeinde stammende Uri Themal war zunächst Journalist beim »Sender Freies Berlin«, wurde Reformrabbiner, scheiterte durch sein nicht sonderlich rabbinisches Leben weitgehend an sich selbst, verließ der »Frauengeschichten« wegen Berlin und wanderte nach Australien aus.

Zu den herausragenden, in Deutschland beachteten, meistens geschätzten, doch auch (wie stets und überall im Zirkus der Öffentlichkeit) kritisierten und attackierten jüdischen Religionskennern und -denkern zählen Schalom Ben-Chorin und Pinchas Lapide. Der großartige Schalom Ben-Chorin ist inzwischen weit über 80 Jahre alt und Pinchas Lapide ist auch nicht gerade der Jüngste und Gesündeste. Beide wurden bedauerlicherweise in der jüdischen Gemeinschaft Deutschlands kaum beachtet, selten genug geachtet, öfter geächtet.

Tovia Ben-Chorin, der Sohn von Schalom Ben-Chorin, langjähriger Reformrabbiner in Jerusalem, wäre sogar bereit gewesen, nach Berlin zu kommen. »Nein Danke«, sagte die Gemeindeführung. Sie schreckte vor allem davor zurück, religiöse Reformen, auf denen Ben-Chorin bestanden hatte, umgehend einzuführen.

Es gab freilich auch einen anderen, politischen, alles andere als geistlichen Grund: Rabbiner Tovia Ben-Chorin hatte darauf bestanden, regelmäßig an den Sitzungen des Gemeindevorstands teilzunehmen. Was in einer jüdischen Gemeinde geschehe und entschieden werde, gehe den Rabbiner selbstverständlich an, meinte er. Dem Gemeindevorsitzenden Jerzy Kanal und seinen Kollegen ging diese rabbinische Mitsprache entschieden zu weit. Sie entschieden sich auch deshalb gegen ihn.

Manchmal wird das religiös-geistlich groteske Primat der Politik für alle Welt sichtbar. Ein Beispiel von vielen. Es gab frühere und wird gewiß spätere geben. Papstbesuch in Berlin, 23. Juni 1996. In der ersten Reihe vor der Rednertribüne am Brandenburger Tor saß neben den Kardinälen und anderen geistlichen Würdenträgern Ignatz Bubis, der politische Spitzenrepräsentant der deutschen Juden. Welten, nicht nur ihre jeweilige Religion, trennen Bubis und den Papst. Bubis weiß selbst am besten: Für die Religion, sagte er, gebe es die Rabbinerkonferenz. Der Zentralrat sei die politische Vertretung der Juden in Deutschland und nehme, wie das Zentralkomitee der deutschen Katholiken, »gesellschaftliche Aufgaben« wahr.[97] Neben den Kardinälen saß in Berlin aber eben nicht Rita Waschbüsch, die Vorsitzende des Zentralkomitees der deutschen Katholiken; vielmehr waren dort die höchsten geistlich-katholischen Würdenträger versammelt. Natürlich hätte neben ihnen ein Rabbiner sitzen müssen. Doch das Protokoll der Guten Deutschen wagte dies nicht. Was befürchteten sie? Auf diese Weise tragen die wohlmeinenden Gojim ihrerseits zur weiteren geistig-geistlichen Entleerung des Judentums bei. Sie verschärfen unsere geistlich-religiöse Sinn- und Seinskrise. Kann das deutsche Protokoll nicht darauf bestehen, daß neben geistliche Spitzenvertreter eben Geistliche plaziert werden? »Verwirrtes Deutschland«? Nein, (auch) in diesem Falle verständlicherweise konfliktscheu. Sie wissen, was sie tun.

Das wissen auch diejenigen, die im Vatikan für das alle zwei Jahre stattfindende Katholisch-Jüdische Gespräch verantwortlich sind. Die jüdische Delegation wurde zum Beispiel 1994 von Edgar Bronfman geführt, dem Präsidenten des Jüdischen Weltkongresses.[98] Bronfman ist (wie Bubis) ein glänzender Geschäftsmann, aber kein geistig-geistlicher Kopf. Simon Wiesenthal sagte mir einmal: »Früher wurden wir Juden von einer Aristokratie des Geistes geführt, heute von einer Aristokratie des Geldes.« Ein harsches Urteil. Ist es wirklich ganz falsch? Über Bronfman hört man allerdings, daß er seit einigen Jahren dabei ist, seine jüdischen Wissenslücken zu schließen.

Von Galinski zu Bubis:
Wer sie führt

Die Spitzenvertreter der Juden in Deutschland waren und sind alle sehr sichtbar, besonders seit Mitte der 80er Jahre, zum Teil jedoch auch früher. In der deutschen Öffentlichkeit wurde – und wird – es ihnen besonders an Stammtischen ebenso oft vorgeworfen. Was übersehen wird: Nicht sie drängelten sich vor, die nichtjüdische Umwelt drängt sich ihnen auf. Für Jüdisches sind sie ohnehin »zuständig« und deshalb (so der Irrtum) auch für Israel und Nahost; auch für Deutschland an und für sich, ja für die Welt ganz allgemein; nicht zu vergessen: zu Problemen von und gegenüber Minderheiten, in Deutschland und nicht nur hier, reden sie ganz selbstverständlich, natürlich auch über die Last der Geschichte und – wie könnte es anders sein? – über die Moral. Diese allumfassende Zuständigkeit haben nicht sie sich angemaßt, sie wurde ihnen angepaßt. Mag sein, daß Heinz Galinski wirklich die Rolle als Mahner und Wächter der deutschen Demokratie verinnerlicht hat, ich weiß es nicht. Ignatz Bubis hat, das beweist seine Autobiographie,[99] durchaus Distanz und Durchblick behalten, die Mechanismen durchschaut. Daß auch er sich nicht immer dem »Räderwerk« entziehen konnte, kann nicht überraschen.

Meine These sei wiederholt: Vorwürfe, »die Juden«, besonders Heinz Galinski und Ignatz Bubis seit 1992, seien ständig in »den deutschen Medien«, müssen sich tatsächlich an die unzähligen nichtjüdischen Adressen richten.

Die Sichtbarkeit der sichtbarsten deutsch-jüdischen Repräsentanten hat freilich ihre guten Gründe: nicht nur das schlechte Gewissen »der Deutschen«. Es gibt in der Bundesrepublik Deutschland darüber hinaus ein sehr ausgeprägtes, echtes Interesse an jüdischen Fragen, Sorgen oder Wünschen. Das war nicht immer so, das entwickelte sich erst allmählich.

Ganz im Sinne der deutschen Verbandsdemokratie wenden sich deshalb deutsche Medien (und Politiker) an die Vertreter der jüdischen Gemeinschaft. Als »jüdisch« gilt, was die Spitzenvertreter jüdischer Verbände sagen. Eine läßliche Sünde einerseits. Andererseits würgen die Nichtjuden damit unfreiwillig und unwissend Oppositionell-Jüdisches ab und erschweren jüdische Pluralität und Normalität. Im Schlußkapitel haben wir dieses Thema in den größeren Zusammenhang gestellt.

Die Sichtbarkeit der jüdischen Verbandsvertreter hat noch andere Folgen: Sie führt bei der Interpretation von Umfragen über »Antisemitismus in Deutschland« immer wieder zu Mißverständnissen. Als Hinweis auf »Antisemitismus« gilt nämlich national und international die Zustimmung zu der folgenden Frage: »Haben die Juden in diesem Land in den Medien zu viel Einfluß?« Gewiß, die Schwingungen dieser Frage sind alles andere als judenfreundlich. Aber sind sie deshalb gleich »antisemitisch«? Was für Durchschnittsverbraucher deutscher Medien bei der Wahrnehmung zählt, ist etwas anderes: Man sieht, hört und liest von und über Juden wie Bubis, Friedmann oder auch Wolffsohn sehr viel mehr, als gemäß dem jüdischen Anteil an der Bevölkerung zu erwarten wäre. So gesehen, haben »die Juden« wieder »zu viel Einfluß«.

Bei den in der deutschen Politik aktiven und sichtbaren Juden sind zwei Gruppen zu unterscheiden: die Juden, die sich an der allgemeinen Bundes-, Landes- oder Kommunalpolitik beteiligten, und die Juden, die sich vor allem in jüdischen Institutionen betätigten.

Zur ersten Gruppe zählen Herbert Weichmann, Hamburgs langjähriger SPD-Bürgermeister,[100] oder die sozialdemokratische Bundestagsabgeordnete Jeanette Wolff.[101] In seinem diskreten, hinter den Kulissen ausgeübten Einfluß auf den Gang der deutsch-jüdisch-israelischen Wiedergutmachungsverhandlungen kann der SPD-Bundestagsabgeordnete Jakob Altmaier gar nicht überschätzt werden.[102]

Ältere Bundesbürger nennen Ludwig Rosenberg, den ehemaligen Vorsitzenden des Deutschen Gewerkschaftsbundes (DGB), und nicht nur Bürger Nordrhein-Westfalens erinnern sich noch an den sozialdemokratischen Landesjustizminister der Jahre 1966 bis 1972, Josef Neuberger, der von 1956 bis 1959 auch im Direktorium des Zentralrates der Juden wirkte, während einer der wenigen jüdischen Christdemokraten, Siegmund Weltlinger, wohl eher nur älteren Berlinern bekannt sein dürfte. Über den lokalen Rahmen hinaus wurde später ein anderer jüdischer CDU-Mann

national bekannt: Michel Friedman.[103] In deutscher ebenso wie
jüdischer Hinsicht ist er aus ganz anderem Holz geschnitzt als
etwa der wirklich sehr deutschtümelnde Weltlinger. Viel stärker,
als es Weltlinger je tat, betont Friedman das Jüdische. Daß Weltlinger es verdrängt oder gar verschwiegen hätte, wird man behaupten, nicht aber belegen können, zumal er lange Zeit aktiv in
der Jüdischen Gemeinde zu Berlin tätig war, auch als Vorsitzender der Repräsentantenversammlung. Daß Weltlinger, der das
Dritte Reich im Untergrund überlebte, nach dem Holocaust eine
»Idealisierung« Deutschlands betrieben hätte, ist eine maßlose
und unzutreffende Übertreibung, die besonders von seiten Nach-
geborener (ob jüdisch oder nicht) unangebracht ist.[104]

Obwohl seit 1945 die Mehrheit der Gemeindemitglieder osteuropäischer Herkunft waren, gaben bis weit in die 8oer Jahre die *aus
Deutschland stammenden Juden* politisch den Ton in den Gemeinden an. Sie blieben unter den gemeindlichen Spitzenpolitikern überrepräsentiert. Ignatz Bubis personifiziert den Brük-
kenschlag: Er stammt aus einer orthodoxen polnisch-russischen
Familie, die wenige Jahre vor seiner Geburt nach Deutschland
zog.[105] Geboren ist er 1927 in Breslau. Mit den Eltern wanderte
er 1935 nach Polen aus, um 1939 von den Deutschen wieder ein-
geholt zu werden.[106] Er zählt zu den wenigen Überlebenden seiner Familie, kehrte nach Deutschland zurück – und blieb, trotz
der Bedenken, die er besonders 1996 öffentlich formulierte.[107]
Die *Berufe* der Gemeindeführungen und -mitglieder blieben
bis heute weitgehend ähnlich: Kaufleute bestimmten den Kurs.[108]
Geld und Geist müssen einander keineswegs ausschließen, und
auch über die Weisheit des Geistes in der Politik ganz allgemein
darf man geteilter Meinung sein. Daß sich die Gemeinden erst
allmählich und sehr langsam, teilweise widerwillig Geistig-Litera-
risch-Historisch-Philosophisch-Religiösem öffnen, mag auch mit
dem Berufsfeld der Gemeindemitglieder und Gemeindeführung
zusammenhängen. Auch, doch nicht nur.

HEINZ GALINSKI

Unter den Sichtbaren wurden zwei am sichtbarsten: Heinz
Galinski[109] und Ignatz Bubis. In der Jüdischen Gemeinde zu Ber-
lin kursierte lange Zeit folgender Witz. Frage: Welcher lebende
Politiker regiert außer Kaiser Hirohito von Japan am längsten?
Antwort: Heinz Galinski.

Gewiß, Heinz Galinski, der »ständige Mahner«, das »Gewissen der Nation« (so die Nachrufe) war autoritär.[110] Er duldete
keinen Widerspruch, gefiel sich in der Rolle des Mahners und
Demokratiewächters. Nichts, was Galinski in der Jüdischen Gemeinde zu Berlin nicht getan hätte. Ihr Vorsitzender war er ohnehin, aber er war sich auch nicht zu schade, notfalls die Aufgaben
eines Platzanweisers, Kartenabreißers oder auch Conférenciers
zu spielen. Bei Gemeindebällen und anderen Feiern ertönte der
Tusch – und auf der Bühne erschien dann nicht selten Heinz
Galinski. Und er machte seine Sache nicht schlechter als viele
Berufsunterhalter, ganz im Gegenteil. In den Topf des Gemein-
dekoches schaute er, wenn es sein mußte, ebenfalls. Hätte er
es doch öfter getan, das Essen wäre schon damals besser gewesen ...

Ich habe das alles als Mitglied der Berliner Gemeinde selbst
miterlebt und vieles von meinem Vater gehört, der in der Repräsentantenversammlung (in der Partei Galinskis!) aktiv war.
Ich war damals, wie viele andere, über den allgegenwärtigen
Galinski belustigt und machte mich lustig.

Trotzdem hat Heinz Galinski große, bleibende Verdienste: Er
baute die größte Gemeinde nach dem Krieg auf. Mustergültig. Er
war ein begnadeter Organisator. Er hatte Mut und widersetzte
sich Anfang der 5oer Jahre vehement dem israelischen und »welt-
jüdischen« Druck, die hiesigen Gemeinden aufzulösen. Andere
taten das auch, doch weder so sichtbar noch so offen, öffentlich
und nachdrücklich wie Heinz Galinski.

Blut mit Geld gewogen?
Hatte Menachem Begin, Israels Ministerpräsident der Jahre 1977 bis 1983, vielleicht doch recht? Bei der Lektüre der Berliner Senatsakten zum Thema Israel und Jüdische Gemeinden für die 70er und 80er Jahre könnte man es meinen. Begin hatte 1952 von der Gefahr gesprochen, deutsches »Blutgeld« würde die Millionen jüdischer Opfer »versilbern« und »den Deutschen« ein gutes Gewissen geben. Hat er vielleicht am Ende recht bekommen mit seiner Einschätzung? Dokumente des Berliner Senats über Israel und die Jüdische Gemeinde zu Berlin liefern uns wertvolle Einsichten.

Mit für den Leser erkennbar stolzgeschwellter Brust listen die verschiedensten Mitarbeiter des Senats in den internen Dokumenten auf, was man alles für Israel getan habe: noch ein Projekt und noch ein Projekt und noch viele, viele andere Projekte. Nie wird vergessen, die jeweilige Summe zu nennen. In Millionen Mark werden die Millionen Opfer fiskalisch-bürokratisch ausgewogen. Widerwärtiger Ablaßhandel. Oder meinte man, »die Juden« wären so versessen aufs Geld, daß man die Beziehungen zu Israel in D-Mark angeben müsse? Dieser bange Eindruck drängt sich bei der Lektüre der Listen geradezu auf. Nicht die Zahlen und die Zahlungen sind ärgerlich, die Seelenlosigkeit der Bürokraten und Politiker ist es. Auch bei den israelischen Partnern entwickelt das eine unerfreuliche Dynamik. »Die Deutschen werden schon zahlen.«

Die Rechnung bekommen in der Geschichte stets die Falschen präsentiert. Die Kinder zahlen für die Schuld der Eltern. Das ist nie gut gegangen, das wird auch hier nicht gut gehen. Die Spirale von Haß und Gegenhaß dreht sich immer weiter.

Die jüdische Gemeinde als Zweigstelle Israels?
Die Juden in Deutschland werden nicht selten als Israelis in Deutschland wahrgenommen. Das ist nicht nur das Werk der Antisemiten. So manche Gemeinde und so mancher Gemein-

devertreter präsentiert sich als der eigentliche Repräsentant Israels. Ein nettes Beispiel.

Am 11.Mai 1978 feierte der jüdische Staat, Israel, den dreißigsten Jahrestag seiner Gründung. Der Senat von West-Berlin wollte sich nicht lumpen lassen und suchte ein besonders schönes Projekt.

Obwohl es bekanntlich in Bonn-Bad Godesberg seit 1965 eine Botschaft des Staates Israel gibt, begaben sich Vertreter des Berliner Senats zu »ihrem« Botschafter Israels: zu Heinz Galinski. Der hatte kurz zuvor in Israel »Kontakt mit Botschafter Schütz«. Der wirkliche Botschafter Klaus Schütz und sein quasi-Kollege Heinz Galinski stellten fest, daß im israelischen Wingate-Institut »dringender Bedarf an einer zusätzlichen Sporthalle« bestehe ...»Herr Galinski ist bemüht, auf dem schnellsten Wege entscheidende Projektunterlagen ... zu erhalten«, lesen wir.[111] Der Regierende Bürgermeister von Berlin ließ es sich nicht nehmen, den Grundstein persönlich zu legen. Daß Galinski ihn begleitete, wird niemanden wirklich überraschen. Spötter und Geiferer seien gewarnt: »Heinz Galinski trägt seine Reisekosten selbst«, notierte die Senatskanzlei.[112]

Galinski wurde trotz allem an der kurzen Leine gehalten. Er durfte den Regierenden »im übrigen insoweit« begleiten, »als es Botschafter Schütz für sinnvoll hält«.[113] Das hatte Galinski nicht verdient, denn damals (lang, lang ist's her ...) soll es ja außerhalb der jüdischen Gemeinden in Deutschland Politiker gegeben haben, die sich vom Staat und von »Amigos« nicht nur Reisen bezahlen ließen ...

Ein anderes Beispiel: Anfang März 1979 plante der Berliner Senat die »finanzielle Beteiligung Berlins« an zusätzlichen Projekten in Israel. Die Abstimmung im Vorfeld der Entscheidung sollte »mit dem Auswärtigen Amt und Herrn Galinski« erfolgen.[114]

Und noch ein Beispiel: Kurz nach Abschluß des israelisch-ägyptischen Friedensvertrages (vom 29. März 1979) schrieb Galinski, Vorsitzender der Jüdischen Gemeinde zu Berlin, dem Regierenden Bürgermeister seiner Stadt, Dietrich Stobbe. Das

Pessachfest stand unmittelbar bevor. Eigentlich hätte Stobbe deshalb zuerst schreiben müssen. Doch dies nur nebenbei.[115]

»In diesem Jahr, da mit der Unterzeichnung des israelisch-ägyptischen Friedensvertrages ein wichtiger Schritt auf dem Wege der Völkerverständigung getan worden ist, von dem wir hoffen, daß ihm weitere folgen werden, haben die das Pessachfest charakterisierenden Ideale des Friedens, der Freiheit und der Menschenwürde eine erhöhte aktuelle Bedeutung erlangt. Sie überträgt sich auch auf die Symbole dieses für das Geschichtsbewußtsein der jüdischen Gemeinschaft so wesentlichen Festes.

Mögen die Pessach-Symbole die partnerschaftliche Zusammenarbeit zwischen uns bekräftigen, die sich, wie ich überzeugt bin, künftig so bewähren wird, wie bisher.«

Natürlich wartete der Regierende Bürgermeister von Berlin, ein braver Goj, auf nichts dringlicher als auf Wünsche zum jüdischen Fest. Die »angenehme Pflicht« (Pflicht!), Galinski »zum Pessach-Fest meine herzlichen Wünsche zu übermitteln«, überließ Dietrich Stobbe einem Referenten, der dies dann »im Auftrag« tat.[116]

Deutsch-jüdisches fehlte in der Auftragsantwort ebenso wie im Galinski Brief. Statt dessen Wortblasen zur Entwicklung im Nahen Osten.

Die Jüdische Gemeinde als Zweigstelle Israels ...? Wenn Israelismus, dann bitte in Israel. Dort erreicht man auch für Israel mehr. Alles andere ist Selbstbetrug, den mancher Diasporajude sogar noch als »zionistisch« bezeichnet. Salonzionismus.

Das Pessachfest ist das Fest der Freiheit. Die Juden gedenken dabei alljährlich des Auszugs der Kinder Israels aus Ägypten. Sie lesen dabei aus der *Hagada,* in der nicht nur vom Auszug aus Ägypten, sondern auch von der vorangegangenen Fron der Juden in jenem Land die Rede ist – aber auch von den zehn Plagen, zum Beispiel dem Tod der ägyptischen Erstgeborenen. »Ideale des Friedens«?

Einerlei. Für die ihm »übersandten Pessach-Symbole« bedankte sich Stobbe dann doch noch persönlich und ganz brav.[117]

Und natürlich philosophierte der Nahostexperte aus dem Schöneberger Rathaus seinerseits ebenfalls nur über diese Region.

Israelismus als politische Bananenschale
Politische Zauberei: Der scheinbar unverfängliche nahöstliche Kaffeesatz verwandelte sich in politisches Glatteis. Damit hatte Stobbe wohl nicht gerechnet.

Wenig später, im Herbst 1980, war es zu einer deutsch-israelischen Eiszeit gekommen. Bundeskanzler Helmut Schmidt (SPD) nannte Begin (natürlich hinter den Kulissen)»eine Gefahr für den Weltfrieden«. Aus diesem Grunde hatte Begin (mit dem ägyptischen Staatspräsidenten Sadat) zuvor den Friedensnobelpreis erhalten. Kanzler Schmidt gehörte bekanntlich nicht zu den Preisrichtern ...

Wie auch immer; in jener Eiszeit wagte Dietrich Stobbe im Herbst 1980 Heinz Galinski gegenüber keine nahostpolitischen Schlittschuhläufe. Seine Erklärung zum jüdischen Neujahrsfest enthielt die freundlichsten und unverbindlichsten Gemeinplätze über Galinski, die Jüdische Gemeinde und Berlin.

Nahost? Fehlanzeige.»Eine weitere Stellungnahme, zum Beispiel zu Israel, Jerusalem oder jüdische Emigranten aus der Sowjetunion betreffenden Fragen wird zum gegenwärtigen Zeitpunkt als nicht opportun angesehen.«[118] So wenig»opportun« wie 1978 die Finanzierung des Diaspora-Museums an der Universität Tel-Aviv.

Auf dem Altar der Tagespolitik hat so mancher seine geschichtspolitischen Überzeugungen geopfert – auch gute Freunde Israels aus den Reihen der SPD. Wie hieß das Wort in jenem Text?»Opportun« – Opportunisten?

Im März 1979 hatte es in der Senatskanzlei des Rathauses Schöneberg noch ganz anders getönt:»Berlin hat eine historisch bedingte, besondere Verpflichtung gegenüber Israel. Entscheidungen über eine Beteiligung Berlins sollen daher nicht nur das Votum des Auswärtigen Amtes berücksichtigen.«[119]

Was tun? In der West-Berliner Senatskanzlei wußte man es im Juni 1978 nicht so recht. Pino Ginsburg aus Israel hatte sich angesagt. Er war ein »langjähriger Freund« von Nachum Goldmann, dem bedeutenden Präsidenten des Jüdischen Weltkongresses.[120] Seine Absicht: »Freunde und Förderer für die kostspielige Erhaltung« des Tel-Aviver Diaspora-Museums »zu gewinnen«.[121] Nachum Goldmann nannte es »das größte Monument für die durch die Nazis zerstörten Judenheiten«.[122] Die West-Berliner Senatskanzlei wollte eine deutsche Beteiligung – »nicht zuletzt aus außenpolitischen Gründen« – und entsprechende »Finanzierungswünsche zurückhaltend« aufnehmen.[123] Weshalb? Was war geschehen? Die Antwort ist einfach: Die damals in Bonn regierende sozialliberale Koalition von Kanzler Helmut Schmidt und Außenminister Hans-Dietrich Genscher zeigte sich gegenüber dem israelisch-ägyptischen Friedensdialog sehr spröde. So kann man es diplomatisch umschreiben. Im Klartext: Die Bonner Regierung tat, gemeinsam mit Frankreichs Präsident Giscard d'Estaing, fast alles, um die Bemühungen der USA zugunsten eines israelisch-ägyptischen Abkommens zu erschweren. Die damals fast nur auf Terror setzende PLO wollten sie hingegen aufwerten. Waren das die »außenpolitischen Gründe«, deretwegen damals geschichtspolitische Überlegungen geopfert werden sollten? Das muß man vermuten.

Dem guten Mann aus Israel wurde in einem Schreiben von einem Mitarbeiter der Senatskanzlei empfohlen, »sich an ... Heinz Galinski zu wenden, denn Herr Galinski befindet sich zur Zeit in Israel. Mit einem Vertreter Verbindung aufzunehmen, erscheint wegen der autoritären Führung der Jüdischen Gemeinde nicht sinnvoll«, hieß es weiter.[124] So viel, das zeigt jener Brief, hielt man also hinter den Kulissen der West-Berliner Politik von Galinskis demokratischem Führungsstil. Der Sachbearbeiter muß sich seiner Wertung und deren Billigung ganz sicher gewesen sein. Andernfalls hätte er seine Einschätzung nicht so ungeschützt formuliert, zudem noch schriftlich.

Was hinter den Kulissen »autoritär« genannt wurde, galt nach außen als mustergültig demokratisch. Vor den Kulissen des

Senats wurde ganz anders über und zu Galinski gesprochen. Er solle doch »den Deutschen«, bitte, weiter als »Mahner« und »demokratisches Gewissen« den »Weg weisen«. Und so weiter in der Peinlichkeit, Unerträglichkeit und Verlogenheit für die vermeintlich gute Sache. Es gibt nur eine wirklich »gute Sache«: Aufrichtigkeit und Offenheit.

Diepgen kauft Galinski den Ehrendoktor
Den Ehrendoktortitel einer nationalreligiösen israelischen Universität? Der Senat von West-Berlin war 1984 unter Eberhard Diepgen so koscher, daß er auch diese Leistung vollbrachte. Der Geehrte war Heinz Galinski.

Am 27. März 1984 beschloß der Senat »für die Einrichtung eines Lehrstuhls (an der Bar-Ilan-Universität bei Tel-Aviv) zur Erforschung der Rolle der Juden in Berlin und Preußen einen einmaligen Zuschuß in Höhe von 100 000,– DM zu gewähren.«[125] Eine lobenswerte Entscheidung. Sie war allerdings an eine Bedingung gekoppelt: Einen Ehrendoktortitel jener Hochschule für Heinz Galinski.

Bekanntgegeben wurde jener Beschluß allerdings etwas später: »Bei der Ehrung Galinskis aus Anlaß des 35. Jahrestages der Übernahme der Vorsteherschaft der Jüdischen Gemeinde zu Berlin.«[126] Der Rektor der beschenkten Bar-Ilan-Universität wurde natürlich unverzüglich informiert.[127]

Der Ehrendoktortitel Galinskis wurde also vom Berliner Senat gekauft. Die Kaufsumme betrug 100 000,– DM. Käuflich war die nationalreligiöse Universität und käuflich ist offenbar auch zumindest ein Teil ihres nationalreligiösen Umfelds. Jedenfalls hinderte dieser Kauf das nationalreligiöse Urgestein, Joseph Burg, nicht daran, jüdisches Leben und Juden in Deutschland auch noch Jahre später wegen ihres Standorts Deutschland regelrecht zu verdammen. Vielleicht meinten der nationalreligiöse Joseph Burg und die Verantwortlichen der Bar-Ilan-Universität, daß die »Erforschung der Rolle der Juden in Berlin und Preußen« in der Vergangenheit als abschreckendes Beispiel für die Juden der

Gegenwart und Zukunft dienen sollte? Dann hätten der Berliner Senat und Heinz Galinski das Gegenteil dessen gefördert, was sie vorhatten und vorlebten: deutsch-jüdische Zusammenarbeit, trotz der Vergangenheit. Wie heißt es doch so schön? Das Gegenteil von »gut« ist »gut gemeint«.

Heinrich Heine lästert in seinem wundervollen Gedicht »Disputation«: »Doch es will mich schier bedünken, / Daß der Rabbi und der Mönch, / Daß sie alle beide stinken.« In unserem Falle sind es drei, nicht zwei, die nicht ganz koscher waren: der Berliner Senat, die nationalreligiöse Universität und Galinski. Sie befinden sich in bester Gesellschaft: Im Juni 1947 fand die 250-Jahr-Feier der weltberühmten amerikanischen Princeton Universität statt. Dabei erhielt US-Präsident Harry S. Truman einen Ehrendoktor. Bevor Albert Einstein zu dieser hehren Veranstaltung abgeholt wurde, erzählte er seiner Schwester Maja noch den Scherz von Ehrendoktoren und den gewöhnlichen Doktoren: »Letztere sind die ehrlichen.«[127a]

Das »Zentrum für Antisemitismusforschung« an der Technischen Universität

Wir bleiben auf den Höhen des universitären Olymps und wechseln nur die Alma Mater. Von der Technischen Universität Berlin und der wissenschaftlichen Ernsthaftigkeit bei der 1982 erfolgten Gründung ihres »Zentrums für Antisemitismusforschung« wollen wir erzählen.

Schon bei der Besetzung des Gründungsdirektors nahm man es mit der Politik genauer als mit der Wissenschaft. Man reaktivierte einen Ruheständler, Herbert Strauss, der Ende der 8oer Jahre in den wohlverdienten zweiten Ruhestand ging.

Trotz der Vertraulichkeit, an die sich Berufungskommissionen zu halten haben, drang nach außen, daß sowohl Julius H. Schoeps als auch Dan Diner Interesse an Straussens Nachfolge signalisiert hätten. Schoeps ist deutsch-jüdischer Experte für deutsch-jüdische Geschichte. Dan Diner, Politikwissenschaftler,

Historiker und Jurist, ist ein kreativer Querdenker, der sich längst meilenweit von seinem Antizionismus der 70er Jahre entfernt hat.

Schoeps und Diner schienen jedoch sowohl den Wissenschaftlern der TU als auch den politisch Verantwortlichen zu riskant, zumal hinter den Kulissen Heinz Galinski seine Zustimmung verweigerte. Offenbar verstehen jene Universität und der Berliner Senat diese Professur als jüdisches Gegenstück zu den christlichen »Konkordanzlehrstühlen« an deutschen Hochschulen, bei denen die Zustimmung der geistlichen Instanzen unabdingbar ist.

Da man »auf Nummer sicher gehen« und innerjüdische Gefechte »auf Teufel komm raus« vermeiden wollte, berief man als neuen Direktor des Zentrums für Antisemitismusforschung mit Wolfgang Benz einen Mann, dessen Studien über das »Dritte Reich« und die Bundesrepublik Deutschland ihre Verdienste haben, in dessen Forschungen der Antisemitismus jedoch nie im Zentrum stand.

»Kommission gegen den Antisemitismus«
Für die politisch-technokratische Eingebung Diepgens sorgte ein Wissenschaftler: Herbert Strauss. Dem ersten Direktor des Zentrums für Antisemitismusforschung war es gelungen, den Regierenden Bürgermeister von Berlin (nur West damals) zu überzeugen, daß eine »Kommission gegen den Antisemitismus« eine wertvolle Ergänzung und vor allem Beratung beim Kampf gegen den Antisemitismus wäre.

Gesagt, getan. Diepgen berief diese Kommission. Und er war sogar richtig mutig: Gegen den anfänglichen Widerstand von Heinz Galinski wurde auch ich in den erlauchten Kreis berufen.

Wir trafen uns ungefähr dreimal jährlich zwischen 1986 und Diepgens Abwahl im Januar 1989. Der Tee war leidlich, die Plätzchen schlecht, das Abendessen bescheiden und hoffentlich billig, was dem Steuerzahler nur recht sein konnte. Was wir besprechen oder gar beraten sollten, wußten wir eigentlich nie so recht, aber wir waren natürlich überzeugt, einer guten und gerechten Sache zu dienen. Es wird niemanden wundern, daß es uns nicht gelang, was seit tausenden von Jahren anderen nicht gelungen war: ein Rezept gegen den Antisemitismus zu entwickeln.

Was wir alle seit den 90er Jahren wissen: Der Vorsitzende unserer Kommission, der ZDF-Journalist Hans-Werner Schwarze, war für das rote Deutschland als Inoffizieller Mitarbeiter (IM) »Fabulus« tätig. So fabulierten er und wir denn für die gute Sache. Das rote Deutschland durfte sich ebenso freuen wie West-Berlins schwarzer (= CDU) Regierender Bürgermeister. Auch hier hatten deutsche »Klassenkämpfer« Ost und politische Technokraten West ein gesamtdeutsches Produkt geschaffen. Mazel tow, herzlichen Glückwunsch.

WERNER NACHMANN

Kurz nach seiner Wahl zum Vorsitzenden des Zentralrates der Juden in Deutschland, im Frühjahr 1988, löste Heinz Galinski einen peinlichen Skandal elegant durch Offenheit. Sein Vorgänger, Werner Nachmann, hatte von 1982 bis 1988 rund 20 Millionen Mark an Wiedergutmachungsgeldern unterschlagen.[128] Galinski und das Direktorium des Zentralrates entschieden sich für einen Kurs, der bei Skandalen dieser Art keineswegs selbstverständlich ist, weder in Deutschland noch woanders: Sie sorgten für eine »totale Offenlegung der Geschehnisse«.[129] Das war beispielhaft.

Ebenso leise wie er die Millionen beiseite geschafft hatte, war Werner Nachmann politisch aufgetreten. Einen »Leisetreter« nennt ihn Ignatz Bubis.[130] »Er unterstützte jede Form der Integration, teilweise bis hin zur Assimilierung.« Innerjüdisch war dieser Kurs umstritten. Auch hier ist Bubis zuzustimmen.

Im Jahre 1978 verteidigte Nachmann sogar den baden-württembergischen Ministerpräsidenten Hans Filbinger, nachdem bekannt geworden war, daß dieser noch 1945 als Marinerichter Todesurteile verhängt hatte.

PHILIPP AUERBACH

Einen kurzen Blick sollten wir auf einen anderen Führungsskandal der bundesdeutsch-jüdischen Gemeinschaft werfen. Anfang der 50er Jahre hatte der »Fall Auerbach« die Gemüter erregt. Anders als im Fall Nachmann, der nach dessen Tod aufgedeckt wurde, führte Auerbachs Fall in den Tod, in den Selbstmord Auerbachs. Im August 1952, kurz vor Abschluß des deutsch-israelisch-jüdischen Abkommens über Wiedergutmachung, wurde der Auschwitzüberlebende Philipp Auerbach, Präsident des bayerischen Landesentschädigungsamtes, vom Landgericht München I für schuldig befunden, »einen falschen Doktortitel geführt sowie später in Erlangen einen Doktortitel mit falschen Angaben erkauft zu haben«. Er habe außerdem »von einem Kreditnehmer Lebensmittel als Geschenk angenommen, einen Erpressungsversuch an einem Architekten begangen, sich im Zusammenhang mit der Auftragsvergabe für Friedhofsbauten an Schmiergeldern bereichert und in seinem Amt Gelder mißbräuchlich verwendet«. Zu zwei Jahren und sechs Monaten Haft sowie zu einer Geldstrafe von 2700 DM wurde er verurteilt.[131]

Pikanterweise waren drei der fünf Richter, die diesen Auschwitzüberlebenden verurteilten, »in irgendeiner Form mit der NSDAP verbunden gewesen«.[132] Es waren mehr als nur Zwischentöne, die vor dem und während des Verfahrens antisemitisch klangen.[133] Für viele, so der am besten über den Fall informierte und informierende Historiker Goschler, sei der Prozeß eine »Abrechnung an Auerbach« gewesen. Nicht nur an Auerbach, sondern auch »an den Juden«.[134] Auch in deren Reihen hatte Auerbach zahlreiche Gegner, ebenso bei Juden und Nichtjuden in der amerikanischen Militärregierung. Am Ende war er völlig isoliert. Seine Vergehen wurden von Gegnern und Öffentlichkeit gewaltig aufgebläht. Aus Verzweiflung beging Auerbach Selbstmord. Die überdimensionierte und dadurch verzerrte öffentliche Darstellung des Falls hatte die Tragödie zur Folge, den Selbstmord Auerbachs.

IGNATZ BUBIS

Nun endlich zu Ignatz Bubis. Er ist wohl der herausragende Repräsentant der deutschen Nachkriegsjuden. Kein »Leisetreter« wie Nachmann und nicht der harte, kompromißlose, vermeintliche Racheengel Galinski. Seine »persönliche Haltung liegt eher in der Mitte zwischen diesen beiden Polen«. So skizziert Bubis seine eigene Politik und fügt hinzu: »Es gab Situationen, in denen ich Verständnis für die Nachmannsche Politik hatte – in vielem stand ich jedoch auf der Seite Galinskis.«[135]

Verbindlicher als Galinski und trotzdem entschieden tritt er auf. Sein Naturtalent im Umgang mit den Medien kommt ihm dabei zuhilfe. Mal kann er plaudern, mal zupacken und zubeißen.

Ineinander verbissen haben wir beide uns zu Beginn seiner Amtszeit, im Herbst 1992: »Michael Wolffsohn ist der Vorzeige-Jude der deutschen Rechtsradikalen«, vertraute Ignatz Bubis der sexistischen Zeitschrift *Penthouse* in der Weihnachtsausgabe des Jahres 1992 an.[136]

Bubis empörte sich 1992 darüber, daß ich in meinem Buch *Keine Angst vor Deutschland* diasporajüdischen und israelischen Politikern vorwürfe, Deutschland gegenüber die »Auschwitz-Keule« als Mittel der Politik zu gebrauchen. Von der »Auschwitz-Keule« ist in jenem Buch tatsächlich die Rede – im Zusammenhang mit Günter Grass ...

Schließlich vermittelte Marcel Reich-Ranicki zwischen uns: »Herr Bubis, Sie sagen, Sie könnten nicht hassen. Gilt dieser Satz nur für Nichtjuden?« Das Eis war gebrochen. Die beiden Kampfhähne trafen sich wenige Tage später, am 19. Dezember 1992. Die, ach, so christliche Weihnachtszeit wirkte auf gar wunderbare Weise auf die jüdischen Gegenspieler. Unweit des gigantischen Weihnachtsbaums am Münchener Marienplatz saßen Bubis und ich friedlich neben dem auch nicht gerade winzigen Weihnachtsbaum in der Halle des Hotels »Bayerischer Hof« und plauschten leise im kleinsten Kreise. »Hat er auch Deinen Kuchen und Tee bezahlt?« fragte neugierig meine damals zwölf-

jährige Tochter. Ja, er hat. »O du fröhliche, o du selige, gnaden-
bringende Weihnachtszeit …«

Sich für seinen Ausrutscher charmant entschuldigend, übergab
Bubis mir ein Flugblatt, das er erhalten hatte. Dort war zu lesen:
»Als erster wird das an der Militärhochschule in München be-
schäftigte Judenschwein Wolfssohn (sic) ins Gras beißen müssen.
Andere werden folgen. Deutschland muß wieder deutsch wer-
den.«

Trotzdem knisterte es hin und wieder; nicht in der Weihnachts-
tanne, sondern zwischen Bubis und mir. Aus der jüdischen Gemeinde und damit der jüdischen Religion sei ich ausgetreten, berichtete Ignatz Bubis einem amerikanisch-jüdischen Journalisten.
Statt dessen würde ich mich als »deutsch-jüdischen Patrioten«
bezeichnen.¹³⁷ Wie kann ein angeblicher Nichtjude ein deutsch-
jüdischer Patriot sein? Sollte doch die Quadratur des Kreises
inzwischen gefunden worden sein?

»L'Etat c'est moi!«»Ich bin der Staat«, hatte weiland Ludwig XIV. gesagt. Gilt für Ignatz Bubis der Satz: »Das Judentum
in Deutschland bin ich?«

Die Halacha (das jüdische Religionsgesetz) macht nirgends
und nie die Zugehörigkeit zum Judentum von der Mitgliedschaft
in einer der Gemeinden abhängig: Nachfahren einer jüdischen
Mutter oder zum Judentum Übergetretene sind Juden.

Bubis baute Brücken zwischen Juden und Nichtjuden, Deutschland und Israel, Deutschland und der Welt. Das zeigte sich besonders in den Jahren 1992/93, als Deutschland von einer fremdenfeindlichen und antisemitischen Welle erfasst wurde. Natürlich attackierte er diese Verbrechen, doch stets wußte er zwischen
der verbrecherischen Minderheit und der aufrichtig demokratischen Mehrheit der Deutschen zu unterscheiden. Er sagte dies
nicht nur hinter den Kulissen, sondern aller Welt. Und er hat Mut
bewiesen: Am 8. November 1992 drohte die Berliner Groß-
demonstration »Gegen Ausländerfeindlichkeit und Antisemitismus« in einem Debakel zu enden. Zwar hatten rund 300 000 Menschen friedlich demonstriert, doch knapp 1000 Randalierern war
es gelungen, diese Veranstaltung »umzufunktionieren«. Keiner

der deutschen Spitzenpolitiker (es waren alle anwesend), auch nicht Bundespräsident Richard von Weizsäcker, konnte sich wirklich Gehör verschaffen. Sogar mit Farbbeuteln wurde der Bundespräsident beworfen. Berlins Regierender Bürgermeister hatte kaum Verständliches ins Mikrofon gemurmelt, da trat Bubis beherzt und spontan ans Rednerpult und sagte ungefähr dies: Wir haben gezeigt, daß die große Mehrheit für die gute Sache ist. Das ist gut, und mit diesem Gefühl gehen wir nach Hause. Diese Botschaft wurde in der ganzen Welt gehört, er hat sie seitdem mehrfach wiederholt.

Bubis ist nicht nur ein glänzender Verbandspolitiker. Bubis, der in der »deutschen Kultur zu Hause« und dessen »deutsche Identität«»vor allem hier, in der deutschen Sprache«,[138] zu finden ist, rückte inzwischen zum schriftstellernden Aktivisten auf. Er ist nicht nur ein »Lese-Vielfraß« (ebd.), sondern auch ein Vielschreiber.[139] Das deutsche Publikum sieht, liest und hört ihn jedenfalls gerne. Es lobt ihn, wie es sich gehört.

Für alle in Deutschland öffentlich bekannten Juden (also auch für mich) entsteht dabei freilich eine Gefahr, die auf alle Medienritter, ob jüdisch oder nicht, lauert. György Konrad hat die Wirkung der öffentlichen Verführung und Verführer auf die Vorgeführten in seinem Roman *Melinda und Dragoman* plastisch, boshaft und realistisch beschrieben: »Man muß nicht unbedingt berühmt sein, sagte der Papa, denn das schadet dem Denken. Es verursacht eine Ich-Aufblähung, die den klaren Blick verhindert. Die bedeutende Persönlichkeit bedeckt die Welt vor den eigenen Augen. Die Berühmtheit wird ein Schwätzer, weil sie von vielen um ihre Meinung befragt wird. Gezwungenermaßen wiederholt sie sich also. Aus dem Stegreif gibt sie Banalitäten von sich und gewöhnt sich daran, daß sich für jede Belanglosigkeit ein Käufer findet. Selbstverständlich wird alles gekauft. Je gewöhnlicher, desto besseren Absatz findet es. Noch zu Lebzeiten erlebst du deinen eigenen Tod.«[140]

An einem personen-, auf Bubis bezogenen Beispiel sei diese grundsätzliche Gefahr verdeutlicht. Nach der Lektüre von Victor Klemperers Tagebüchern der Jahre 1933 bis 1945 bezeichnete Ignatz Bubis (wie zahllose andere Deutsche und Ausländer, Literaten und Nichtliteraten, Kritiker und Nur-Leser) den Autor als »Protagonisten einer humanistischen deutschen Traditionslinie, der Tradition eines liberalen, aufklärerischen Denkens«.[141]

Am 13. Juni 1934 notierte Victor Klemperer: »... in Zion ist der Arier gerade das, was hier der Jude.«[142] Aufklärerisch? Humanistisch?

Oder auch: »Mir sind die Zionisten ... genauso ekelhaft wie die Nazis«, unter anderem wegen ihrer »Blutschnüffelei«.[143]

Zum arabischen Widerstand gegen Zionisten und Briten in Palästina meinte Klemperer: »Ich kann mir nicht helfen, ich sympathisiere mit den aufständischen Arabern dort, denen das Land ›abgekauft‹ wird. Indianerschicksal.«[144] Abgesehen vom angeblichen »Indianerschicksal der palästinensischen Araber sehe ich das als Jude eher parteilich – zumal Palästina der einzig mögliche Rettungshafen für die vom Nationalsozialismus verfolgten Juden hätte sein können«.

Ostermontag, den 22. April 1935: »Blumenfelds waren am Freitag bei uns; ich stieß heftig mit ihm zusammen im Punkt Zionismus, den er verteidigt und rühmt, den ich Verrat und Hitlerei nenne.«[145] Ähnlich auch am 26. Mai 1940.[146]

5. Oktober 1935: »Und ich empfinde das ... jüdische Volk als Komödie und bin nichts als Deutscher oder deutscher Europäer.«[147]

Lange bevor Hitler die politische Bühne betrat, im Jahre 1912, war Victor Klemperer zum Protestantismus übergetreten. Bei den Nazis half ihm das natürlich nicht, denn diese sahen alles »rassisch«, also rassistisch. Auch der getaufte Jude war und blieb für sie Jude. Nie waren Konvertiten bei Juden beliebt. Trotzdem fragte die israelitische Gemeinde Dresdens im September 1939 Klemperer, ob er »ihr beitrete«. Die »Bekenntnischristen« wollten ihrerseits wissen, ob er »bei ihnen bleibe«. Victor Klemperer reagierte: »Ich sei und bliebe Protestant, ich würde der Jüdischen

Gemeinde gar keine Antwort geben.«[148] Nobel, nobel – und sehr »jüdisch«.

Zwischen den »Bewegungen« von »Hitler und den Kommunisten« sah Victor Klemperer »keinen Unterschied ... beide sind sie materialistisch und führen in Sklaverei«.[149] Nach der Befreiung vom Mai 1945 vollzog Klemperer einen aufgeklärten Kurswechsel. Er trat in die KPD ein. Später wurde er Mitglied der DDR-Volkskammer.[150] Mehr Wendehalsiges als Humanistisches, Liberales, Aufklärerisches oder auch nur gegenüber uns Juden und den Zionisten Tolerantes fand ich bei Klemperer. Ja, ich weiß, andere sehen Klemperer ganz anders. Liebe Leser, lieber Ignatz Bubis, laßt uns darüber freundschaftlich streiten.

Vielleicht ist der phänomenale Erfolg dieses Doppelbuches von 763 (Band eins) plus 928 Seiten (Band zwei) dadurch zu erklären, daß nur die wenigsten es nach dém überschwenglichen Lob der Kritiker, besonders Marcel Reich-Ranickis und der Restdreiheit im »Literarischen Quartett«, tatsächlich gelesen haben. Dies Bubis vorzuwerfen, wäre verfehlt und lächerlich. Kein Mensch kann ernsthaft von einem Verbandspolitiker, auch nicht dem besten (und zu denen zählt Bubis zweifellos), erwarten, daß er »dicke Bücher« liest. Man provoziere ihn dann aber auch nicht zu Äußerungen über fernliegende Themen. Auch über Probleme der Biochemie muß er nicht reden. »Nein«, ganz einfach »nein danke« könnte er sagen. Nur er? Wir alle.

Eine Komödie durften die Leser der »Süddeutschen Zeitung« am 30. September 1996 erleben. Sie betraf Bubis' Autobiographie, also das Kernstück seiner Selbstdarstellung.[151] Sie erschien zur Frankfurter Buchmesse Anfang Oktober 1996.

Im Kultur-Teil las man eine dpa-Meldung: »Ignatz Bubis ... hat sich vom Co-Autor seiner Autobiographie distanziert. Grund für die Kritik seien ›schlechte schriftstellerische Leistungen‹ des jüdischen Journalisten Peter Sichrovsky, aber auch dessen Kandidatur für die österreichischen Wahlen zum Europaparlament auf der Liste der rechtsgerichteten FPÖ. Auch der

Campus Verlag (Frankfurt/Main), in dem das Buch 1996 erschien, hat sich von Sichrovsky distanziert. Bubis sagte, er habe den Text bereits beanstandet, bevor die politische Einstellung Sichrovskys bekannt wurde.«[152] Weil er seine Äußerungen »entstellt« wiedergegeben hätte, habe er sich Ende Mai 1996 von Sichrovsky getrennt, berichtete Bubis. Er habe daraufhin mindestens 70 Prozent des Buches »umschreiben beziehungsweise neu schreiben müssen«.[153]

Daß sich Bubis von seinem gewandten und zum Haiderianer gewendeten Mitautor trennte, war richtig, notwendig und selbstverständlich. Ebenso selbstverständlich hätte er freilich den Sichrovsky auf Seite vier des Buches ausgesprochenen Dank herausnehmen sollen, zumal er doch noch so viel umarbeiten mußte.

Warum also erschien das Buch trotzdem, und zwar trotzdem so, müßte man Autor und Verlag fragen. Weil der bis dahin koschere Mitautor wahrscheinlich erst durch sein Haiderabenteuer unkoscher wurde.

Viel spannender liest sich dagegen die Rezension des Bubis-Buches durch dessen FDP-Parteifreundin, Hildegard Hamm-Brücher, Staatsministerin a.D., im politischen Teil desselben Blattes, am selben Tage. Von »Distanzierung« keine Spur, wohl aber viel Jubel. Die »Vielfalt« wird gelobt und auch die »Farbigkeit« des »nicht nur lesenswerten, sondern auch zeitgeschichtlich wichtigen« Buches.[154] »Nach Klemperer und Goldhagen« verdiene dieses Buch als drittes »Aufmerken und Aufsehen«. Was übrigens durchaus zutrifft, denn Bubis packt auch heiße Eisen an und nicht einmal ohne Selbstkritik, sondern offen und offensiv. Lesenswert also. Ein übler Nachgeschmack bleibt, nicht nur einer. Wie konnten sich Bubis und der Verlag so vergaloppieren? Bevor Sichrovsky zur FPÖ stieß, haben es Bubis und der Verlag (mit oder ohne Zähneknirschen) auf den Markt gebracht.

Kann der Inhalt eines Buches von einem Tag zum anderen entstellend und falsch werden? Wird aus Sonnenschein Regen, wenn auch Haiders FPÖ sagt, daß die Sonne scheine? Allerdings:

Selten stimmen die FPÖ-Darstellungen mit der Wirklichkeit überein. Die Kulturredaktion der Süddeutschen Zeitung wußte rund drei Wochen vor Abdruck der Rezension, daß Sichrovsky zur FPÖ gestoßen war. Sie hätte Zeit gehabt, das Unternehmen zu vertagen, um wenigstens einige kritische Bemerkungen zum Werdegang des Co-Autors zu veröffentlichen.

Und die »Moral von der Geschicht«? Nicht immer sind die subjektiv guten Judenfreunde objektiv die besten Freunde der Juden. Ob Haider einer ist, darf bezweifelt werden, obwohl er mit dem großartigen Viktor Frankl befreundet ist, dem jüdischen Psychologen, der die Hölle von Auschwitz überlebt hat.[155]

Besonders für die jüdischen Spitzenvertreter gilt die »Moral« von dieser Geschichte. Sie erhalten von ihren publizistischen Schützenhelfern immer Honig. Doch manchmal vergreifen sich diese guten Menschen und nehmen versehentlich bitteren Honig. Komödiengleiche Peinlichkeiten dieser Art ermöglichen tiefe Einblicke in die politische Seelenlage unserer Nation.

Mein Urteil über Bubis berührt diese Geschichte nicht. Er ist (neben Kanzler Kohl, Joschka Fischer und Gregor Gysi) sicherlich eines der wenigen politischen Urtalente in Deutschland.

VON DER DEFENSIVE ZUR OFFENSIVE

Bubis und zuvor Galinski hatten die Nachmannsche Defensive und »Leisetreterei« erfolgreich überwunden. Aber nicht nur Nachmann hatte zuvor die leisen Töne bevorzugt; auch gentlemen wie Karl Marx, der Gründer der *Allgemeinen Jüdischen Wochenzeitung,* oder Hendryk van Dam, der erste Generalsekretär des Zentralrates, verhielten sich so. Sowohl die politische Kultur der Juden als auch der Nichtjuden war vor dem Umbruch von 1968 ganz allgemein stiller, diskreter und weniger »partizipatorisch«.

Daß man trotzdem keineswegs deutsch-jüdisches Porzellan zerschlagen muß, hat besonders Bubis bewiesen. Der Übergang von der leisen Defensive zur durchaus auch lautstarken, medialen Offensive war Mitte der 8oer Jahre erfolgt. Viele Faktoren kamen zusammen, nicht nur die persönlichen von Bubis und Galinski. Zahlreich waren die Themen, die die deutschen Juden beschäftigen mußten. Seit dem Machtantritt der extrem nationalistischen Begin-Regierung im Juni 1977 wurde Israel nicht mehr nur (wie ständig seit 1967) von der Neuen Linken und den Jusos hart kritisiert, sondern auch von der sozialliberalen Schmidt-Genscher-Regierung. Im Januar 1981 wurde bekannt, daß sie Saudi-Arabien sogar deutsche Leopard-Panzer liefern wollte. Dieser geplante Export waffenstarrender Raubkatzen aus Deutschland alarmierte zwar die deutsch-jüdische Gemeinschaft, die half, das geschichtspolitisch törichte und für Israel gefährliche Projekt scheitern zu lassen. Doch die schrillen Töne in Richtung Israel wurden im Juni 1981 noch schriller, nachdem Israel gewagt hatte, den irakischen Atomreaktor bei Bagdad mit einem Präventivschlag der Luftwaffe zu zerstören. Inzwischen, seit dem Golfkrieg von 1991, weiß die Welt, wie gefährlich dieses nukleare Programm von Saddam Hussein war. Damals aber wurde Israels Selbstverteidigung als Aggression von der bundesdeutschen Regierung und Öffentlichkeit gebrandmarkt. Im Sommer und Herbst 1982 führte Israel gegen die PLO im Libanon Krieg.

Die Vergleiche jedoch, die in fast allen politischen Lagern, besonders jedoch bei Linken, zwischen Hitlers Wehrmacht und Israels Militär gezogen wurden, waren für deutsch-jüdische Ohren eine Provokation. Sie hat die Distanz der jüdischen Linken zur nichtjüdischen »in diesem, unserem Lande« vergrößert.[156] Erstmals war sie einem großen Publikum sichtbar geworden, als Henryk M. Broder besonders den neudeutschen Linken den Vorwurf entgegenschleuderte, sie seien die Kinder ihrer Eltern; gemeint waren natürlich die nationalsozialistisch gesinnten Eltern. Aufsehen erregte auch Lea Fleischmann mit ihrem Buch *Dies ist nicht mein Land.* Darin schilderte sie, weshalb sie nicht an das neue Deutschland glauben konnte und nach Israel auswandern wollte, ausgewandert ist.

Zahlreiche frustrierte deutsch-jüdische Neulinke, die seit 1967 dem Judentum, der jüdischen Gemeinschaft und dem jüdischen Staat den Rücken zugewandt hatten, vollzogen Anfang der 80er Jahre eine jüdische Wende beziehungsweise Rückwende. Die Linke hatte sie maßlos enttäuscht, nun suchten sie ihre jüdischen Wurzeln.

Diese »Judaisierung« schien um so angebrachter, als sich der seit Oktober 1982 regierende Kanzler Kohl seinerseits für den Leopardexport an die Saudis einsetzte und darüber hinaus eine grundsätzliche »Normalisierung« der deutsch-jüdischen Beziehungen anzustreben schien.

Seit 1984 häuften sich die geschichtspolitischen Kontroversen, national und international:[157] die vierzigste Wiederkehr der alliierten Landung in der Normandie – ohne deutsche Beteiligung; die 1984/85 diskutierte Frage, ob Kanzler Kohl und Präsident Reagan den Soldatenfriedhof Bitburg (mit Gräbern von Soldaten der Waffen-SS) besuchen sollten oder nicht; die Debatte um die »richtige« Art, des 8. Mai 1945/1985 zu gedenken; die aus Österreich nach Deutschland überschwappende Waldheim-Debatte, welche die Gegenwart großdeutsch-nationalsozialistischer Vergangenheit bewies; die Frankfurter Auseinandersetzung um das von vielen als antisemitisch bezeichnete Fassbinder-Stück *Der Müll, die Stadt und der Tod*, die die Nation das ganze Jahr 1985 beschäftigte.[158] Der Negativheld, der jüdische Spekulant, trug ins Gröbste verzerrte Züge von Ignatz Bubis. Die jüdische Gemeinde der Mainmetropole machte mobil und hatte Erfolg: das Stück wurde nicht aufgeführt.[159] Kurz danach, im Juni 1986, begann der »Historikerstreit«. 1988 folgte das Gedenken an die 50. Wiederkehr der »Reichskristallnacht«. Hauptredner der zentralen Veranstaltung im Deutschen Bundestag war dessen Präsident Philipp Jenninger. Ein Debakel.

Dabei hatte der brave Mann inhaltlich überhaupt nichts Anstößiges, »Nazistisch«-Revanchistisches oder gar Antisemitisches gesagt. Ganz im Gegenteil. Er wollte es besonders gut machen. Vorgeworfen wurde ihm, seine Rhetorik nicht dem Inhalt angepaßt zu haben. Die Anführungszeichen hätte er sozusagen aussprechen sollen. Absurd und hysterisch waren die Reaktionen.

Da ich an jenem 10. November 1988 zu einer Diskussion nach Berlin flog, konnte ich Jenningers Rede nicht am Fernseher oder im Radio verfolgen. Sie wurde mir am Abend, ebenso wie den Mitdiskutierenden Stefan Heym, Helmuth Karasek und Hanna-Renata Laurien vorgelesen. Besonders Stefan Heym war vom Text hingerissen. Diese Rede, so der jüdische DDR-Schriftsteller, sei so gut wie die historische Ansprache Richard von Weizsäckers am 8. Mai 1985, zum Gedenken an das Ende des Zweiten Weltkrieges.

Die bundesdeutsche Öffentlichkeit sah (und hörte!) das alles ganz anders und empörte sich. Jenninger mußte zurücktreten. Ob zu recht oder nicht, geschichtspolitische Themen waren – und blieben – auf der Tagesordnung, denn am 9. November 1989 fiel die Mauer. Genau an dem Tag, an dem 1938 der Anfang der »Endlösung« von den NS-Mördern organisiert worden war. Die Debatte um Deutschlands Wiedervereinigung kreiste nicht zuletzt um die Frage, ob denn »nach Auschwitz« aus zwei deutschen Staaten wieder ein Deutschland werden »dürfe«. Und auch nach der Wiedervereinigung schleppte das (abermals) neue Deutschland seine Geschichte mit. Merkmale des alten schienen wiederzukehren: die fremdenfeindliche und antisemitische Fratze wurde seit 1991 (Hoyerswerda) sichtbar. Rostock (August 1992) und Mölln (November 1992) und Solingen (April 1993) waren die nächsten Stationen des Grauens. 1994 ebbte diese schreckliche Welle ab. Geschichtspolitik blieb auf der Tagesordnung, denn im Mai 1995 gedachten Deutschland, Europa und die Welt des Kriegsendes vom 8. Mai 1945: War es Befreiung? Und Befreiung mit oder ohne Anführungszeichen und so weiter und so weiter. Geschichtspolitik und kein Ende. Deutschlands jüdische Spitzenpolitiker wurden stets gefragt, hatten Konjunktur. Der offensive Kurs der eigenen Führung stieß bei den Geführten auf Zustimmung. Daß jüdische Organisationen »mehr Öffentlichkeit« suchen sollten, meinten 1990 65 Prozent der Juden in Deutschland. »Mehr Zurückhaltung« empfahlen nur 31 Prozent.[160]

Kein Zweifel: Die in Deutschland lebenden Juden waren selbstbewußter geworden, nein, sie waren selbstbewußt. Warum auch nicht? Sie kennen und nutzen die Mechanismen der pluralen Gesellschaft, in der sie handeln und die sie schätzen. Diese Art der Pluralität ist in einer pluralistischen Gesellschaft normal. Darüber mehr im Schlußkapitel.

Ewige Antisemiten?
Nichtjuden und Juden in Deutschland

Daß der Anti-Antisemitismus der DDR eher Legende als Tatsache war, konnte in meiner *Deutschland-Akte* dokumentiert werden. Im Kapitel über das jüdische Schatzkästlein der DDR werden weitere Belege vorgelegt.[161]

Legion sind die Studien über den tatsächlichen und vermeintlichen Antisemitismus in der Bundesrepublik Deutschland.[162] »Langsam, zäh und diskontinuierlich« sei der Antisemitismus von 1945 bis 1994 zurückgegangen, bilanziert Wolfgang Bergmann,[163] der nicht verdächtigt werden kann, ein Jubeldeutscher oder Beschöniger vom Dienst zu sein.

Der Antisemitismus nahm ab, doch der *Antiisraelismus* ist beklemmend.[164] Sind Antisemitismus und Antiisraelismus wirklich voneinander zu trennen? Israel verleiht auch den Juden außerhalb des jüdischen Staates existentielle Sicherheit »für den Fall der Fälle«. Wer den Juden diesen sicheren Boden – auch indirekt – entzieht, mag noch kein »Antisemit« sein, sich auch selbst subjektiv gar nicht so fühlen, objektiv unterscheidet sich die Wirkung seiner Einstellung für Juden nicht wesentlich vom Antisemitismus – zumal die meisten Juden Antizionismus und Antiisraelismus als Antisemitismus verstehen.[165]

Es ist einfach, tote Juden zu beweinen. Sie sind sozusagen bequem. Israelis sind erheblich unbequemer, erst recht die extrem nationalistischen und religiösen (die auch mir wahrlich nicht nahe

stehen). Der deutsch-israelische Abgrund, erkennbar an Israel-
umfragen in Deutschland, bestand auch während der friedens-
politischen Offensive unter Rabin und Peres.

Hier stimmt grund-
sätzlich etwas nicht in der historisch-politischen Chemie zwischen
Deutschland und der jüdischen Welt.

Erschütternd sind die Umfrageergebnisse und Beobachtungen,
die unmittelbar nach dem Zweiten Weltkrieg von den US-Besat-
zungsbehörden gesammelt wurden sowie die Aktenauswertung
der amerikanischen und britischen Militärregierungen durch
Frank Stern. Die deutsche Nachkriegsbevölkerung dachte nicht
nur weiterhin massiv antisemitisch, sie handelte dementsprechend.[166] In diesem Buch wurden dazu schon einige Begebenhei-
ten geschildert.

Wir können in dieser Skizze nur wenige Daten hervorheben.
Knapp 50 Prozent antisemitische Einstellungen registrierte 1949
das Allensbacher Institut für Demoskopie. Seit Mitte der 80er
Jahre sind es rund 15 Prozent.[167] 15 Prozent zu viel, doch 15 Prozent Antisemiten sind besser als 50.

Die deutschen Umfragen sind aufschlußreich. Weit aufschluß-
reicher sind sie im außerdeutschen Zusammenhang. Wegen der
oft wortgleichen Fragen eignen sich für einen internationalen
Vergleich die weltweiten Befragungen des American Jewish
Committee am besten. Das Fazit des vergangenen Jahrzehnts:
»Die Deutschen« wissen heute außer den Israelis am meisten
über den Holocaust – was eine Selbstverständlichkeit sein sollte.
Und »die Deutschen« sind nicht »antisemitischer« als beispielsweise US-Amerikaner, Briten, Franzosen oder gar die Völker
Osteuropas. Diese waren in der europäischen Geschichte ohnehin Hochburgen des traditionellen Antisemitismus. Er hat sich
bis zur kommunistischen Endzeit erhalten. Umfragen aus nach-
kommunistischer Zeit deuten auf einen ermutigenden Abbau der
radikalantisemitischen Einstellungen.[168]

Bei den Bürgern der End-DDR bzw. Neu-Bundesländer wurden von 1989 bis Mitte der 90er Jahre niedrigere Antisemitismuswerte ermittelt als bei den Alt-Bundesbürgern. Niedriger als in

den meisten kommunistischen und nachkommunistischen Staaten waren sie ohnehin. Die Gründe hierfür können wir hier nicht erörtern, wir begnügen uns allein mit der Tatsache an sich. An der DDR-Politik kann es nicht gelegen haben, denn sie war, allen Phrasen zum Trotz, im Kern antisemitisch und nicht nur antizionistisch. In der *Deutschland-Akte* und auch in diesem Buch beschreiben wir das »Schatzkästlein« der DDR-amtlichen Judenliebe.

Jedoch: Den Nationalsozialismus »gar nicht so schlecht« fanden im Frühjahr 1995 30 Prozent der Ost- und 16 Prozent der Westdeutschen.[169] Hier lag der Anteil der Unbelehrbaren im Osten deutlich höher als im Westen.

Eine »besondere Verantwortung der Deutschen gegenüber den Juden« erkannte freilich in Ost und West nur ungefähr jeweils die Hälfte der Bevölkerung.[170]

»Haben die Deutschen gegenüber den Juden noch eine Schuld abzutragen?« fragte das Forsa-Institut die vereinten Deutschen zur Jahreswende 1995/96. »Nein«, antworteten 69 Prozent.[171] Wegen der zahlreichen Schwingungen dieser Frage ist die Antwort kein eindeutiger Hinweis auf eine mangelnde Bereitschaft, Verantwortung zu übernehmen. Da jedoch die Antwort auf die wiederholt gestellte Frage nach der deutschen Verantwortung gegenüber den Juden auch nicht gerade Aufgeschlossenheit andeutet, wird man nicht erleichtert aufatmen können.

Gemischte Signale kommen von den Jugendlichen aus den neuen Bundesländern. Eher besorgniserregende Umfragen liegen ebenso vor[172] wie ermutigende.[173]

Zur völligen Entwarnung besteht kein Anlaß, denn der Antisemitismus ist offenbar international unausrottbar. Und auch die deutschen Daten sind nicht durchweg ermutigend. Bei der berühmten Nachbarschaftsfrage schnitten die Deutschen Anfang der 90er Jahre keineswegs rühmlich ab. »Lieber keinen jüdischen Nachbarn« wollten 22 Prozent der Deutschen, 31 Prozent der Österreicher im Jahre 1991, 30 Prozent der Polen im Jahre 1995, nachdem es 1991 sogar rund 40 Prozent gewesen waren. In Rußland 1992: 24 Prozent; Tschechoslowakei 1991:

23 Prozent. Deutlich offener als die Deutschen waren die US-Amerikaner 1989 mit fünf Prozent »Lieber-nicht-Sagern«, die Briten (1993) mit zwölf Prozent und die Ungarn (1991) mit 17 Prozent.[174]

Umfragen sind gut, Kontrollen ihrer Aussagekraft besser. Messen sie wirklich das, was sie zu »messen« vorgeben? Die Fachsprache spricht in diesem Zusammenhang von »Validität«. An Beispielen sei die Problematik veranschaulicht: »Juden sind laut und unhöflich.« Wer diese Frage bejaht, darf getrost als Antisemit gelten. Was sagt man aber, wenn 34 Prozent aller jüdischen Israelis Anfang 1993 diesem Satz zustimmen?[175] Noch wildere »Antisemiten« wären die Juden Israels, den herkömmlichen Frage-und-Antwort-Riten zufolge, bei der Bewertung des folgenden Satzes: »Die Juden haben in den Staaten, in denen sie leben, große wirtschaftliche Macht (Geld) und politischen Einfluß.« 72 Prozent bejahten in derselben Befragung diesen Satz.[176] Zu den Lieblingsthesen der Antisemiten zählt dieser Satz: »Die Juden sind durch ihr Verhalten und ihre Charaktereigenschaften selbst schuld am Antisemitismus.« So gesehen wären 1993 genau 43 Prozent der jüdischen Israelis »Antisemiten« gewesen.[177] So viel zur willentlichen Verwirrung der Leser. »Willentlich«, weil ein höherer Verwirrungsgrad manchmal ein nützliches pädagogisches Mittel ist.

Meinungen und Einstellungen sind wichtig, Aufklärung und Erziehung notwendig. Doch verlässlicher scheint mir die institutionelle Absicherung durch eine funktionierende Teilung der Gewalten. Sie ist eigentlich die einzige Garantie, und sie scheint auf absehbare Zeit in Deutschland gewährleistet. Die demokratischen Rahmenbedingungen sind heute in Deutschland fest. Gewiß, nichts ist so veränderlich wie der Wechsel im Laufe der Geschichte. Aber wer wäre heute oder möglicherweise morgen wirklich in der Lage, die bundesdeutsche Demokratie, die auf Gewaltenteilung basiert, aus den Angeln zu heben? Von keiner ab- oder vorhersehbaren Koalition in Deutschland geht judenmörderische Gefahr aus – gleich ob schwarz-gelb, rot-grün, schwarz-rot oder schwarz-grün. Die Farbe Braun findet man auf der Palette politischer Farben in Deutschland nur tupfenweise – und, der bundesdeutschen Demokratie sei Dank, nur ganz am Rande.

So viel zu Meinungen und Einstellungen. Wichtiger sind die *Handlungen* der Menschen. Seit 1992 gibt es hierzu ein Antisemitismus-Jahrbuch des Institute for Jewish Policy Research in London. Jetzt beteiligt sich daran das American Jewish Committee. Sie veröffentlichen den »Antisemitism World Report«, eine Art Seismograph des Antisemitismus in der Welt. Jeder Hinweis auf Antisemitisches wird hier registriert und kommentiert.

Das Ergebnis: Natürlich gab es auch in Deutschland antisemitische Aktionen und Verbrechen, aber im internationalen Vergleich gehört das vereinte Deutschland zur Spitzengruppe der eher toleranten Staaten. Manch einem passen diese Daten nicht ins Weltbild. Sie stimmen trotzdem.

Ohne jüdische Nobelpreisträger:
Kultur und Wissenschaft

Verwüstet war auch und besonders die deutsch-jüdische Landschaft im Bereich der Literatur, der Wissenschaft und der Medien. Neues fing erst spät und spärlich an zu blühen.[178]

JUDEN AN DEUTSCHEN UNIVERSITÄTEN

Nazis, Nazi-Nutznießer, Mitmacher, Mittäter und Mitläufer. An den bundesdeutschen Universitäten der Nachkriegszeit gab es sie zuhauf, vor allem bei den Professoren. Widerständler unter den deutschen Professoren mußte man mit der Lupe suchen – und fand sie selten genug.[179]

»Die Deutschen« sollten aus der Geschichte lernen. Bestens, doch hatten ihre Lehrer und Hochschullehrer, unter ihnen die Historiker, gelernt?[180] »Diskretion« sei in den ersten Jahren nach dem Zweiten Weltkrieg »das Gebot« unter den Geschichtskollegen gewesen, schreibt Winfried Schulze.[181]

Fast alle deutschen Professoren hatten sich 1933 angepaßt, und auch die Rückwende zur Demokratie bereitete scheinbar kaum Probleme. Tatsächlich war der Neuanfang höchst problematisch und sehr oberflächlich – denn es lehrten seit dem Herbstsemester 1945 weitgehend dieselben Professoren, die bis zum Ende des Frühjahrssemesters 1945 unterrichtet hatten.[182] Nach 1989 nannte man geschichtspolitische Segelkünstler dieser Art »Wendehälse«. Die Wende von 1945 war für viele deutsche Professoren bereits die zweite Wende. Viele hatten seit April 1933 von der vermeintlichen »Wiederherstellung des deutschen Berufsbeamtentums« unter den Nationalsozialisten profitiert und ihre unliebsamen jüdischen Kollegen und Konkurrenten hinausbugsiert. Nein, nicht alle waren überzeugte Antisemiten, zuerst und vor allem dachten sie an sich selbst. Weil ihrer Karriere die »Entjudung« der deutschen Wissenschaft nützlich war, »entjudeten« sie die deutsche Wissenschaft.

Wer konnte erwarten, daß ausgerechnet diese Berufsgruppe ihre 1933 vertriebenen Kollegen zurückriefe? Sie hätte sich den Ast abgesägt, auf dem sie so bequem saß. Hätten diese deutschen Professoren ihren jüdischen Kollegen, sofern diese überlebten, auch in die Augen schauen können, schauen wollen? Die Fragen zu stellen, heißt den Skandal benennen. Gerade die Besten wurden nicht zurückgerufen: Fritz Epstein oder der Nichtjude Golo Mann, der erst 1960 einen Ruf bekam. Das Mittelmaß fürchtete die Überlegenen. Man hätte ja Konkurrenz bekommen können ...[183]

Dann endlich kam die Revolte der bundesdeutschen Studenten, »die 68er« meldeten sich lautstark zu Wort. Allerdings kam ihre Revolte 20 Jahre zu spät. Als sie gegen die Alten und nicht zuletzt die »alten Nazis« den Aufstand probten, erfreuten sich diese ihrer Pensionen oder Emeritus-Gehälter. In den späten

6oer Jahren war schon weitgehend eine neue, breite, die Wonnen der Demokratie schätzende Professorenschaft entstanden.

Deshalb hat der verspätete Widerstand der nachgeborenen deutschen Studenten gerade auf einige der zurückgekehrten jüdischen Professoren grotesk gewirkt. Nicht nur grotesk, sondern gefährlich – für die junge bundesdeutsche Demokratie im allgemeinen und die demokratisierte Universität im besonderen. Es war deshalb folgerichtig, daß sich zum Beispiel jüdische Rückkehrer wie die bedeutenden Politikwissenschaftler Richard Löwenthal und Ernst Fraenkel oder der nichtjüdische Rückkehrer Otto von Simson, ein namhafter Kunsthistoriker mit berühmten jüdischen Vorfahren, von der Studentenrevolte ab- und den hochschulpolitisch Konservativen vom »Bund Freiheit der Wissenschaft« (in West-Berlin »Notgemeinschaft für eine freie Universität«) zuwandten. Richard Löwenthal hielt die Studentenrevolte für einen zerstörerischen »romantischen Rückfall«.[184] Als die Revolte abebbte, Mitte der 7oer Jahre, verließ Löwenthal den »Bund Freiheit der Wissenschaft«, dessen Gründungs- und Vorstandsmitglied er gewesen war. Dieser Austritt bedeutete freilich nicht Löwenthals Eintritt in den Kreis der hochschulpolitischen Linken.

Sowohl Löwenthal als auch Fraenkel lehnten vor allem die basisdemokratischen Vorstellungen der neuen Linken entschieden ab. Basisdemokratie führe zu Rousseau zurück, sei tendenziell totalitär und gefährde die parlamentarische Demokratie. Dieser parlamentarischen, indirekten Demokratie westlichen Zuschnitts fühlten sich die beiden zutiefst verbunden.[185] Weil zudem schon damals erkennbar war, was man heute durch die DDR-Dokumente weiß, daß Deutschlands Neue Linke von der alten kommunistisch-ostdeutschen Machart mehr als nur unterwandert, vielmehr auch organisiert und finanziert war, distanzierten sich Löwenthal und Fraenkel (auch der Autor dieses Buches) von den studentischen Rebellen. Keinem dieser Rückkehrer hatte man die vermeintliche Nähe zur deutschen »Rechten« in die Wiege gelegt. Keiner hatte mit einer solchen, durch und durch demokratisch-parlamentarisch-westlich orientierten deutschen Rechten gerechnet, zumal die neue Linke offenkundig weder wirklich demokratisch noch israelfreundlich eingestellt war. Im Gegenteil, ihr Antizionismus war offenkundig.

Daß gerade die Freie Universität Berlin, die erste prowestliche Hochschulneugründung und wirkliche Reformuniversität der Bundesrepublik Deutschland, der totalitären Versuchung in den späten 60er und frühen 70er Jahren nicht wirklich widerstand, enttäuschte diese jüdischen akademischen Rückwanderer zutiefst. Der Weg von Löwenthal und Fraenkel war folgerichtig, aber es war selbstverständlich für jüdische Akademiker nicht der einzige Weg zurück nach Deutschland. Jacob Taubes, Judaistik-Professor an der Freien Universität Berlin, hielt es durchaus mit den studentischen Rebellen. Aber nie war er ein Dogmatiker und setzte den Dialog mit zum Teil extrem anders denkenden Gelehrten fort. Daß zum Beispiel der Historiker Ernst Nolte schon in den 70er Jahren von vielen Kollegen und noch mehr Studenten boykottiert wurde, fand Taubes intellektuell »töricht«.[186] Gerade unter Intellektuellen müsse Vielfalt ge- und bewahrt werden, erst die Gegensätze und besonders intellektuelle Qualität schüfen geistige Erneuerung. So gesehen, versteht man auch das ausgeprägte Interesse, das Jacob Taubes dem alles andere als demokratisch gesinnten Rechtsgelehrten Carl Schmitt entgegenbrachte. Derselbe Carl Schmitt hatte ideologisch, wissenschaftlich und menschlich bedenkliche Nähe zum Nationalsozialismus – um es zurückhaltend zu formulieren.

Andere jüdische Rückkehrer wie Ernst Bloch oder Hans Mayer kehrten dem Westen zunächst den Rücken und kamen in den deutschen Osten zurück, also in die DDR. Sie waren zu individualistisch und intelligent, um sich ihr Denken von Partei und Staat vorschreiben zu lassen. Eher enttäuscht und traurig über das Scheitern des sozialistisch-deutschen Experiments als beglückt siedelten sie in die Bundesrepublik über. Die Wirtschaftshistoriker Jürgen Kuczynski und Hans Mottek blieben dagegen in der DDR.

Haben die geistigen Väter der linken Studentenrebellen West-Deutschlands wie die jüdischen Rückkehrer Max Horkheimer und Theodor W. Adorno die Geister, die sie gerufen hatten, bejubelt? Das sei ferne. Hilflos, beinahe fassungslos erlebte Adorno kurz vor seinem Lebensende die neuen wilden Deutschen an der Universität. Adorno starb im August 1969, also kurz nach der Premiere der 68er. Auch diese Revolution fraß ihre Väter. Dabei hatten die jungen Revolutionäre am Anfang offenbar gar nicht bemerkt, wie unrevolutionär gerade Adorno und Horkheimer waren. Hatte Horkheimer nicht göttergleich, abgehoben auf dem Olymp, mit seiner rektoralen Amtskette gewirkt und sich selbst geradezu zelebriert? War ein »Revolutionär« aus solchem Holz geschnitzt? Und sollte ausgerechnet der musische und durchgeistigte Adorno ein »Revoluzzer« gewesen sein? Die deutschen 68er-Jünger, damals Möchtegern-Proletarier, haben die beiden jüdischen Meister völlig verkannt, sich ein falsches Bild von diesen bildungsbürgerlichen Grandseigneurs gemacht. Es hätte nichts geschadet, wenn sie sich beim Nachdenken über ihre irdischen Götter des Ersten Gebots erinnert hätten: Du sollst Dir kein Bild machen ...

Adornos Neuanfang in Deutschland hatte nicht gerade unter einem guten Stern gestanden. Schauen wir auf diese Zeit an der Universität von Frankfurt am Main. Sie ist inzwischen, quellengesättigt, wissenschaftlich aufgearbeitet. Sie zeigt, wenig überraschend, daß selbst so bedeutende jüdische Rückkehrer wie Adorno keineswegs freudig willkommen geheißen wurden.

Relativ problem- und konfliktlos verlief die Rückkehr Max Horkheimers in die Geburtsstadt Goethes.[187] Also doch kein »Antisemitismus«? So richtig koscher war alles dennoch nicht: Ende 1946 wurde Horkheimer von der Universität eingeladen, das »Institut für Sozialforschung« wieder zu eröffnen. 1948 reiste er zu Sondierungsgesprächen an den Main. Der »Rektor, die beiden Dekane und andere« haben Horkheimer dabei »süß, aalglatt und verlegen, ehrenvoll gegrüßt«, berichtete er seiner Frau.[188] 1949 kehrte er zurück.

Im selben Jahr wurde an der Universität Frankfurt auch Theodor W. Adorno zum Professor ernannt – zum außerordentlichen Professor. »Sozusagen zwecks ›Wiedergutmachung‹«, lesen wir in der sozusagen amtlichen Geschichte der Frankfurter Hochschule.[189]

Wendehälse, Anpasser und Mittelmaß wollten offenbar unter sich bleiben. Das ging nach 1945 aber eben doch nicht mehr ganz so einfach. Deshalb wurde diese »Wiedergutmachung« an Adorno 1950 ergänzt: Er erhielt eine außerplanmäßige Professur. Sie wurde 1956 schließlich in eine ordentliche umgewandelt. »Das ging nicht ohne Widerstand in der Fakultät vor sich.«[190] Unglaublich, aber wahr: Der geistige Riese Adorno als »Wiedergutmachungsfall«. So jedenfalls sahen es die – im Vergleich zu ihm – akademischen Zwerge, über deren geschichtspolitisches Feingefühl kein Wort zu verlieren ist.[191] Von ihrer Wissenschaftlichkeit waren sie freilich überzeugt, ebenso davon, daß gerade sie es waren, die sich »unakademischen Gepflogenheiten« widersetzt hatten.[192] Genau so stellt man sich Widerständler vor. Der Bock zum Gärtner – ganz akademisch. Taktvoll aber klar beschreibt der Frankfurter Universitätshistoriker Hammerstein die Haltung der damaligen Professorenmehrheit: Die Brillanz eines Adorno sei für viele Deutsche damals ungewohnt gewesen.[193]

Adornos Freund, Protektor und Promotor, Max Horkheimer, hatte sich seinerzeit einer deftigeren Sprache bedient. 1956, bei einer Kommissionssitzung, auf der über die Ernennung Adornos zum ordentlichen Professor als »Wiedergutmachungsfall« gesprochen wurde, platzte Horkheimer der Kragen. Einem der Wortführer, Hellmut Ritter (der selbst in der NS-Zeit emigriert war), warf er entgegen: »Herr Ritter, wenn Sie Antisemit sind, sollten Sie wenigstens hier Ihr Maul halten.« Er erklärte die Unterhaltung für beendet und eilte türschlagend aus dem Zimmer.[194]

Nun waren die selbsternannten Widersetzer völlig eingeschüchtert, die Fakultät leitete den vollständigen Rückzug ein.

Überschätzen kann man den Einfluß Horkheimers und Adornos auf die bundesdeutsche Nachkriegsentwicklung nicht. Sie waren »die« geistigen Väter der 68er, und ohne die 68er wäre West-Deutschland eine ganz andere Republik geworden. Die einen jubeln darüber, die anderen zürnen noch immer. Am

»Institut für Sozialforschung«, das Horkheimer und Adorno wiederbegründet hatten, waren die Soziologen Ralf Dahrendorf, Jürgen Habermas, Alfred Schmidt und auch der spätere Bildungspolitiker Ludwig von Friedeburg Assistenten, Namen, die ganz einfach zur westdeutschen Universitäts- und Bildungsgeschichte gehören.

Adorno wollten die meisten deutschen Kollegen in Frankfurt am Main zunächst nicht. Sie stellten sich damit allerdings nur selbst bloß, nicht Adorno. Sie machten das Falsche. Richtig machen konnten es Deutsche damals (nur damals?) tatsächlich nicht so leicht. Was immer sie taten, es konnte mißverstanden werden, und es wurde mißverstanden: Bei der Gründung des Max-Planck-Instituts für Bildungsforschung holte dessen Direktor Hellmut Becker den israelischen Pädagogen Saul Robinson zurück nach Deutschland, nach Berlin. Ein Vertreter des israelischen Erziehungsministeriums warf Becker vor, »einen wichtigen Kämpfer aus einer belagerten Festung herausgeholt« zu haben.[195]

DIE SCHATTEN DER VÄTER

Für die wenigen jüdischen Professoren an Deutschlands Universitäten ist heute noch ihr kollegiales Umfeld nicht unproblematisch. Selbst mit völlig unverdächtigen Hochschullehrern gibt es Probleme, die mehr als Professorengezänk sind. Am Beispiel Hans Mommsens sei diese ketzerische Behauptung belegt.

Hans Mommsen ist ein Zeithistoriker, der sich in der Bundesrepublik Deutschland und weit über sie hinaus besonders um die Erforschung des Dritten Reiches verdient gemacht hat. Er muß sich gewiß nicht dafür rechtfertigen, daß sein Vater in den Jahren 1933 bis 1945 alles andere als ein Widerstandskämpfer war. Beschönigen muß er die Rolle seines Vaters allerdings auch nicht. Ohne jeden Grund und Anlaß tat er 1996 genau das. Nicht einmal dieser bedeutende Geschichtsprofessor kann seine Familiengeschichte kritisch in den Blick nehmen, selbst er erliegt der Versuchung, nationalsozialistisches Braun in bundesdeutsches Weiß zu verwandeln. Die Familiengeschichte dieses Geschichtsprofessors ist in der bundesdeutschen Geschichte kein Einzelfall: »Ich stamme aus einer liberalen Familie«, verkündete Hans Mommsen in der Fernsehsendung »Talk im Turm« im April 1996.[196]

Hans Mommsens Vater, Wilhelm Mommsen, hatte sich im Frühjahr 1933, kurz nach der Machtübergabe an die Nationalsozialisten, zu Wort gemeldet. Mitunterzeichnet hatte er »Das Bekenntnis der Professoren an den deutschen Universitäten und Hochschulen zu Adolf Hitler und den nationalsozialistischen Staat«.[197]

Dieses Bekenntnis genügte den Nazis nicht. 1936 wurde er als Herausgeber der Zeitschrift »Vergangenheit und Gegenwart« abgelöst. Sie sollte durch einen Personalwechsel an der Spitze »auf eindeutigeren Parteikurs« gebracht werden.[198]

1943 nahm Wilhelm Mommsen einen neuen Anlauf: Er veröffentlichte in der wichtigsten Zeitschrift der Zunft, in der *Historischen Zeitschrift,* einen Aufsatz über »Bismarck und Hitler«.[199] Der Titel: »Bismarcks kleindeutscher Staat und das großdeutsche Reich«. Hierin hatte Vater Mommsen Adolf Hitler verherrlicht, ihn als Vollender und zugleich Überwinder der Bismarck-Politik bejubelt. Bismarck habe Kleindeutschland geschaffen, Hitler Großdeutschland vollbracht.

Nach 1945 gehörte Wilhelm Mommsen zu den 24 deutschen Geschichtsprofessoren, die »aus politischen Gründen« zunächst entlassen wurden.[200] Er nahm sich dann die Freiheit, noch 1962, vier Jahre vor seinem Tod, in sein Schriftenverzeichnis in *Wer ist Wer* alles das nicht aufzunehmen, was er zwischen 1930 und 1948 veröffentlicht hatte. Mut zur Lücke bewies er damit sicherlich.[201]

Keiner kann Hans Mommsen (oder anderen »Kindern«) die Sünden der Väter vorwerfen, aber geht er nicht etwas zu weit, wenn er verniedlichend vom »angeblichen Nazitum« seines Vaters spricht?[202]

Für den Feuilletonchef der *Süddeutschen Zeitung,* Doktor Johannes Willms, ist Wilhelm Mommsen ganz einfach der »bekannte Vater« von Hans Mommsen.[203] Als wäre nichts gewesen.

Wie Wilhelm Mommsen bewies auch ein anderer »bekannter«

Historiker Mut zur Lücke: Karl Dietrich Erdmann. Als er 1990 starb, priesen ihn die Nachrufe und viele Kollegen geradezu als Gegner und Opfer der NS-Diktatur.[204] Jetzt wissen wir es besser, weil sich – endlich – Historiker, wie auch im Falle Conze und Schieder, die Mühe machten, auch einmal die früheren Schriften zu lesen.[205]

Zum Thema »Väter und Söhne« in Deutschland sei die folgende Randgeschiche aus dem außeruniversitären Bereich ergänzt: Alfred Hrdlicka, Wiener Künstler und bewährter »Antifaschist«, wünschte im PDS-Parteiorgan *Neues Deutschland* am 24. November 1994 Wolf Biermann die Nürnberger Gesetze »an den Hals«. Wolf Biermanns Vater wurde von den Nazis ermordet, weil er Kommunist und Jude war. Henryk M. Broder nennt Hrdlicka einen »Eurostalinisten«[206] und »linken Nazi«[207].

Mit Hrdlicka und Karl-Heinz Janßen (*Die Zeit*) führte ich im Dezember 1996 eine öffentliche Diskussion über die Verbrechen der Wehrmacht. Alles über die NS-Untaten müsse man erfahren und wissen, meinte Janßen zurecht.[208] Dann aber: Er selbst habe nie den Mut aufgebracht, seinen Vater und Schwiegervater zu fragen, was sie denn im Krieg getan hätten. Ich habe meinen Schwiegervater gefragt. Mühelos können wir einander in die Augen schauen.

Karl-Heinz Janßen gehört, wie Hans Mommsen, Jan Philipp Reemtsma[208a] oder Richard und Carl-Friedrich von Weizsäcker, zur Galerie der Vorzeigedeutschen. Haben diese ehrenwerten Männer es nie gewagt, ihre Eltern nach ihrer Vergangenheit zu fragen? Wir wissen es nicht, aber ihre Landsleute fordern sie jedenfalls dazu auf. Wasser predigen, Wein trinken?

Ebenfalls 1996 geriet Hans Mommsen mit dem deutsch-jüdischen Historiker Julius H. Schoeps in einen politischen und persönlichen Zwei- und Nahkampf. Als die beiden in der Katholischen Akademie Bayerns diskutierten, warf Schoeps Hans Mommsen und anderen deutschen Historikern vor, fast ausschließlich von »Fakten, Zahlen und Strukturen« zu reden. Ihn und amerikanische Kollegen hingegen »interessierte die Perspektive der Opfer mehr als die der Täter«.[208b]

Dieses Argument von Schoeps ist nicht von der Hand zu weisen. Unbestreitbar und unumstritten sind zwar die Verdienste deutscher Historiker bei der wissenschaftlichen Aufarbeitung der NS-Verbrechen – und die Verdienste Hans Mommsens dabei sind beachtlich. Aber wissenschaftlich neutral, wie unbeteiligt, sind viele ihrer Darstellungen geblieben. Wer sich, wie Hans Mommsen, für die Analyse und Darstellung von Strukturen entscheidet, vernachlässigt eben die Seele und darf sich dann nicht wundern, daß gefühlsgeladene und nicht immer so kompetente Kollegen (wie Daniel Goldhagen) die Säle füllen. Seele und Betroffenheit ersetzen nicht die Analyse, aber man sollte sie nicht verdrängen.[209] Möglicherweise haben jene »Strukturen« aber ihre Funktion als emotionale Stoßdämpfer für diejenigen, die einerseits die Geschichte des »Dritten Reiches« tatsächlich aufarbeiten, sich seelisch jedoch nicht zu sehr treffen lassen wollen – weil sie familiengeschichtlich leiden. Das ist keineswegs unehrenhaft, nur sollte man es offen eingestehen.

In der politischen und wissenschaftlichen Kultur Deutschlands haben sich zu viele daran gewöhnt, die Benutzung superlativischer Gesinnungsvokabeln über die Judenvernichtung mit echter Betroffenheit gleichzusetzen. Es reicht eben nicht, immer nur die »Einzigartigkeit« des Holocaust als Vokabel zur Markierung guter Gesinnung zu verwenden, man kann auch in der Beschreibung des Entsetzlichen das Entsetzen zeigen und sich nicht hinter Zahlen, Daten und Fakten verbarrikadieren. Die rein rationale Methode wirkt ebenso wie die Ästhetisierung des Schreckens wattierend, dämpfend. Das dürfte Schoeps gemeint haben – und er hat recht.

Mommsen reagierte empört und warf Schoeps »Brunnenvergiftung« vor. Er, Hans Mommsen, habe keine »nationale Selbstrechtfertigung« nötig.[210]

Nein, »nationale Selbstrechtfertigung« hat Hans Mommsen wirklich nicht nötig. Keiner verlangt sie, und keiner verlangt den Vatermord. Aber eine selbstkritische Familiengeschichte wäre keine schlechte Voraussetzung für kritische Nationalgeschichte.

Allen Kabalen ohne Liebe zum Trotz: Auch in der deutschen Wissenschaft der Nachkriegszeit findet man mehr Juden, als allgemein angenommen und von mißliebigen Kollegen verhindert werden konnten. Manche sollten auch überhaupt nicht verhindert werden: einige wollte man ganz einfach als Wissenschaftler, andere wurden berufen, weil man Wiedergutmachung praktizieren wollte. Eine Art Ritual für Gute Menschen wurde entwickelt.

Rückkehrer und Neulinge findet man unter den deutsch-jüdischen Hochschullehrern: Einige seien noch genannt, ohne den Anspruch auf Vollständigkeit zu erheben: Der Vater von Julius H. Schoeps, der Religionswissenschaftler Hans J. Schoeps (Erlangen); die Historikerin Marianne Awerbuch (Berlin); der Soziologe Alphons Silbermann (Köln); der Philosoph Ernst Tugendhat (Berlin) und natürlich der Historiker Hans Rothfels (Freiburg im Breisgau).

Zu dieser unschwer ergänzbaren Liste jüdischer Akademiker in Deutschland zählen die jüngeren, inzwischen auch schon mittelalten Professoren Dan Diner (Historiker Essen und Tel-Aviv), der Pädagoge Micha Brumlik (Heidelberg), der Politikwissenschaftler und Historiker Julius H. Schoeps (Postdam, vorher Duisburg), der Historiker Michael Brenner (ab 1997 in München) oder Leonid Luks, der an der (jawohl) Katholischen Universität Eichstätt Mittel- und Osteuropäische Geschichte lehrt. Das spricht für beide Seiten, für Luks und die Katholische Universität.

Wie gesagt, man könnte noch andere nennen, und die Genannten zählen nicht zu den schlechtesten Namen an Deutschlands Universitäten. Ohne sie würde der deutschen Universitätslandschaft, unabhängig vom Judentum dieser Professoren, nicht nur wissenschaftlich einiges fehlen; auch Lebhaftigkeit, Erneuerungsfähigkeit, Spritzigkeit. Letzteres ist ohnehin Mangelware an den Hochschulen dieses Landes. Trotzdem: Jüdische Professoren sind an Deutschlands Universitäten so etwas wie Exoten; Professoren und Studenten begegnen ihnen mehr oder weniger verkrampft.

Wir bleiben beim Thema, wählen aber einen anderen Blickwinkel.

JUDEN IN DER DEUTSCHEN
WISSENSCHAFT UND PUBLIZISTIK
oder:
EIN RITUAL FÜR GUTE MENSCHEN

Wie kann in Deutschland gute Gesinnung bewiesen werden? Vor allem durch die intensive Beschäftigung mit Juden. Aber Vorsicht: nicht mit lebenden Juden. Da könnte man sich die Finger verbrennen. Weniger gefährlich (und deshalb besonders beliebt) ist die Beschäftigung mit toten Juden. Das Ritual steht fest: Unabdingbar ist das »Bekunden von Abscheu« über die Untaten von deutschen und anderen europäischen Christen an den inzwischen toten oder ermordeten Juden. Mich beeindruckt diese Abscheu nicht im geringsten. Ich halte sie für selbstverständlich. Wer »alle Tassen im Schrank« und »das Herz auf dem rechten Fleck hat«, wird natürlich Abscheu vor den Untaten der Vergangenheit, besonders der nationalsozialistischen Vergangenheit, empfinden.

Zum Ritual der Guten Menschen gehört seit dem Historikerstreit auch die formelhaft vorgetragene Feststellung, daß der millionenfache Judenmord (»Holocaust«) »einzigartig« beziehungsweise »singulär« und das »monströseste Verbrechen der Menschheitsgeschichte« war. Entscheidend ist dabei der Superlativ, denn allein dieser beweist superlativisch gute Gesinnung.

Muß uns das beeindrucken? Nein, kein bißchen. Warum? Weil diese Superlativ-Gesinnung die Rekordmentalität der Sportwelt verinnerlicht und auf die Geschichte übertragen hat. »Du sollst nicht morden«, heißt es im Fünften Gebot. Ein Mord ist schon zu viel. In der heutigen Massengesellschaft beeindruckt aber offenbar nur noch der Massenmord.

Im Gegensatz zur jüdischen Orthodoxie nimmt die weltlich-jüdische Seite in der Regel an diesem Ritual inbrünstig teil, denn ohne den Holocaust gäbe es für die rund 70 Prozent nichtreligiösen und historisch desinteressierten Juden keine »jüdische Identität«.[211]

Anschauungsunterricht über das Ritual der Guten Menschen erhielten wir 1992. »Die Juden in der europäischen Geschichte« lautete der Titel einer Vortragsreihe, die der Münchener C. H. Beck Verlag an der Ludwig-Maximilians-Universität gemeinsam mit Historikern dieser Hochschule veranstaltete. Jene europäische Geschichte reichte bis 1945. An jüdische Themen der Nachkriegszeit wagte sich keiner.

Prominente, höchst ehrenwerte und qualifizierte Fachleute wurden sogar aus dem Ausland eingeflogen. Natürlich wurde ein Sammelband veröffentlicht. Herausgeber war Wolfgang Beck, einer der beiden Verlagschefs.[212] Zwischen zwei wohlgestaltete Buchdeckel wurden die Geschichtsvorlesungen gepreßt.

Aber die »Lehren aus der Geschichte«? Die wird man so lange nicht ziehen können, wie man der Gegenwart aus dem Weg geht und die deutsch-jüdische sowie europäisch-jüdische Geschichte nach dem Holocaust, nach 1945, umschifft.[213]

Wir müssen die Gegenwart historisch interpretieren, um die Zukunft »bewältigen« zu können. Andernfalls wird es heißen: »Vergangenheit bewältigt, von der Zukunft überwältigt.« Man kann es auch anders sagen: »Operation gelungen, Patient gestorben.«

Das Bild der Guten Deutschen vom toten, wehrlosen, sozusagen glatten und märtyrerhaften, engelsgleichen und nicht selten genialen Juden darf um Himmels willen nicht in die Nähe von normalen, lebendigen, fehlbaren Menschen gerückt werden.

Natürlich gibt es auch unter den bei uns lebenden Juden kratzbürstige und ungeniale, stachelige Menschen, die man akzeptieren bzw. tolerieren muß, wenn Toleranz ernst zu nehmen sein soll. »Zabarim« zum Beispiel (so die hebräische Selbstbezeichnung der in Israel geborenen Juden; wörtlich Kakteenfrüchte) und andere unbequeme, lebendige und eben deshalb dem Bild nicht entsprechende Juden gehören dazu. Zu diesen unbequemen, vielen unsympathischen lebenden Juden (und »Zabarim«)

zähle auch ich. Einer, der aller Welt gefällt, ist jedoch selten mehr als ein gefälliger Allerweltskerl.

Der C. H. Beck Verlag veröffentlicht zahlreiche gute Bücher über jüdische Geschichte. Doch selbst in diesem Verlag trifft man auf Probleme mit der Verlagsgeschichte.

Wolfgang Beck distanzierte sich zwar 1988 in der Festschrift seines Verlages zum 225. Jubiläum ohne Wenn und Aber von der Vergangenheit seines Hauses während des Dritten Reiches – und das haben nur wenige deutsche Unternehmen geschafft.[214] Der geschichtspolitische Wohlklang wird dennoch durch einige Zwischentöne verzerrt: Im Jahre 1933 – so die Festschrift – erwog der Münchener Beck Verlag, »sich ein zweites Standbein in Berlin zuzulegen. Eine Chance hierfür bot sich, als im Herbst 1933 der Berliner Verleger Otto Liebmann seinen angesehenen juristischen Verlag verkaufen wollte und sich an Heinrich Beck wandte. Es verwundert nicht, daß sich Heinrich Beck positiv entschied. Dennoch haftet diesem Kauf ein Makel an«, weil Liebmann »für sich als jüdischer Verleger unter dem Nationalsozialismus keine Zukunft mehr sah«.[215]

Die Arisierung als »Chance« – das ist schon eine bemerkenswerte Sichtweise, ebenso wie die Formulierung, daß der deutsche Jude Liebmann seinen Verlag verkaufen »wollte«. Wenn ich meine eigene Familiengeschichte entgegenhalten darf: Auf die gleiche Weise »wollte« mein Großvater Karl Wolffsohn im »Dritten Reich« seinen Berliner Verlag »Lichtbildbühne« verkaufen. Auch für seine Konkurrenten von der Filmpublizistik war dieser Verkauf eine »Chance«, sich eines der größten und erfolgreichsten Wettbewerber zu entledigen.[216] Auch für das heutige Bundesfilmarchiv in Potsdam war diese Arisierung eine »Chance«. Die Filmbibliothek von Karl Wolffsohn und seiner »Lichtbildbühne« zählte damals zu den größten Deutschlands.

Wie findet ein Verleger, der sich im Umgang mit jüdischer Geschichte derart profiliert hat, aus purem Ungeschick im Umgang mit der deutschen Sprache derart verzerrende, ja verfälschende Formulierungen?

Schauen wir auf einige der Professuren für *Jüdische Geschichte* oder *Antisemitismusforschung*. Sie sind in Deutschland nicht selten Wiedergutmachungslehrstühle. Frei nach dem Motto:»Egal was, Hauptsache Jüdisches, das macht sich gut und beweist, daß wir Deutschen uns geändert haben.«

Im Herbst 1995 wurde an der Münchener Ludwig-Maximilians-Universität eine»Professur für Jüdische Geschichte und Kultur« ausgeschrieben. In der Ausschreibung hieß es:»Zu den Aufgaben des künftigen Stelleninhabers gehört die Vertretung der jüdischen Geschichte und/oder der jüdischen Kultur in Europa (resp. dem Mittelmeerraum) in Forschung und Lehre.« Forschungsschwerpunkte durften entweder»in der Geschichte des Altertums oder des Mittelalters oder der Neuzeit liegen«. Im Klartext: Auf den Inhalt kam es nicht an. Hauptsache Vorzeigbares, eben Jüdisches, um das eigene deutsche Gutmenschentum zu demonstrieren.

Beliebigkeit als Auswahlkriterium, Judenpolitik als Argument und Instrument. Nicht zuletzt deshalb schossen nach den ausländerfeindlichen Verbrechen der Jahre 1991 bis 1993 in Deutschland Lehrstühle zur Geschichte der Juden wie Pilze aus dem Boden. In allen Lehrstühlen geht es um die Geschichte der Juden bis 1945. Um Himmels willen nicht um die Zeit danach. Absurdes Theater.

Beliebigkeit als Prinzip gilt in Deutschland auch für das Fach *Judaistik,* wo das»Universalfeld Judentum« beackert wird.[217] Die hierzulande in diesem Fach»tatsächlich realisierte Wissenschaftlichkeit« bezeichnet der deutsche Judaist Niko Oswald nicht zu Unrecht als»grotesk«. Seine überzeugende Begründung: Es sei»ein Unding«, den»Wissenschaftsgegenstand ›Judentum‹ von seinen Anfängen bis zur Gegenwart‹ nach wissenschaftlichen Maßstäben« in ein Fach zu pressen.[218] Was die Judaistik in Deutschland wissenschaftlich abzudecken hat, beschäftigt in Israel oder auch in den USA ganze Fakultäten. Nun, vielleicht soll auch die Judaistik am deutschen Wesen genesen. Jedenfalls ist diese Art der Judaistik als Wissenschaft eher Scharlatanerie, wenngleich nicht jeder Wissenschaftler, der dabei mitmacht, ein Scharlatan ist.

Das deutsche Ritual für Gute Menschen beherrschen auch Ausländer. Gordon A. Craig zum Beispiel, der große Historiker, Emeritus in Stanford, USA, Autor bedeutender Werke über deutsche und europäische Geschichte. Wenige Tage nachdem er mir im März 1993 zu meinem »sehr anregenden Vortrag« in der Evangelischen Akademie Tutzing über »Deutschen Nationalismus von innen« gratuliert hatte, äußerte er gegenüber der »Süddeutschen Zeitung«: »Die Tutzinger Rede von Wolffsohn erinnerte mich fatal an Vorträge, die rechte Intellektuelle in den Jahren 1930 bis 1933 hielten. Auch die wußten nicht, wohin sie trieben.«[219] – Das ist kältester Zynismus. Denn unter den Folgen der rechtsintellektuell-deutschen Torheiten und Bosheiten hatte meine Familie sehr zu leiden – mehr übrigens als Gordon Craig. Er wurde 1913 in Schottland geboren und kam 1935, im Jahr der Nürnberger Rassengesetze, erstmals nach Deutschland.[220]

Jedenfalls stehen heute wie damals Craig und ich bzw. meine Familie auf der jeweils anderen Seite. Wie einst meine Eltern und Großeltern stehe ich auf der Seite der vermeintlich bösen Deutschen. Mit dieser schlechtdeutschen Kontinuität kann ich bestens leben.

Dem Politikwissenschaftler Kurt Sontheimer mißfiel mein Buch *Die Deutschland-Akte*. Das ist eine läßliche Sünde, sein gutes Recht. Es ist auch sein gutes Recht, ohne mir einen einzigen Fehler nachweisen zu können, dieses Buch »unwissenschaftlich« zu finden.[221]

Unappetitlich wird der Sontheimersche Professorendünkel allerdings, wenn er in meinem Judentum herumstochert und fragt, weshalb ich 1982 aus der jüdischen Gemeinde aus- und 1992 wieder eintrat. Er weiß es ganz genau: Allein aus PR-Gründen. »Judenschau« (Max Frisch) auf neudeutsche Art – wissenschaftlich, versteht sich. Werner Bergmann, Wissenschaftler am Zentrum für Antisemitismusforschung an der Technischen Universität Berlin, hatte 1995 eine vergleichbare »Judenschau« mit mir inszeniert: Ich spielte die »Rolle« eines Juden, verkündete der brave Forscher,[222] auf den der Forschungsgegenstand offenbar etwas abfärbte. Wer Jude ist, bestimmt wieder ein Nichtjude. »Nichts Neues unter der Sonne«.

Zur Erinnerung: Der jüdischen Glaubensgemeinschaft gehört man durch Geburt oder Übertritt an. Das Kind einer jüdischen Mutter ist und bleibt Jude. Der »Austritt« aus einer Gemeinde entspricht nichtjüdischen Vorstellungen.

Schon vor Sontheimer kamen andere auf den Gedanken, mein Judentum prüfen zu lassen. Sie wollten es ganz genau wissen, wie koscher ich als Jude sei. Zu ihrer herben Enttäuschung wurde ihnen mitgeteilt: Auch »die offizielle Erklärung« eines Menschen, daß er aus dem Judentum austrat, (macht) ihn in Wirklichkeit nicht zum Nichtjuden, insbesondere, da er in aller Öffentlichkeit verkündet, er sei Jude.[223]

Einerseits bekomme ich Morddrohungen von Rechtsextremisten (für die ein Jude kein Deutscher und erst recht kein »deutsch-jüdischer Patriot« sein kann) und muß mich als »zionistischer Einflußagent« beschimpfen lassen, andererseits muß ich mir vorwerfen lassen, kein Jude und »rechts« oder gar rechtsextrem zu sein.

Ihr lieben Gojim und auch Ihr, meine lieben Mitjuden: Das kann und wird nicht die Grundlage künftigen deutsch-jüdischen Lebens sein. Ich verweigere weiterhin die Teilnahme am landesüblichen Gesellschaftsspiel:»Ich und du und Müllers Kuh, und Deutschlands Nazi, der bis du.«

KULTUR

Wurde das deutschsprachige Theater etwa nicht von deutschen Juden wie Ernst Deutsch, Fritz Kortner, Michael Degen, Ida Ehre wiederbelebt? Und natürlich ebenfalls vom ewig jungen, sprudelnden George Tabori. Wie fad wäre deutsches Theater der Nachkriegszeit ohne Peter Stein, Peter Zadeck oder Luc Bondy und Hamburgs Oper ohne Rolf Liebermann?

Der Musiker Daniel Barenboim ist kein deutscher Jude, wohl
aber ein Jude, der nun in Deutschland offenbar recht gerne lebt
und in Berlin wirkt. Unvergessen, wie er unmittelbar nach dem
Fall der Mauer die Berliner Philharmoniker bei einem Jubelkon-
zert dirigierte; ähnlich der amerikanische Jude Leonard Bern-
stein zur Jahreswende 1989/90. Nein, es fehlt nicht an Gesten des
guten Willens, an Interesse, an Verbundenheit aus der jüdischen
Welt gegenüber dem Neuen Deutschland.

Die deutsche Presse wäre ohne Ernst Cramer (langjähriger Herausgeber der »Welt am Sonntag«), Josef Joffe (»Süddeutsche
Zeitung«) und erst recht ohne Henryk M. Broder (»Der Spiegel«) gewiß ärmer. Gerhard Löwenthal war nicht jedermans
Geschmack. Wer wollte aber bestreiten, daß er den westdeutschen Nachkriegsjournalismus farbiger prägte?
Jenseits des Eisernen Vorhangs hatte sich Albert Norden,
Chefpropagandist der DDR, mit seinem Staat mindestens ebenso
identifiziert. Die Überzeugungen des Demokraten Löwenthal
und des DDR-Propagandisten Norden könnten unterschiedlicher
nicht sein, aber gerade dies zeigt die Pluralität deutsch-jüdischer
Meinungen und Handlungen. »Die« Juden? Da gibt es so viele
Facetten wie in jeder anderen Bevölkerungsgruppe. Die gewiß
nicht einfältige, doch Vielfalt nicht so recht darstellende Politik
des Zentralrates der Juden in Deutschland oder der einstigen
DDR-jüdischen Organisationen lassen diesen so – scheinbar –
einfachen Sachverhalt oft vergessen.
Was wäre die westdeutsche Unterhaltung ohne Hans Rosenthal gewesen? Noch viel langweiliger und weniger warmherzig.

An die deutsch-jüdische Tradition der Zeit vor 1933 konnte die
DDR-Literatur eher anknüpfen als die Bundesrepublik Deutschland. Jene profitierte von der ideologischen Rückkehrbereitschaft eher linker Schriftsteller, für die nach 1945 endlich das
gute Deutschland (mit Hilfe der Alliierten, vor allem der Sowjetunion) obsiegt hatte. Erinnert sei an die jüdischen Kommunisten Anna Seghers, Stefan Heym und Stephan Hermlin.[224] Über

ihre Rolle habe ich ausführlich in meiner *Deutschland-Akte* berichtet. Karl Corino hat sich noch einmal intensiv des Herrn Hermlin angenommen[225], was ihm prompt in der Süddeutschen Zeitung den nicht ausgesprochenen, doch giftig angedeuteten Vorwurf einbrachte, Antisemit zu sein.[226]

Streiten kann man vortrefflich über die Güte dieses guten und vermeintlich neuen Deutschlands, auch über diese Schriftsteller und deren literarische Qualität. Für die einen ist zum Beispiel Stefan Heym eine Art literarischer Halbgott, Marcel Reich-Ranicki dagegen faßt sein vernichtendes Urteil in Anlehnung an das Märchen von Hans Christian Andersen kurz und boshaft zusammen: »Der Kaiser ist nackt.«[227]

Über Anna Seghers politisch-ideologisch-seelisches Verhältnis zur DDR und zu Juden habe ich so Bedenkliches und menschlich Enttäuschendes in DDR-Dokumenten gefunden und veröffentlicht,[228] daß der eine oder andere im Gesamturteil vielleicht doch nachdenklich wird.

Arnold Zweig, der sich in Palästina, dann Israel, nicht zuletzt wegen der fremdsprachigen Umwelt nicht zu Hause fühlte, ließ sich von der DDR ködern und beschloß seinen Lebensabend in Ost-Deutschland. Er verhielt sich in dieser Diktatur mutiger als meistens angenommen und dargestellt.[228] Eher Kulturbonze als »Kulturschaffender« blieb Alexander Abusch.

Wie auch immer: Gerade die DDR-Literatur profitierte von der Rückkehrbereitschaft jüdisch-kommunistischer Schriftsteller. Man kann – und muß – es auch anders sehen und sagen: West-Deutschland weist hier Defizite auf. Die Rückkehr bürgerlich-jüdischer Schriftsteller oder Wissenschaftler hat man hier nicht gefördert. Gedankenlosigkeit? Herzlosigkeit? Antisemitismus? Vielleicht von allem etwas. Umgekehrt bezeugen die Bemühungen der DDR keineswegs die Abwesenheit all jener nicht gerade schmeichelhaften Haltungen.

Auch unter den jüngeren DDR-Schriftstellern ragen einige Juden heraus: Jurek Becker und Barbara Honigmann. Beide verließen die DDR in Richtung Westen.[230] Als neuorthodoxe Jüdin meinte Barbara Honigmann im französischen Straßburg besser aufgehoben zu sein als in einer bundesdeutsch-jüdischen Gemeinde. Ihr Erzählband »*Roman von einem Kinde*« enthält viel Lesenswertes – nicht zuletzt über DDR-Jüdisches.[231] Obwohl formal-religiös kein Jude, gehört Wolf Biermann zu den »Jüdischen Stimmen aus Deutschland«. Wolf Biermann wurde 1976 von der DDR ausgebürgert.[232] Sein Vater war Jude und zählt zu den sechs Millionen ermordeter Juden.

> ... Ich singe für meinen Genossen Dagobert Biermann
> Der ein Rauch ward aus den Schornsteinen
> Der von Auschwitz stinkend auferstand
> In die viel wechselnden Himmel dieser Erde ...[233]

Immer mehr nähert er sich inzwischen seinen familiären jüdischen Wurzeln.

> Ich bleibe, was ich immer war
> Halb Judenbalg und halb ein Goj
> Nur eines weiß ich klipp und klar
> Nur wer sich ändert, bleibt sich treu ...[234]

Wie jüdisch ist diese Rückkehr zu den jüdischen Wurzeln, die er schon 1962 mit der ihm eigenen Selbstironie beschrieb?

> Deutsche Weihnacht! Deutsche Weihnacht!
> Bratendunst aus jeder Bude
> Deutsche Weihnacht! Deutsche Weihnacht!
> Deutsche Weihnacht! – ich bin Jude.

Bitterernst, weder ironisch noch gar witzig, jedoch voll jüdischer Empfindungen und Empfindsamkeit ist Biermanns Eindeutschung des jiddischen Katznelson-Textes »*Der Große Gesang des Jizchak Katznelson vom ausgerotteten Jüdischen Volk*«, die 1995 erschien.

Ein anderer Ost-West-Wanderer ist Günter Kunert, Jahrgang 1929. Seine Mutter war Jüdin, und das deutsch-jüdische Schicksal blieb für Kunert prägend: »Kunert leidet an einem Trauma«, schreibt Marcel Reich-Ranicki und fährt fort:»Und gerade dieses Trauma, das er niemals zu verdrängen oder zu überwinden versucht hat, bildet den Urgrund seines dichterischen Werks.«[235] Wie Biermann und andere, Juden und Nichtjuden, suchte Kunert im Kommunismus und der DDR eine neue, wahre Heimat. Natürlich wurde auch er enttäuscht. 1979 verließ er die DDR: »Nirgendheim: da kommen wir her / da fahren wir hin«, schreibt er im Gedicht »Kennzeichen«.[236] In seiner Jugend hatte er sich »in einem jüdisch geprägten ›Juste milieu‹« bewegt.[237] Doch was war oder ist »jüdisch« an Kunert? Die jüdische Situation:»Judentum und Jude beschränkte sich ganz und gar auf die Hitlerische Brandmarkung.«[238]

Aus dem deutschen Osten, damals DDR, zog auch Thomas Brasch in den Westen. Seine jüdische Herkunft beschäftigt ihn hier und dort in seinem Werk. In Thomas Braschs Buch *Drei Wünsche sagte der Golem* finden wir das Gedicht »*Meine Großmutter*«, das über die Tragik der deutschen Juden mehr sagt als viele gelehrte Bücher. Nicht nur, weil ich diese Großmutter Margot kannte[239], finde ich das Gedicht sehr bewegend und erschütternd, allgemein menschlich ebenso wie deutsch-jüdisch.

MEINE GROSSMUTTER

Auf dem alten Foto ist sie eine schöne Frau
auf einem Berg: Am Rand
Verächtlich sieht sie in die Kamera:
Schließlich ist mein Vater Fabrikant.

Ihr erster Mann erschoß sich mit 29. Den zweiten
verließ sie in München für den dritten und
wurde katholisch wie er. Als
die Nazis sie holten, rief sie: Was
wollt ihr von mir: Ich bin keine Jüdin mehr.

Im Konzentrationslager schrieb sie Gedichte. Die
steckte sie in den Ofen, bevor sie entlassen wurde

in die Irrenanstalt. In der Zelle schrieb sie einen Roman
über die Auswanderung eines Ameisenstaates von
Deutschland nach Amerika nach Afrika nach Deutschland.

Ich lebe mit Lissy, sagte ihr Mann, als
sie zurückkehrte in die Wohnung. Hier
ist dein Zimmer neben der Küche. Sie sagte:
Ich lasse mich scheiden. Und nahm ihren zerbeulten Hut.
                                                    Dann
bist du nicht mehr katholisch, sagte er, und gehst wieder
ins Lager. Sie legte den Hut aus der Hand: Zu euren
                                              Diensten:
eure Ameise will ich sein. Und schloß sich in ihr neues
                                              Zimmer ein.

Nach dem Krieg lebte sie zur Untermiete und
war angestellt bei der englischen Postzensur: Tag
für Tag schnitt sie faschistische Zeilen aus
deutschen Briefen. Als das Postgeheimnis wieder Gesetz
                                                    war,
zog sie von München nach Potsdam,
zeigte mir ihren Gott, den ich nicht sah, kratzte
unter alten Frauen Scheiße
aus den Laken, sagte zu ihrem Sohn: Warum
gehst du nicht auf den Hof
spielen und fiel tot neben den Küchenherd.
Die Rätsel sind gelöst:
ihr Hirn sprang über.
Sie wollte nicht Heimat sagen:
Sie hatte kein Dach darüber.

Thomas Braschs Großmutter Margot dürfte anders, vor allem
später gestorben sein, denn als Jugendlicher traf ich sie mehrfach
bei meiner Großmutter Recha Wolffsohn in West-Berlin. »Tante
Margot«, so wurde sie bei uns genannt, war auf ihren DDR-
quer- und trotzköpfigen Enkel Thomas sehr stolz, obwohl (nein,
gerade weil) er seinem regimetreuen Vater – ihrem Sohn –

Probleme bereitete. Das freute sie mehr wegen der Probleme des Regimes als der ihres Sohnes.

Es zeigt sich, daß selbst nach der fast vollständigen Verwüstung der deutsch-jüdischen Kulturlandschaft quantitativ und erst recht qualitativ Erstaunliches wieder- oder neuauferstand; trotz der deutschen Verbrechen.

Auch ein Ost-West-Wanderer, der schließlich nach Israel ging, ist Chaim Noll. Ursprünglich hieß er »Hans«, aus Verärgerung und Enttäuschung über Deutsche und Deutschland während des Golfkrieges kehrte er zu seinen jüdischen Wurzeln zurück und wählte den eindeutig jüdischen Vornamen.

Was hatte Noll empört? Die Tatsache, daß sich weite Teile der deutschen Öffentlichkeit kaum über den irakischen Aggressor erregten. Bekanntlich hatte der Irak im August 1990 Kuwait besetzt und während des Golfkriegs (17. Januar bis 28. Februar 1991) Israel (und Saudi-Arabien) mit Raketen beschossen. Sehr wohl erregte sich die deutsche Öffentlichkeit über die USA und ihre Verbündeten, die Kuwait wieder befreiten und Israel schützten. Israel war getroffen – und viele Deutsche von den US-»Kriegstaten« so »betroffen«, daß sie sogar auf ihr Faschingsvergnügen verzichteten. Beim Völkermord, der kurz danach auf dem Balkan begann, waren sie gelassener. Sie schauten fernsehend weg. Und dabei hatten sie doch immer wieder »Nie wieder!« gerufen und damit beweisen wollen, daß sie nicht,wie ihre Eltern und Großeltern, wegsehen und nichts wissen wollten, wenn Menschen bedroht oder vernichtet werden. So gesehen, rechtfertigte auch die Entwicklung der Jahre 1991 bis 1995 Nolls Protest.

Judaisierung als Protest. Unter anderen Vorzeichen war auch bei Barbara Honigmann die Judaisierung ein Protest – gegen die DDR.

Deutsch-jüdische Schriftsteller mußte man auch in West-Deutschland nicht mit der Lupe suchen. Zur westdeutschen Nachkriegsliteratur gehört gewiß Grete Weil, Jahrgang 1906. Sie kehrte nach einem bewegten und schweren Schicksal trotz

Deutschland 1947 nach West-Deutschland zurück. Öffentliche Anerkennung wurde ihr spät zuteil. Besser spät als gar nicht, aber doch beleidigend und ungerecht spät.

Trotz Hitler und nach Hitler kamen auch Hilde Domin, Rose Ausländer und Edgar Hilsenrath wieder nach Deutschland. In den 80er und 90er Jahren traten Rafael Seligmann und Maxim Biller ins Rampenlicht.

Aus dem Ausland wirkte nach und in Deutschland der deutschsprachig jüdische Autor Elias Canetti. Er erhielt 1981 den Nobelpreis für Literatur. Ebenso Nelly Sachs (1966), die im schwedischen Exil blieb, aber deutsch schrieb und natürlich in Deutschland beachtet und geehrt wurde: durch den Friedenspreis des Deutschen Buchhandels und den »Nelly-Sachs-Preis« der Stadt Dortmund.

»Lyrik nach Auschwitz«? Große Lyrik »nach Auschwitz« und über Auschwitz und in deutscher Sprache; eben von Nelly Sachs und natürlich von Paul Celan. Er war kein Deutscher, stammte aus der Bukowina, aber er schrieb deutsch. Kaum jemand, der seine »Todesfuge« nicht kennt, den dieses Stück Literatur nicht seelisch verfolgt.

Was wäre die westdeutsche Nachkriegsliteratur ohne Peter Weiss, der, wie Nelly Sachs, nach Schweden floh und dort blieb, bis an sein Lebensende? Außerhalb Deutschlands, in der Schweiz, blieb auch Wolfgang Hildesheimer. Die jüdische Religion war ihm »zutiefst fremd in ihrer biblischen Begründung«[240] – obwohl er aus einer bedeutenden Rabbinerfamilie stammte.

Doch was bedeutet schon die rabbinerfamiliäre Herkunft? Es gibt zahlreiche Beispiele rabbinischer Kontinuität in solchen Familien. Andere, wie Hildesheimer, fühlten sich den Juden weiterhin verbunden, ohne jüdisch zu leben. Wiederum andere spieen auf Juden und Judentum: so zum Beispiel Rabbinersohn Albert Norden, späterer Chefpropagandist der DDR.[241]

Ähnlich wie Hildesheimer formulierte es Jean Améry (1912–1978): Er habe kein Judentum im Sinne historischer Tradition und positiver existentieller Lebensbasis erworben, sondern empfinde Solidarität »mit der Mehrzahl aller Juden der Welt und namentlich ... mit dem Staat Israel«.[242] Immer wieder: Die jüdische Situation und Zeitgeschichte, nicht die jüdische Religion und ihre Gesamtgeschichte, prägen diese Menschen. Der Auschwitzüberlebende Améry, der nach dem Zivilisationsbruch von Auschwitz wieder in Deutschland gelebt hatte, zerbrach an ihr und beendete sein Leben durch Selbstmord.

Kurz vor dem Ende seines langen und schöpferischen Lebens kehrte Hans Sahl nach Deutschland zurück. In Tübingen ließ er sich nieder. Hermann Kesten, der 1996 starb, wollte sich dagegen nicht wieder in Deutschland niederlassen, aber natürlich ist auch er nicht aus der deutschen Nachkriegsliteratur wegzudenken, ebenso wie Erich Fried.

Bemerkenswerte jüdische Autoren meldeten sich nach dem Krieg in Österreich zu Wort: Robert Menasse und Robert Schindel zum Beispiel. Doron Rabinovici braucht sich ebenfalls nicht zu verstecken. Und Albert Drach, Jahrgang 1902, Träger des Büchner-Preises 1988 schon gar nicht.

Juden waren und sind in der deutschen Nachkriegsliteratur sichtbar und zahlreich. Sie sind sogar so sichtbar, daß man fast versucht wäre, darauf hinzuweisen, daß weder Günter Grass noch Heinrich Böll oder Uwe Johnson Juden sind beziehungsweise waren ...

Tatsächlich wäre die deutsche Kultur ohne die wenigen überlebenden deutschen Juden nach dem millionenfachen Judenmord sehr viel ärmer gewesen.

Was wäre die Literaturkritik in der Bundesrepublik Deutschland ohne den jüdischen »Literaturpapst« Marcel Reich-Ranicki? Sie wäre kaum der Rede wert. Sie wäre gewiß nicht so millionenfach beachtet wie mit MRR. Knapp ist er 1943 mit seiner Frau dem brennenden Warschauer Ghetto und damit den deutschen Mördern entkommen.[243] Einmal mehr ist zu erkennen, was sich Deutschland und die Deutschen durch den Holocaust selbst angetan haben: eine moralische, eine politische und eben auch eine kulturelle Verstümmelung.

Jüdische Absurdität
und der Absurde Mensch

Eindrucksvoll ist diese Liste von Juden in der deutschen Nachkriegskultur. Es sind nicht die schlechtesten Namen. Doch die bohrende Frage bleibt: Was, außer der jüdischen Situation und mehr oder weniger häufig gewählten jüdischen Themen, ist an ihnen »jüdisch« im religiösen Sinne? Eigentlich nichts, denn ohne die jüdische Religion bleibt für Juden nur die jüdische Situation oder auch Israel und »Israelismus« bzw. Zionismus – womit wir wieder am Ausgangspunkt unserer Überlegung sind. Das ist kein Vorwurf, das ist der Sachverhalt. Ich sage das nicht kritisch und schon gar nicht anklagend.

Weit über die genannten Schriftsteller hinaus, für die Mehrheit der Juden, also die mehr als 80 Prozent Nichtreligiösen in der freiwilligen Diaspora, stellt sich die Frage, was denn diese *jüdische Situation* rein jüdisch bedeute. Sie ist ein jüdisches Nichts, der jüdische Schein. Der jüdische Schein ist wohl ein Dasein von Juden, doch kein jüdisches Sein. Es ist die jüdische Situation: Leid, Verfolgung, Traumata, Ängste.

Das Faktische hat für uns das Wesensmäßige ersetzt.[244] Ergebnis der Judenverfolgungen, besonders des Holocaust. Eine Tragödie. Das ist die eine Seite. Die andere: Dieses unjüdische Dasein der Juden ist Teil der allgemeinen Verweltlichung moderner Gesellschaften. Wie jede moderne Gemeinschaft, wurde auch die jüdische von ihr erfaßt. Auch wir Juden haben uns von der Religion weitgehend entfernt.

Für den Durchschnittsjuden in Deutschland ist das Faktische, seine persönliche und historisch gewordene Situation, zum Wesensmäßigen geworden. Für deutsch-jüdische Künstler, die sich wie Biermann oder Kunert nicht im Sinne des Religionsgesetzes, doch durch ihre Wurzeln dem Judentum verbunden fühlen, erhält dieses an sich konturlos Faktische eine literarische Form. Man findet sie auch bei nichtdeutschen Diasporajuden, die das unjüdische Dasein von Juden beschreiben. Ich denke, um nur drei Autoren zu nennen, an Louis Begley (»Lügen in den Zeiten des Krieges«) oder Robert Bober (»Was gibt's Neues vom Krieg«) und an den 1997 verstorbenen deutschen Juden Jurek Becker.

Bei ihnen allen wird das Faktische zur Form. Doch selbst die beste Form kann das Wesensmäßige nicht ersetzen. Vom Jüdisch-Wesensmäßigen ist hier die Rede, um Mißverständnisse gegenüber Biermann, Kunert, Jurek Becker oder anderen, die ich wirklich außerordentlich schätze, zu vermeiden.

Ist denn die Rückkehr zur Religion in einem religionsfremden und -feindlichen Zeitalter möglich? In einer Epoche der Glaubenskrisen zum Glauben zurück?

Die jüdische Situation ist für Nichtreligiöse nur der jüdische Schein, also das jüdische Nichts, und das Nichts ist absurd. Das ist, weit über Deutschland hinaus, die *Absurdität nichtreligiös-diasporajüdischer Existenz.*

Jede existentielle Absurdität kann man annehmen oder ablehnen. Flucht ist eine Form der Ablehnung. Sie ist sinnlos. Selbstmord ist die konsequente Ablehnung. Jean Améry hat sie vollzogen. Eine Lösung aus dem Nichts im jüdischen Diesseits ist dieser Weg ins physische Jenseits auch nicht, weil der Selbstmord keine Lösung der Seinsprobleme sein kann. Seinsprobleme sind Teil des Daseins, also des Lebens. Der Selbstmord beendet aber das Leben, das Dasein.[245]

Ihrem jüdischen Dasein wollen die meisten von uns nichtreligiösen Juden ebenfalls nicht entfliehen. Das wäre nicht zuletzt Verrat an denen, die allein ihrer jüdischen Herkunft wegen ermordet wurden: an den Eltern und Großeltern.

Wie aber füllen wir das Faktische unseres jüdischen Daseins mit jüdisch Wesentlichem? Gibt es dieses Jüdisch-Wesentliche für Nichtreligiöse überhaupt – jenseits des Gemeindelebens, das nicht selten einem Kaffeekränzchen gleicht?

Es gibt nur einen Weg: den Versuch. Und nach dem zu erwartenden Scheitern neue Versuche. Das »Alles« der jüdischen Orthodoxie können – und wollen – die meisten Juden der deutschen und übrigen Diaspora nicht erfüllen. Sie können es nicht, weil sie nicht mehr ungebrochen an Gott glauben können. Das ist die eine Seite. Die andere: Die Orthodoxen gewinnen (auch bei uns Juden) an Boden. In Großbritannien stieg die Mitgliederzahl der orthodoxen Synagogengemeinden in den Jahren 1983 bis 1990 um 50 Prozent.[246] Ihr Anteil an allen britischen Juden beträgt rund sechs Prozent. Sehr viel mehr Juden, nämlich 17 Prozent, gehören der weit weniger praxisstrengen, (Synagogen-)besucher- und frauenfreundlicheren (weibliche Rabbiner), durch Musik aufgelockerten Reformrichtung an.[247] In Reformsynagogen gibt es in der Sitzordnung, anders als bei Orthodoxen, keine Trennung zwischen Frauen und Männern.

Reformjuden sind Juden, die nicht mehr wirklich traditionell sein können und (noch?) nicht ganz unjüdisch werden möchten. Auch in Deutschland greifen einige, nicht zuletzt mit Hilfe des Erziehungswissenschaftlers Micha Brumlik, zum tatsächlichen oder vermeintlichen Rettungsanker für »moderne« Juden: das Reformjudentum. Ist es ein Rettungsanker oder eher ein Sprungbrett vom Judentum ins Nichts? Nur die Zeit wird diese Frage beantworten; auch die folgende: Gibt es für die jüdische Diaspora ganz allgemein nur noch die Alternative: »Israel, Orthodoxie oder das Nichts«.

Für manche ist es heute jedenfalls tatsächlich der Rettungsanker vor dem Verlassen des Judentums. Für andere ist es der Beginn des Rückwegs zum Judentum. Für die Orthodoxie ist es »von Juden ausgeübtes Christentum«.

Wie auch immer: Zwischen dem »Alles« der Orthodoxie, dem Israelismus und dem gegenwärtigen Nichts muß ein neuer Weg gesucht und versucht werden, wenn das jüdische Dasein in Deutschland (hier mehr als in der übrigen Diaspora) nicht völlig absurd werden soll. Vielleicht, nur vielleicht, ist das Reformjudentum eine rettende Alternative. Es vermag jedoch nur diejenigen anzuziehen, die überhaupt noch glauben können und glauben wollen. Ist das die Mehrheit der Juden? Ist es die Minderheit? Ist der moderne Mensch an sich, ob Jude oder Nichtjude, überhaupt noch glaubenswillig, glaubensfähig?

Die Spitzenvertreter des jüdischen Gemeinschaft in Deutschland halten vom Reformjudentum weniger als nichts. Das ist ihr gutes Recht. Doch haben sie recht? Frauen als Rabbiner lehnt die jüdische Orthodoxie ab. Ignatz Bubis unterstützt sie hierin: »Keinen Gottesdienst«, den Rabbinerin Bea Wyler leite, werde er besuchen, erklärte Ignatz Bubis.[248] Frauen als Rabbiner werde er, der orthodoxen Tradition entsprechend, nicht billigen. Bubis' Drohung wird die Zahl der deutsch-jüdischen Synagogengänger nicht noch weiter nach unten drücken. Das ist ohnehin kaum noch möglich.

Am jüdischen Neujahrstag 1992 fand man Ignatz Bubis nicht in der Synagoge. Er wartete drei Stunden in der gerade niedergebrannten KZ-Gedenkstätte Sachsenhausen, bis Björn Engholm (damals Vorsitzender der SPD ... Wer erinnert sich ...?) per Hubschrauber vom Himmel kam.

Nicht selten tritt Bubis am Sabbat als Redner oder Gast von Talk-Shows auf. Dagegen ist überhaupt nichts einzuwenden. Wohl aber gegen die leeren Drohungen derer, die das Panier der Orthodoxie hochhalten, aber ansonsten unreligiös leben. »Wasser predigen und Wein trinken?«

Der Zentralrat der Juden in Deutschland sei der Orthodoxie verpflichtet, verkündete Friedman.[249] »Glatter Unsinn«, konterte der Chef der Juden Niedersachsens, Michael Fürst, der mithalf, die Rabbinerin nach Niedersachsen zu berufen.[250] Die jüdischen Gemeinden in Deutschland seien sogenannte »Einheitsgemeinden«. Das bedeute: Wie im Deutschen Gewerkschaftsbund sind die verschiedenen Richtungen in einer Organisation vereinigt. Keine soll die andere verdrängen oder beherrschen.

In Berlin wollten weder der Vorsitzende Jerzy Kanal noch die Repräsentantenversammlung den Reformrabbiner Tovia Ben-Chorin gewinnen. Sie lehnten die Reform an sich sowie die verstärkte Beteiligung von Frauen am Gottesdienst ab.[251] Der Weg ins jüdische Nichts wurde von Kanals Gemeindeführung Berlins beschleunigt.

Wo ist der neue Weg? Werden die Versuche, die Absurdität zu überwinden, glücken? »Glück und Absurdität entstammen ein und derselben Erde«, bemerkt Camus.[252] Und deshalb sagt der »absurde Mensch« Ja, »und seine Mühsal hat kein Ende mehr«. Wir, die nichtreligiösen Diasporajuden, in Deutschland und woanders, gleichen deshalb Sisyphos. »Wir müssen uns Sisyphos als einen glücklichen Menschen vorstellen«, behauptet Camus.[253] Wirklich glücklich? Zerrissen allemal. Und vielleicht ist gerade diese deutsch-jüdische Zerrissenheit, die nach dem Holocaust noch zerrissener als die allgemein diasporajüdische ist, ja, sein muß, für den »Absurden Menschen« der Moderne schlechthin beispielhaft, nicht im Sinne von »vorbildlich«, sondern im Sinne von »musterhaft«: Das Muster wird besonders deutlich erkennbar.

Völlig absurd war das jüdische Leben in der DDR, denn dort wurde die religiöse Entleerung des Judentums staatlich betrieben. Gewiß, auch die Juden der DDR konnten leben und überleben, als Menschen, aber nicht wirklich als praktizierende Juden. Sobald es mit der religiösen Praxis ernst wurde, machte der Staat ernst – selbst in der Endphase der DDR, als man die jüdische Welt aus finanz- und außenpolitischen Gründen umwarb.[254]

Das Fazit: Mehr außerhalb als innerhalb der jüdischen Gemeinden spielt sich das – durchaus und sehr rege vorhandene – geistigschöpferische Leben von Juden in Deutschland ab; eher für Deutschland und nichtjüdische Deutsche als für Juden und Judentum. Die Fortentwicklung diasporajüdischer Inhalte blieb deshalb unterentwickelt.

Mit Namen wurde in diesem Abschnitt geklingelt. Weshalb? Weil die meisten in der Regel beim Wort »Juden« sogleich an den »Zentralrat der Juden in Deutschland« oder an Heinz Galinski, Werner Nachmann, Michel Friedman oder Ignatz Bubis denken.

Es gibt auch noch einige andere; es sind nicht die Schlechtesten – um es sehr zurückhaltend auszudrücken. Jedoch: Ob »gut« oder nicht, das kann und darf nicht der Maßstab der Toleranz sein. Nicht »unsere Leistungen« müssen toleriert werden, sondern unser So-Sein, auch wenn es (etwas) anders ist, also ein Anders-Sein. Toleranz »den Juden« gegenüber trotz einzelner jüdischer Gauner oder Zuhälter muß eine Selbstverständlichkeit sein, die Nagelprobe sogar. Die Schiebereien des jüdischen Gauners können freilich so wenig toleriert werden, wie die des nichtjüdischen Gauners – der Gaunerei und Schieberei wegen.

Am deutsch-jüdischen Nachkriegsleben werden wesentlich existentiellere Fragen und Probleme erkennbar als es das Gemeindeleben, das medial vermittelte deutsch-jüdische Verbandswesen, die Verbandsspitzen und ihre Hofberichterstatter sowie viele Interpreten, besonders deutsche Gutmenschen, vermuten lassen.

So gesehen, weht einem sogar aus der *Allgemeinen Jüdischen Wochenzeitung* nicht nur der – bei eigentlich allen Konfessionen kaum erträgliche – Gemeindemief entgegen. Unerwartet gerät selbst die Lektüre dieses langweiligen Blättchens zu einem Lehrstück existentialistischer Philosophie. Dieses lesende Dabeisein verdeutlicht nämlich die Absurdität des modernen Daseins schlechthin, ob jüdisch oder nicht. Das allgemeine deutsch-jüdische Nichts wird hier nun Ereignis. Die Beschreibung des deutsch-jüdisch- und zugleich allgemein-diasporajüdisch Absurden ist keine Kritik, schon gar nicht in bezug auf einen Wolf Biermann, Günter Kunert oder auch andere.

»Auserwähltes Volk«? Ja, und zwar von einem ganz unreligiösen Blickwinkel. Wie schon so oft in der jüdischen Geschichte ist auch diese Art der Auserwähltheit nicht nur Auszeichnung, sondern auch Bürde.

Für Deutsche, Engländer, Franzosen und andere ist die Verweltlichung keine substantielle Gefahr, wohl aber für Juden. Engländer bleiben mit oder ohne Verweltlichung Engländer. Was sind Juden ohne Judentum? Eine Minderheit mit einer gewissen Folklore.

Die deutsch-jüdische und übrige jüdische Diaspora wird deshalb auf absehbare Zeit weiter absurdes Theater spielen: Sie spielt in der großen weiten Welt außerhalb Israels Klein-Israel. Manche lernen dafür sogar Hebräisch, mehr schlecht als recht. Und manche gehen zumindest an den hohen Feiertagen, also dreimal im Jahr, in die Synagoge und spielen jüdische Religion, wo sie ihr Hebräisch auch anwenden können – sofern ihre sprachliche Schulung so weit fortgeschritten ist. Wenn nicht, beten sie in der Landessprache ohne wirklich gläubig zu sein. Trotzdem fühlen sie sich aufrichtig und nicht selten stolz als Juden, was immer das sei. Wird das Judentum immer mehr einer internationalen Loge ähnlich, eine Art Rotary- oder Lions Club? In diese wird man gewählt und aufgenommen, ins Judentum geboren. Bleibt das dann der einzige Unterschied? Damit richte ich mich nicht gegen eine dieser Gemeinschaften; ich selbst bin (gerne) sowohl Jude als auch Rotarier ...

Juden in der
»antifaschistischen« DDR

Vor Gründung des
»Arbeiter- und Bauernstaates«

Der Historiker Mario Keßler arbeitete während der Endphase der DDR in der Akademie der Wissenschaften. Trotzdem wollte er, lesen wir im PDS-Organ *Neues Deutschland,* »der DDR fluchen, mußte sie aber segnen, je mehr er sich an das historische Material hielt«. Das berichtete frohgemut jenes Blatt im Mai 1996.[1]

Von welchem Material war die Rede? Von Dokumenten über die Judenpolitik der SED. Das *Neue Deutschland* faßte mit diesem Satz zutreffend die Ergebnisse eines Buches von Mario Keßler zusammen.[2] Wegen der wunderbar projüdischen Segnungen der SED und DDR gab Keßler seinem Buch über »Die SED und die Juden« den so schönen Untertitel »Zwischen Repression und Toleranz«. Nach der kurzen Phase »stalinistischer Repression« sei die Judenpolitik der SED »tolerant« gewesen, beweist der Wissenschaftler auf seine Art.

Ich selbst habe in meinem Buch *Die Deutschland-Akte* das Gegenteil bewiesen; »unwissenschaftlich«, versteht sich – aus der Sicht Keßlers.[3] Daß sich die Zeitschrift *Deutschland-Archiv,* in der diese Besprechung erschien, im Oktober 1996 entschuldigen und die Anwaltskosten übernehmen mußte, sei nur am Rande erwähnt.

Ein Randdasein führten die winzigen jüdischen Gemeinden in der DDR. Fast mit dem Mikroskop mußte man 1990 die rund 400 Gemeindemitglieder suchen. Das jüdische Leben in der DDR, der Mißbrauch von Juden und Judengemeinden als Instrumente der SED-Politik – das wurde in der *Deutschland-Akte* schon beschrieben.[4] Hier wollen wir neues Material prüfen, um dann endlich das Hohelied auf die Judenpolitik der DDR mitsingen zu können; um reumütig festzustellen, daß die »rote Kuh« umsonst geschlachtet wurde. Die »rote Kuh« ist freilich keine Erfindung der DDR, sondern Gegenstand der talmudischen Diskussion in der »Gemara«, dem rabbinischen Kommentar, zum ersten Abschnitt des Traktates Joma, Vom Versöhnungstage. Versöhnen wollen wir uns dann auch mit der DDR.

Genug der Meinungen. Schauen wir auf antisemitische Tatsachen. Anhand einiger Beispiele sei gezeigt, wie die DDR mit ihren eigenen Juden umging. Greifen wir ins volle Menschenleben, ins antifaschistische Schatzkästlein der DDR. Nicht ganz chronologisch wollen wir berichten, sondern von Fall zu Fall. Wer die Geschichten nicht glaubt, der darf an Hand der Fußnoten die Akten selbst untersuchen. Die schönsten Geschichten schreibt immer das Leben selbst.

OSTJUDENREIN?

Die höchste Instanz der östlichen Besatzungszone, die Sowjetische Militäradministration (SMA), befahl im Juli 1946, daß »anerkannte ›Opfer des Faschismus‹ bevorzugt in geeignete Arbeitsstellen unterzubringen sind«.[5] Wie viele überlebende Opfer des Faschismus gab es in der Sowjetischen Besatzungszone im Jahre 1946? 15 536 ermittelte die dafür zuständige »Zentralverwaltung«.[6] Kein deutsches Problem ohne Verwaltung oder gar »Zentralverwaltung« und bürokratische Abkürzung: OdF, in diesem Falle.

15 536 Opfer des Faschismus; eigentlich nicht sehr viele. Gab es

so wenige oder waren so viele von den Nationalsozialisten ermordet worden? Beides wahrscheinlich.

Für Juden, zumindest für Ostjuden, galt die Bevorzugung nicht. Im Gegenteil. Sie wurden brutal verfolgt. »Streng vertraulich« erteilte die Polizeiinspektion Erfurt im April 1946 folgende Anweisung: »Es ist festgestellt worden, daß zwischen der polnischen und sowjetischen Besatzungszone ein umfangreicher Menschenhandel getrieben wird. Es handelt sich dabei meistens um Ostjuden. Es ist von Seiten der zuständigen Stellen zu achten, daß vor allen Dingen in größeren Städten irgendwelche aus dem Osten eingewanderten Juden keine Zuzugsgenehmigung erhalten. Es ist im großen Ganzen für das Thüringer Land nicht erwünscht, dass solche Personen sesshaft werden. Sollte schon irgendwo in Städten die Zuzugsgenehmigung an solche Personen erteilt sein, sind sie, wenn irgend möglich, rückgängig zu machen. Auf dem Land sind diese Personen unter strengste Kontrollen zu nehmen, um ihnen jede Möglichkeit abzuschneiden, irgendwo als Gewerbetreibende oder selbständige Kaufleute anzutreten. Meistens sind diese Leute im Besitz von ›Opfer-des-Faschismus‹-Ausweisen, worauf auf keinen Fall Rücksicht genommen (zu) werden braucht.«[7]

Nein, diese Anweisung stammt nicht aus dem Wörterbuch eines Unmenschen, sondern von der Polizei Erfurt. Ungeheuerlich. »Die Bezeichnung Ostjuden bezieht sich auf Juden aus Schlesien, die als Neubürger nach Thüringen zuzogen«, kommentierte lapidar der Vorstand der Synagogengemeinde Erfurt diese Anweisung.[8] Was bedeutete die Formulierung »Juden aus Schlesien«? Daß es wohl vor allem Juden waren, die die Hölle von Auschwitz überlebt hatten. Wie andere Juden, die 1946 noch in Polen waren, versuchten sie zu fliehen. Weshalb? Weil in Polen eine neue Welle antisemitischer Verfolgungen begann. Ihr trauriger Höhepunkt: das Pogrom von Kielce im Mai 1946. Antifaschismus pur, am Anfang der Sowjetischen Besatzungszone (SBZ), die dann die DDR wurde. Nein, ostjüdische Überlebende von Auschwitz galten nicht als »Opfer des Faschismus«.

Wir wollen natürlich nicht den Stab über den Antifaschismus

der SBZ brechen und unzulässig verallgemeinernd von »Antisemitismus« reden. Immerhin zeigte sich die soziale Fürsorge in Berlin nur wenige Monate später dem damals bettelarmen Heinz Galinski gegenüber ungemein großzügig: Die »Kleiderkammer der jüdischen Gemeinde« wurde im September 1946 angewiesen, ihm einen Anzug »auszuhändigen«.[9] Die DDR-Staatssicherheit hielt diese Zuteilung aus dem Jahre 1946 für so bedeutungsschwanger, daß dieses Dokument aufbewahrt wurde.

JUDEN ALS »AMERIKANISCHE SPECKPAKETEEMPFÄNGER«

Kurt Friedländer aus Schwerin schrieb im März 1948 an die Genossen Matern und Gniffke vom Zentralsekretariat der SED nach Berlin.[10] Sein Thema: Die »jüdische Frage«, die »im Zuge der weltpolitischen Entwicklung wieder eine besondere Rolle zu spielen beginnt«.

Kurt Friedländer war gewiß keine Figur der Weltgeschichte, doch seine Geschichte ist aufschlußreich. Es ist die Geschichte von »etwa 100« Juden in Mecklenburg. Sie strebten die »Gründung einer Religionsgemeinschaft« an.

Das Ergebnis war ernüchternd: »Trotz wiederholter Eingaben an die Landesregierung, zu Händen des Ministers Grünberg, sowie an die Sowjetische Militäradministration (SMA) Schwerin und an die Stadtkommandatur« wurde »eine Genehmigung nicht erteilt«. Auf eine breite Front von hingebungsvollen Antifaschisten waren die Juden Mecklenburgs gestoßen, nicht auf einzelne unwillige oder böswillige Amtsträger.

Ein sowjetischer Oberst hatte bereits grünes Licht gegeben, doch die sowjetzonalen Deutschen mauerten. »Daß die Schwierigkeiten, die uns bereitet werden, von deutschen Organen ausgehen, die anscheinend an der Wiedererrichtung der jüdischen Gemeinschaft nicht interessiert sind«, meinte Friedländer.

Waren die Juden am Ende nicht gar selbst schuld an ihrer mißlichen Lage? Trug Minister Grünberg nicht einen jüdischen

Namen? War er nicht also auch ein Jude? Sein Name war zweifellos jüdisch, doch Jude war er nicht und von Juden scheint er nicht viel gehalten zu haben.

In einem persönlichen Gespräch mit Friedländer warf der Genosse Grünberg den Juden vor, »Sonderinteressen« zu vertreten. Als konsequenter Antifaschist lehnte er es daher ab, den Juden die Gründung einer jüdischen Religionsgemeinde zu gestatten. Grünberg verstand sein Handwerk, denn er amtierte als Kultusminister. »In seiner Eigenschaft als Kultusminister« präsentierte er ein seltsames Kulturprodukt: Antisemitismus. So sah das Wortprodukt aus: »Ihr seid keine jüdische Gemeinde, sondern eine amerikanische Speckpaketeempfängerorganisation.«

Was wollten die Juden? Sie wollten, daß eine von ihnen benannte Vertrauensperson »als Vertreter der rassisch und religiös Verfolgten mit in den Landesvorstand gewählt« würde. Der SED-Kreissekretär, Genosse Suchan, »erklärte« dem Juden Friedländer, der das Dritte Reich überlebt hatte, »bei der konstituierenden Versammlung« der »Vereinigung der Verfolgten des Naziregimes« (VVN): »Vertreter« der Partei hätten am Vorabend Bedenken gegen den Wunsch der Juden »geäußert«: »Diese Person (gemeint war Friedländer; M.W.) kommt nicht in Frage, da sie zu stark mit der jüdischen Kultusgemeinde verwachsen wäre.« Der jüdischen Gemeinde, die es noch nicht einmal gab. SED-Mitglied Friedländer hatte offenbar gewußt, weshalb er vor dem »jetzt wieder anwachsenden Antisemitismus« warnte.[11]

WIEDERGUTMACHUNG »STÄRKT DIE JÜDISCHEN KAPITALISTEN«

Leo Zuckermann war Jude, Paul Merker Nichtjude. Beide waren alte Kommunisten, beide waren im mexikanischen Exil und beide setzten sich für eine Wiedergutmachungsregelung zugunsten der Juden ein. Das wurde beiden zum Verhängnis. Merker mußte dafür jahrelang ins Gefängnis, Zuckermann konnte noch rechtzeitig fliehen.

Im April 1948 war das Verhältnis zwischen SED, Juden und Zionisten in Palästina noch ungetrübt. Bald zogen dunkle Wolken auf. Leo Zuckermann hatte in der SED »einige der benutzten Argumente« gegen die Wiedergutmachung aufgeschnappt und im April 1948 aufgeschrieben:[12]

– »Wenn wir einen Schadenersatz anerkennen, dann stärken wir nur die jüdischen Kapitalisten.«

– »Die Umsiedler bekommen ja auch nichts, warum sollen die Juden was bekommen. Das ist nicht gerecht. Auch sie müssen die allgemeine Verarmung durch den Krieg mittragen.«

– Pech für die Juden, daß sie eben auch sozusagen »umgesiedelt« wurden – nach Auschwitz und in die anderen Vernichtungslager.

– »Die jüdischen Emigranten gehören nicht zur Arbeiterklasse« ... Man wolle den Sozialismus aufbauen. Folglich habe man »kein Interesse daran, zusätzlich neue Bürden auf die Arbeiterklasse abzuwälzen«.

– »Wenn wir einen Kollektivanspruch eines jüdischen Staates (den es damals noch gar nicht gab! M.W.) anerkennen, dann erkennen wir auch die Ansprüche der Monopol- und Trustherren an.«

Es war eben so, wie es Albert Norden 1962 in einem Brief an die Organisation der Naziverfolgten in den USA schrieb: »Zu den Opfern des Naziterrors gehörten bekanntlich nicht nur die Juden, sondern auch Kommunisten, aufrechte Sozialdemokraten, bürgerliche Demokraten und Pazifisten. Vor allem die Kommunisten beklagten zehntausende ermordete Funktionäre, einschließlich des Arbeiterführers Ernst Thälmann.«[13]

Ja, eben: »nicht nur« die Juden, sondern »vor allem« Kommunisten.

Überall und immer wieder findet man in den DDR-Akten Vergleichbares: »Streng vertraulich« informierte das Außenministerium 1966 die Leser eines Rundbriefes über die »sogenannte Schuldfrage Deutschlands gegenüber Israel und den Juden.«[14] Sogenannt, also nicht wirklich.

1988 schien sich ein Wandel anzubahnen. Die Außenwelt

glaubte erkennen zu können, daß nun auch die DDR finanzielle Wiedergutmachung leisten wolle. Irrtum: »Es geht nicht um Wiedergutmachung, sondern um humanitäre Hilfe für notleidende jüdische Verfolgte des Naziregimes. Über deren Form und Höhe gibt es keine Vereinbarung.« Nachzulesen in den vorbereiteten Antworten auf »Eventualfragen für die Pressekonferenz« des Staatssekretärs für Kirchenfragen im Juli 1988.[15]

Als die DDR nach langem und heißem Sehnen »international anerkannt« und UNO-Mitglied geworden war, erkannte sie sehr genau, daß ihr die Frage der finanziellen Wiedergutmachung wieder aufgetischt würde. Vorsorglich rüstete man sich mit Argumenten. Es war alter Wein in neuen Schläuchen.[16]

In der DDR sprach man eben nur von »sogenannten Wiedergutmachungsforderungen Israels«. Auch die Schuldfrage Deutschlands war nur eine »sogenannte« Schuldfrage. Aus einer nur »sogenannten« Schuld kann man nur »sogenannte« Wiedergutmachung ableiten.

In die Staatskasse der DDR war sehr viel gekommen; nicht zuletzt 1945, durch die Überführung des Reichsvermögens in »Volkseigentum«. Zu jenem Reichsvermögen gehörte auch das von den Nationalsozialisten »arisierte« Vermögen deutscher Juden. Die DDR wäre noch früher bankrott gewesen, hätte sie dafür Entschädigung gezahlt. Wie hätte Volkes Stimme darauf reagiert? Selbst nach dem Fall der Berliner Mauer wurde eine enge politische Mauer um dieses »Volkseigentum« gezogen. Ministerpräsident Lothar de Maizière meinte, daß »bei sehr großen Entschädigungsleistungen ein neuer Antisemitismus entstehen« könnte.[17] Die Diskussion um Entschädigung und Rückgabe ist nach der Wiedervereinigung auch ohne die jüdische Dimension kontrovers gewesen und geblieben. Wir müssen hier die bekannten Argumente nicht wiederholen. Nur das sei erwähnt: Hätte sich diese Wendesicht durchgesetzt, wären die jüdischen Opfer und Enteigneten dreimal enteignet worden: Erst durch die Braunen, dann durch die Roten und schließlich durch die Demokraten. Unabhängig von Rechtsproblemen stellt sich auch hier die Frage nach der historischen Gerechtigkeit. Nicht nur auf der individuellen, sondern auch auf der kollektiven Ebene. Und: Es muß einem Juden gestattet sein, sich dem Unrecht zu widersetzen, ohne daß ihm mit Antisemitismus gedroht wird. Oder wollte Lothar de Maizière die Schweinerei der deutschen Doppeldiktatur für koscher erklären, weil sie einigen Christenmenschen so köstlich schmeckte?

Zurück in die 50er Jahre.

DDR ohne Antisemitismus?

GESCHICHTEN AUS DEM BESSEREN DEUTSCHLAND

Die Jüdin – »ein typisch sexueller Typ«
Der Stasi besonders gefährlich erschien der Klassenfeind, wenn er »Frauen und Alkohol hemmungslos ergeben« war.[18] Einen solchen Mann beobachtete die Staatssicherheit im Sommer 1951. Noch schlimmer: »Er steht mit der ... (Name im Dokument geschwärzt) in einem intimen Verhältnis.« Noch nicht genug: »Die ... ist ca. 36 Jahre alt, Jüdin ... lebt von ihrem Mann getrennt. Sie war nach 1933 nach Prag aus wirtschaftlichen Gründen emigriert.« Das muß man sich auf der Zunge zergehen lassen: Eine Jüdin, die nach 1933 »aus wirtschaftlichen Gründen« Hitler-Deutschland verließ. Mildernde Umstände wurden ihr auch nicht durch die Mitgliedschaft in der englischen KP eingeräumt. Sie hatte offensichtlich zeitweise im Londoner Exil gelebt. Trotzdem: Sie wurde zu den Klassenfeinden gezählt: Sie war »nach westlichem Muster angezogen« und (ebenso verächtlich?) »ein typisch sexueller Typ«. Am schlimmsten? Sie »bekommt angeblich aus Amerika Pakete von ihrer Mutter und steht mit dieser in brieflicher Verbindung«.

Ein Bösewicht, wer antisemitische Vorurteile unterstellte.

Ein Jude ist kein Deutscher
Der schon erwähnte Leo Zuckermann, zunächst die rechte Hand von DDR-Präsident Wilhelm Pieck, war Anfang der 50er Jahre als Jude und Westemigrant (Mexiko) sozusagen strukturell verdächtig. Er gehörte zur Gruppe um (den nichtjüdischen Judenfreund) Paul Merker. Dieser Altkommunist hatte sich schon während des Krieges im mexikanischen Exil für eine Wiedergutmachung an die Juden ausgesprochen.

Aus der Aktennotiz der Stasi vom 14. Juni 1951: Unter »Personalien« lesen wir über Leo Zuckermann: »deutsche Staatsangehörigkeit (Jude)«.[19] Bei Nichtjuden wurde auf entsprechende Zusätze verzichtet.

Im Klartext: Ein Jude kann eigentlich kein Deutscher sein. Es gibt eine geringfügig freundlichere Interpretation: Juden hätten eine Doppelloyalität. Eine der Lieblingsideen der Antisemiten. Selbst der angeblich so bedeutende Historiker Treitschke wurde nicht müde, dieses Gift zu verbreiten.

Kein Stasi-Bandit
Spätestens seit dem 16. Januar 1953 hatte das MfS mit der systematischen Unterwanderung und Kontrolle der jüdischen Gemeinden der DDR begonnen. Das war der Tag, an dem (bis auf den Genossen Willy Bendit) alle Mitglieder von Vorstand und Repräsentanz der jüdischen Gemeinde nach West-Berlin geflohen waren. Zu diesen zählte auch Heinz Galinski. Sie wußten, daß sie im Osten ihres Lebens nicht mehr sicher waren, denn Anfang 1953 lief im gesamten Ostblock eine geradezu hysterisch antisemitische Kampagne. Sie endete im März 1953 mit dem Tod Stalins.

Gerichtet hatte sich diese für viele tödliche Hetze besonders gegen kommunistische Veteranen, die über eine eigene Hausmacht verfügten und in ihre Ämter nicht durch Stalins Gnaden gelangt waren. Abgerechnet wurde dabei nicht zuletzt mit den Genossen, die sich in den Jahren 1939 bis 1941 aktiv dem kommunistisch-nationalsozialistischen »Hitler-Stalin-Pakt« widersetzt hatten. In beiden Gruppen gab es vergleichsweise viele Juden.[20]

Daß gerade sie sich dem Bündnis mit dem deutschen »Führer« und Judenmörder entgegenstellten, kann man bestens verstehen. Den tief verwurzelten Antisemitismus vieler Osteuropäer ausnutzend, haben dann Stalins Henkersknechte in dieser innerkommunistischen Kommunistenjagd Nichtjuden, wie zum Beispiel den Ungarn Laszlo Rajk, als Juden abzustempeln versucht.[21]

Nach der Flucht der jüdischen Funktionäre Anfang 1953 beugten die Staatssicherheit und das Amt für Kirchenfragen künftigen Pannen vor.[22] Fortan fungierte Herr Bendit als gesteuerter Steuermann. So einfach ging das, aus der Sicht des MfS: »Am 16. Januar 1953 war in der jüdischen Gemeinde eine große Aufregung und die meisten Angestellten verließen ihren Arbeitsplatz, und es blieben nur einige Kollegen zurück.« Am gleichen Tag erhielt Herr Bendit einen »telefonischen Anruf, worin man ihm mitteilte, daß die jüdische Gemeinde völlig verwaist sei und er als stellvertretender Vorstand der jüdischen Gemeinde zu Berlin gebeten werde, sich der verwaisten Gemeinde anzunehmen«.[23] Man muß nicht lange raten, um zu wissen, daß dieser Anruf von der Stasi kam.

Am 21. Januar wurde von circa 60 Mitgliedern ein provisorischer Vorstand und Beirat gewählt. Ein recht dauerhaftes Provisorium. Am dauerhaftesten war die Verbindung zum Kirchenamt und zur Stasi. Jedenfalls trafen sich MfS-Angehörige gerne mit Bendit zu »genaueren Analysen«, »um in der operativen Arbeit Anwerbungen aus den Reihen dieser Gemeinde durchzuführen«.[24] Mit dem einen oder anderen Vertreter christlicher Gemeinden sollen sich Mitarbeiter der Staatssicherheit ja auch hin und wieder getroffen haben ...

Bendit hat sich moralisch und politisch gar nicht so schlecht geschlagen. Resigniert vermerkte nämlich der Stasi-Bericht vom November 1955, daß von ihm »beim besten Willen nichts mehr zu erfahren war«.[25] Er wollte »uns nur das wissen ... lassen, was unbedingt nicht zu umgehen ist«.[26] Im März 1957 stand Bendit sogar »im Verdacht der Feindtätigkeit«. Deshalb sollten »qualifizierte GIs und GMs« geworben werden. (Ein GI war ein »Geheimer Informant«. Später wurde der Begriff IM = Inoffizieller

Mitarbeiter benützt. Ein GM war ein »Geheimer Mitarbeiter«.) Bei der Wahl der Mittel war die Stasi nicht zimperlich: Gestapomaterial lag »zur Einsichtnahme« im Hause.[27] Das bedeutet: Zur Kontrolle der DDR-Juden griff das MfS auf Material der Gestapo zurück. Das durfte natürlich nicht bekannt werden.

Um Bendit zusätzlich unter Druck zu setzen, ließ ihn die Stasi 1959 auch eine »Schweigeverpflichtung« unterschreiben.[28]

Im Mai 1960 wurde die »Verpflichtung« erweitert. Er wurde Inoffizieller Mitarbeiter (IM). Sein Deckname: »Alfred«. »Alle ankommende Post« hatte er »unverzüglich in ungeöffnetem Zustand dem MfS« zuzustellen.[29]

Die Staatssicherheit half Bendits beruflicher Sicherheit trotzdem nicht weiter. Im eher persönlichen Konflikt zwischen ihm und dem Gemeindevorstand brachte das MfS Bendit als Bauernopfer dar. Er »mußte« 1961 als Sekretär »auf Grund seines Verhaltens abberufen werden«.[30]

Noch eine »Endlösung«? Die erste Judenliste

Ganz anders als Bendit zeigten sich die Genossen Georg Heilbrunn und Heinz Schenk (Vorsitzender von 1953 bis 1971). Sie waren gleich zu Beginn ihrer Tätigkeit »in ihren Auskünften aufgeschlossen«.[31] Der Vorsitzende Schenk verdiente Vertrauen: »Er ist für weitere Auskünfte geeignet.«[32] Und er zeigte 1955 vorauseilenden Gehorsam: Schenk »machte uns das Angebot, daß wir jederzeit in die Kartei der jüdischen Gemeinde Einsicht nehmen können«.[33] Diese Information sowie der Hinweis auf das Gestapomaterial lassen ahnen, was die Staatssicherheit anfertigen wollte: eine Judenliste. Die sowjetischen Kollegen waren auch dafür das Vorbild. In der Sowjetunion gab es Anfang 1953 eine solche Liste, und die verhieß den Juden ganz und gar nichts Gutes. Es war eine Lager- und Todesliste. Fast alle Juden der UdSSR wollte Stalin im April 1953 deportieren – sein Beitrag zur »Endlösung« der Judenfrage.[34] Diesen Ausdruck gebrauchte der Chefreporter der *Jerusalem Post* in seinem Buch über die Judenverfolgung in der Sowjetunion. Über weitere Pressionen hatte man schon entschieden. Bis zum 1. März 1953 sollten die meisten der jüdischen Ärzte in der DDR ihre Praxen schließen. Die Begründung der Behörden: Ihre »politischen Einstellungen gefährden die Volksgesundheit«.[35] Doch die oberste Gesundheitsbehörde aller Welten, der liebe Gott höchstpersönlich, kam den Juden der DDR und des Ostblocks im letzten Augenblick zuhilfe: Er schloß das Lebensbuch des sowjetischen Dikators am 5. März 1953.

Lieber Friedhofsruhe als Friedhofsrestauration
Schenk setzte sich ganz für die DDR ein. Sein Entgegenkommen half jedoch nichts. Zum Pessachfest reichte es 1956 nicht einmal für die Bezahlung von Mazzoth, dem ungesäuerten Brot, das Juden an diesem Fest acht Tage lang essen. Nur eine Spende der westdeutschen Juden ermöglichte die Einfuhr dieser Speise aus Ungarn. »Katastrophal« war die Finanzlage der jüdischen Gemeinden in der DDR.[36] Lebenden Juden gab man nichts, toten erst recht nicht. Die Friedhöfe waren völlig verwahrlost. Dagegen wetterte der weit über die DDR hinaus bekannte Kirchenmann und schon im »Dritten Reich« bewährte echte Judenfreund Probst Grüber im Herbst 1956. Nach »ernsthafter und reiflicher Überlegung« sagte die Jüdische Gemeinde von Ost-Berlin die von Grüber vorgeschlagene Jugendaktion zur Wiederherstellung jüdischer Friedhöfe ab.[37] Ein Grund wurde nicht genannt. Die »positive Haltung der Gemeinde Berlin« sowie die »progressive Haltung des Vorstands und des Rabbiners« wurden genau einen Monat später von Parteioberen mit Genugtuung registriert.[38]

SED und Stasi inszenierten im November 1956, kurz nach Grübers Protest und im Zusammenhang mit dem israelisch-ägyptischen Waffengang, neuerliche Schändungen jüdischer Friedhöfe. Wir kommen darauf zurück. Wozu sollte die DDR jüdische Friedhöfe restaurieren, wenn sie deren Schändungen organisieren wollte? Das hätte der politischen Ökonomie widersprochen. Über Moral und Antifaschismus schweigt des Sängers Höflichkeit. Jüdische Friedhöfe waren für die Staatsführung nur »im Hinblick auf ihre internationale Bedeutung« von Interesse.[39]

Roter Rabbi Riesenburger

Nicht verschweigen wollen wir die Rolle von Rabbiner Riesenburger, den die SED im Herbst 1956 lobte. Trotz seiner »progressiven Haltung« im ideellen Bereich hatte er nur wenige materielle Vorteile. Sogar die für ihn verantwortliche Referentin in der SED-Abteilung »Kirchenfragen« fand im November 1956, daß an seinem Auto »alles sehr morsch« und »nicht länger zumutbar« war. Er solle einen PKW »als Geschenk« erhalten.[40]

Vielleicht war das Geschenk auch als Trostpflaster gedacht? Zu jener Zeit mieden nämlich alle anderen jüdischen Gemeinden der DDR (mit Ausnahme Magdeburgs) Riesenburger als Rabbiner. Erstens sei er nicht ordnungsgemäß als Rabbiner ordiniert beziehungsweise zugelassen. Zweitens hegten die Gemeinden den Verdacht, er hätte »verschiedene Anzeigen« bei staatlichen Stellen erstattet.[41]

Einige Beispiele, die auf Riesenburgers lenkende Hand hinweisen, seien erwähnt:[42] Jüdische Kinder aus Ost-Berlin sollen »in ein Westberliner Lager verschickt werden«. Durch Riesenburgers mannhaften Einsatz wurde die Gefahr abgewendet. »Daraufhin konnte die Verschickung nicht erfolgen.«

Die Gemeinde Leipzig wollte in der städtischen Badeanstalt ein rituelles Quellbad errichten. Durch Riesenburgers »Stellungnahme« wurde das Vorhaben verhindert. Als staatstragender Bürger weigerte sich Rabbi Riesenburger auch, »Mitglieder der jüdischen Gemeinde, die sich in staatlichen Haftanstalten befinden, religiös zu betreuen«.

Die Stasi faßte im März 1957 zusammen: Riesenburger »zählt zu den positiven Kreisen der jüdischen Menschen«. Wofür er 1956 auch den »Vaterländischen Verdienstorden« in Silber erhielt.[43] Ebenso wie der Vorstand der Ost-Berliner Gemeinde nahm Riesenburger immer wieder »im Sinne unseres Arbeiter- und Bauernstaates Stellung«.[44]

Bis zu seinem Tod (1965) wich Riesenburger vom Pfad der Tugend nicht mehr ab. Er hatte auch keinen Grund dazu, denn selbst die *Ordinierung* organisierte ihm die DDR. Mit dem

»Staatlichen Kirchenamt in Prag« nahm das Amt für Kirchenfragen »Verbindungen« auf »zwecks Einleitung von Maßnahmen,
die die Bestätigung des Herrn Riesenburger als ordentlichen
Rabbiner gemäß den kultischen Vorschriften durch ein Rabbi-
nerkonzil zum Ziel haben«.[45] Weil für die Kommunisten Religion
ohnehin »Opium fürs Volk« war, durfte man auch Rabbiner
manipulieren.

Doch dem Willen der SED, noch mehr Parteimitglieder in den
Vorstand der Gemeinde zu hieven, widersetzte sich Riesenburger: »Wie er sagt, kann er mit den Mitgliedern der SED nicht
arbeiten, weil sie nicht in den Tempel kommen.«[46] Judentum
hatte für den Rabbiner offenbar doch etwas mit Religion zu tun.

Das mißfiel den SED-Bonzen, die mit ihrem Ärger im klassischen antisemitischen Muster blieben: Auch bei Riesenburger
seien Westbesucher »sehr gern gesehen«, weil »dabei immer
einige Westmark ... abfallen«.[47] Das uralte Klischee vom geldgierigen Juden.

Um 1960 scheint Riesenburger, ebenso wie der ansonsten so
überaus staatstragende Vorsitzende Schenk, resigniert zu haben.
Und diese Resignation mündete fast in so etwas wie Widerstand.
Schenk, so der Stasi-Verantwortliche, wolle die »jüdische Gemeinde einschlafen ... lassen«. Riesenburger sprach im Vorstand sogar über »die Auflösung des Judentums«.

Soweit sollte es mit den Juden in der DDR aber nicht kommen,
schließlich hatten sie eine Aufgabe: »Die jüdische Gemeinde des
demokratischen Sektors (= Ost-Berlin) wird in der gegenwärtigen Zeit ihrer historischen Rolle als Anklägerin des deutschen
Faschismus in der Westzone nicht gerecht.«[48]

Wie es sich gehörte, ließ die Stasi nicht locker. Wenn schon
kein Optimismus, dann wenigstens Aktivismus. Am 10. Januar
1960 (unmittelbar nach Beginn der antisemitischen Schmierwelle
in Westdeutschland) »wurde von einem IM der Rabbiner Riesenburger besucht«. Der Rabbi sollte »eine Protestveranstaltung
gegen den Faschismus in der Westzone aktivieren«.[49] Unerwar-
tetes geschah: Riesenburger lehnte ab. Die meisten Gemeindemitglieder seien »alte Leute« und zudem »desinteressiert«. Das

habe er beim Gottesdienst festgestellt, »da niemand an ihn wegen der nazistischen Erscheinungen herantrat«.

Diese Reaktion erlaubt aufschlußreiche Rückschlüsse. Im Prinzip interessiert sich jede jüdische Gemeinde auf der ganzen Welt für antisemitische Aktionen. Wenn die Ost-Berliner Juden damals »desinteressiert« waren, werden sie wohl nicht an den Nazismus in der Bundesrepublik geglaubt haben. Vermuteten sie gar die Urheberschaft der DDR? Wir wissen es nicht, ausschließen können wir es nicht, denn sie kannten ja ihren Staat.

Etwas weichgeklopft hatte die Stasi den Rabbi wohl doch. Nur eine Woche nach dem IM-Besuch warnte er die Spitzen der DDR-Juden immerhin vor der »Gefahr, welche durch die Ausschreitungen in Westdeutschland entstehen kann«.[50] Wie es sich für aufrechte Partner gehört, wurde das innerjüdische Protokoll (wie immer) an das Staatssekretariat für Kirchenfragen geschickt.

Auch ein anderer Punkt der Tagesordnung wurde befriedigend erledigt: Von einer Auflösung der Berliner Gemeinde war keine Rede mehr. Sie wurde nun Mitglied im »Verband der jüdischen Gemeinden in der DDR«. Ein Ausscheren oder Auflösen wurde so strukturell nicht nur erschwert, sondern eigentlich blockiert.

Was auch zur Lebensgeschichte Riesenburgers gehört: In brauner Zeit hatte er sich wirklich vorbildlich verhalten. Selbstlos bis zur Selbstaufgabe hatte er Juden zu retten versucht. Er hatte illegale Gottesdienste abgehalten. Zwar war Riesenburger nicht als Rabbiner ordiniert, doch was zählte das in jener höllischen Zeit, in der es um Menschlichkeit ging und »Gott schwieg«? Riesenburger hatte in den Grabstätten des Jüdischen Friedhofs Flüchtlinge versteckt, außerdem 560 Thora-Rollen, 800 Bücher »sowie Kultgegenstände aus Silber« gerettet.[51] Offenbar reichten seine Kräfte in der zweiten deutschen Diktatur nicht mehr aus. Verurteilen kann man Riesenburger daher nicht, zumal auch er Grenzen der Anbiederung erkannte.

Von der beginnenden Entstalinisierung in der Sowjetunion unbeeindruckt, schlug die SED im Dezember 1956 eine andere Marschroute ein: »Bei der Wahl der Jüdischen Gemeinde Berlin (gemeint war die Vorstandswahl; M. W.) muß Anleitung der Genossen durch die Bezirksleitung erfolgen, da das Bestreben aufgetreten ist, reaktionäre Kräfte für den Vorstand vorzuschlagen.« In anderen Gemeinden sollten die Genossen ebenfalls »ständig unterstützen und anleiten«.[52]

Da verstand es sich fast von selbst, daß der antifaschistische Staat und seine Juden keine Geheimnisse voreinander haben sollten. Ohne jede Sprachhülse sagte dies die Judenreferentin der SED führenden Vertretern des DDR-Judentums. Gewiß, »die rituellen Fragen sind alleinige Angelegenheit der jüdischen Gemeinden«, versicherte sie den Juden. Aber »in allen Fragen, die über diesen Rahmen hinausgehen, wäre es doch zweckmäßig, gemeinsam mit den staatlichen Organen einen befriedigenden Weg zu finden«.[53]

Jüdische Weltverschwörung?

Weil Juden und DDR-Staat, wie die SED-Referentin treffend bemerkte, keine Geheimnisse voreinander verbargen, hatte die Staatssicherheit bereits im März 1953 die Postüberwachung der jüdischen Gemeinden eingeleitet.[54] Diese Überwachung war dringender denn je, galt es doch, einer Art internationaler Verschwörung des Weltjudentums zuvorzukommen. Die Stasi stellte nämlich fest: »Die Hauptzentrale der Juden befindet sich in Jerusalem/Palästina«. Für den Klassiker des Antisemitismus, die *Protokolle der Weisen von Zion,* hätte man es auch nicht anders formuliert. Zwar hieß der Staat dieser Hauptstadt »Israel« und nicht Palästina, aber was soll's?

Die Stasi wob den Faden der jüdischen Weltverschwörung weiter: »Für Deutschland ist die Zentrale der Juden in Düsseldorf.« Im dortigen Kollegium dominierte der »Präsident« van Dam (im Dokument: »van Dorn«) und der »Leiter der jüdischen Gemeinde von Berlin, Heinz Galinski«.[55]

»Antisemitischer Terror«

Herbst 1956. Der Nahostkonflikt schwappt über in die DDR. Was war in Nahost geschehen? Ägypten hatte die Straße von

Tiran am Ausgang des Roten Meeres für Schiffe von und nach Israel gesperrt. Dadurch sollte Israels Süden stranguliert, die Seeverbindung nach Asien und Afrika gesperrt werden. Israel griff Ägypten an. Großbritannien und Frankreich schlossen sich an. Sie meinten, auf diese Weise die von Ägyptens Präsident Nasser durchgeführte Verstaatlichung des Suez-Kanals rückgängig machen zu können. Eine krasse nachkolonialistische Fehlplanung. Zur selben Zeit versuchte das ungarische Volk, das sowjetische Joch abzuschütteln. Blutig wurde der Aufstand von der Roten Armee niedergeschlagen.

In dieser Zeit kam es in Eberswalde, Saalfeld und bei Görlitz »wie zur Nazizeit« zu »Zerstörungen an jüdischen Friedhöfen«. Das erfuhr das Ostbüro der SPD.[56] Verständlich, daß »größte Besorgnis« in den jüdischen Gemeinden der DDR herrschte.

Ihr Präsident, Hermann Baden aus Halle an der Saale, wollte Anfang November »erreichen, daß die antisemitischen Ausschreitungen in der Presse bekanntgegeben würden und seitens der zuständigen Organe eine scharfe Verurteilung dieser faschistischen Methoden erfolgt«. Überall ließ man den jüdischen Vertreter abblitzen. Niemand war auch nur bereit, mit ihm zu sprechen.

Weshalb? Die geheimen Kontaktleute des SPD-Ostbüros berichteten, in den jüdischen Gemeinden der DDR herrsche »jetzt völlige Klarheit darüber, daß diese Aktionen von SED und SSD (= Staatssicherheitsdienst) mindestens geduldet, wenn nicht sogar gewünscht und direkt ausgeführt sind«.

Welche Gründe gab es dafür? Die SED sollte auf Weisung der Sowjets die öffentliche Aufmerksamkeit »um jeden Preis« von Ungarn ab- und auf Nahost hinlenken. Die antisemitischen Aktionen sollten sozusagen den Volkszorn über »den imperialistischen Gewaltstreich« in Nahost demonstrieren. Auch die Sympathie der arabischen Welt erhofften sich DDR und UdSSR dadurch.

Das Organisieren des vermeintlichen Volkszornes hat Tradition. Man erinnere sich an die »Reichskristallnacht« der Nationalsozialisten. Das Volk hätte sich, so die NS-Propaganda im November 1938, über das von einem Juden verübte Attentat gegen einen deutschen Diplomaten in Paris grenzenlos empört und seinen Zorn dann so entladen.

Nein, Synagogen wurden 1956 in der DDR nicht angezündet, lebende Juden auch nicht verschleppt oder ermordet. Man begnügte sich mit der Schändung von Totenstätten. Und natürlich hatten die staatlichen Organe (wie schon 1938) mit allem nichts zu tun, rein gar nichts. Nur das wilde Volk hatte sich eben so aufgeführt.

Einige Hallenser Juden wagten trotzdem die offene Diskussion mit SED-Funktionären. Diese fragten scheinbar ratlos: »Was wollen die Juden eigentlich?« Daß sie zufrieden sein müßten, war ihre feste Überzeugung, denn »Stalin und die UdSSR haben den Staat Israel als erste anerkannt. Dafür hätten die Juden allen Grund gehabt, der UdSSR dankbar zu sein.«

Und was taten die undankbaren Juden? Israels Politik geriet »immer mehr in westliches Fahrwasser«. Die Folgen: Der Staat Israel sei »nichts weiter« als ein »Vorposten des anglo-amerikanischen Imperialismus«. Der Höhepunkt: »Jetzt ist es so weit, daß sie auch noch Ägypten überfallen haben.«[57]

Abgesehen von der unverhüllt antisemitischen Kontinuität von braun zu rot ist auch der Rückgriff auf Stalin bemerkenswert. Immerhin hatte in der Sowjetunion Nikita Chruschtschow bereits im Februar 1956 die Entstalinisierung eingeleitet.

Wer wollte sich allein auf die Informationen des Ostbüros der SPD verlassen, selbst auf eine interne Information? Kein aufgeschlossener Mensch. Entschlossen schauten wir deshalb in die SED-Akten, um die SPD-Quelle zu überprüfen. Und was fanden wir dort? Daß die SPD-Informationen keineswegs die ganze Realität widergaben: Ähnliche Besuche jüdischer Grabstätten fanden auch in anderen Städten des judenfreundlichen Staates statt: in Rostock, Egeln und Zittau.[58]

Der Präsident der jüdischen Gemeinden der DDR, Baden, hatte nicht nur die Aufmerksamkeit der DDR-Presse auf die antisemitischen Schandtaten zu lenken versucht. Er hatte auch

Ministerpräsident Otto Grotewohl geschrieben.[59] Nirgends fanden wir auch nur einen Antwortschnipsel. Was wir zuhauf fanden: Versuche der Staats- und Parteiorganisationen, Hermann Baden, zu entmachten. Jeder jüdische Verbandskritiker wurde gefördert, damit »er nicht völlig in das Fahrwasser des Baden abgleitet«.[60] Folgerichtig unterrichten uns die SED-Dokumente darüber, daß der »Teilhaber eines privaten Textilgeschäftes«, Hermann Baden »nur auf den eigenen Vorteil bedacht« sei.[61] Es kam noch deutlicher: Aus dem »Textilgeschäft« wurde in den Stasiakten schon bald ein »Kaufhaus« und Baden war ein »typischer Jude«, der »nur die materiellen Vorteile sieht«.[62]

Willy Bendit von der Ost-Berliner Gemeinde schrieb freundlichere Briefe an die Oberen. Er klärte den DDR-Staranwalt (und Juden) Kaul im Dezember 1956 darüber auf, daß die westdeutschen Juden wegen der dortigen »neofaschistischen Bewegung« alarmiert seien. »Wir jüdischen Menschen, die wir im demokratischen Sektor von Groß-Berlin und in der Deutschen Demokratischen Republik wohnen, kennen diese Sorgen nicht.«[63]

Die Artigkeit der Ost-Berliner Juden wurde durch gute SED-Zensuren belohnt.[64] Nur der wühlerische Baden versuchte eben stets, »Negatives in den Vordergrund zu stellen«. So sah es die Judenreferentin der SED.[65] Baden benötigte Nachhilfe: »Im Gespräch sollte Baden klar gemacht werden, daß es in der DDR im Gegensatz zu Westdeutschland keinerlei Voraussetzungen für Antisemitismus gibt.«[66] Keinerlei.

Von Wehrmacht und »Volksgerichtshof« in die Nationale Volksarmee

Braune Grundfärbungen wurden zur gleichen Zeit, der Jahreswende 1956/57, auch woanders erkennbar: Beim Neuaufbau der »Nationalen Volksarmee« (NVA). Trotzdem glauben noch heute aufgeklärte Bundesdeutsche an die Legende vom antifaschistischen Charakter der NVA. Karl-Heinz Janßen, Redakteur der »Zeit«, verkündete auf einer Podiumsdiskussion im Dezember 1996: Zahlreiche Offiziere der Wehrmacht seien in die Bundeswehr, nicht aber in die »Nationale Volksarmee« (NVA) der DDR aufgenommen worden. Ob jeder Offizier der Wehrmacht auch ein »Nazi« war, kann nur einzeln und nicht pauschal entschieden werden. Unabhängig davon hält sich die Legende von der nazifreien NVA (und damit auch DDR) hartnäckig. Die Fakten sehen ganz anders aus. Alle Fakten hat dankenswerterweise das »Ministerium für Staatssicherheit« (MfS) der Ex-DDR bis ins letzte Detail zum Jahreswechsel 1956/57 zusammengetragen. In der Gauckbehörde sind sie nachlesbar.[67]

Fazit: Solange es der NVA paßte, griff sie auf Hitlers Wehrmacht zurück. Da man gegen »sämtliche Offiziere, die als unzuverlässig eingeschätzt werden«, »kompromittierendes Material« besaß, waren sie jederzeit erpreßbar. Im »Ministerium für Nationale Verteidigung« waren damals 60 von 1036 Offizieren (5,8 Prozent) »ehemalige faschistische Offiziere«.

Fünf der 16 »leitenden Generale« (31 Prozent) hatten in der Wehrmacht gedient: So beispielsweise der Chef des Hauptstabes, Generalleutnant Vincenz Müller. Bevor er Hitler diente, hatte er als Adjutant bei General Kurt von Schleicher gearbeitet. Dieser letzte Reichskanzler vor Hitler wurde zwar im Juni 1934 von der SS ermordet, aber ein Musterdemokrat war er nicht.[68]

Die Stasi über Müller: »Es bestehen Hinweise, daß feindliche Geheimdienste sich für ihn interessieren und durch Verbindungsleute seine Anwerbung beabsichtigen.« Das MfS hatte »Bedenken« gegen Müller. Noch aber hatte der Mohr nicht seine Schuldigkeit getan und konnte nicht gehen. Erst 1958 wurde er in den »Ruhestand« versetzt. Bei der DDR bedankte er sich mit einem Buch. Titel: »Ich fand das wahre Vaterland«.

»Bedenken« äußerte das MfS auch gegen Müllers ersten Stellvertreter, ebenfalls ein alter Bekannter aus Wehrmachtszeiten: Generalmajor Bernhard Bechler. »Er stammt aus kleinbourgeoisen Kreisen, war ... im faschistischen Hauptquartier Wünsdorf tätig.« Sein »stark übertriebener Ehrgeiz mit karricristischen Tendenzen« stand seinem Aufstieg nicht im Wege. Der »Vaterländische Verdienstorden« in Gold beweist es. Aktiv blieb er in der Organisation der »Verfolgten des Naziregimes«.

»Bedenken« bestanden auch gegen den Kommandeur der Panzertruppen, Generalmajor Arno von Lenski (im Dokument Lensky). Er war ehrenamtlicher Beisitzer am III. Senat von Freislers Volksgerichtshof. Nachgewiesen ist seine Mitbeteiligung an zwanzig Todes- sowie anderen Terrorurteilen gegen deutsche, polnische und niederländische Staatsbürger. Grund genug, ihm die DDR-»Medaille für Kämpfer gegen den Faschismus« und 1973 den »Vaterländischen Verdienstorden« (VVO) in Gold zu verleihen. Das MfS: Er »hat verdächtige Verbindungen« und »ist auch fachlich nicht in der Lage, die Dienststellung des Kommandeurs der Panzertruppe auszufüllen«. Noch brauchte man ihn. 1958 hatte auch dieser Mohr seine Schuldigkeit getan: Ruhestand.

»Nicht zuverlässig« schien dem MfS Generalmajor Wulz. Er »hat eine negative Einstellung zur DDR«. Trotzdem war er Standortältester von Berlin.

Ausgerechnet für »Ausbildung« war Generalmajor Borufka als Stellvertreter des Ministers zuständig. Auch er »war Offizier der faschistischen Wehrmacht«, galt als »sehr ehrgeizig und politisch schwach«.

Das MfS-Dokument nennt nicht nur Generäle: 25 Prozent aller Obersten im Ministerium für Nationale Verteidigung waren Offiziere der Wehrmacht. Zwei hielt das MfS für »unzuverlässig«.

In der »Verwaltung Ausbildung« hatten 60 Prozent der leitenden Offiziere von Braun auf Rot umgeschaltet. »Anzeichen für Unzuverlässigkeit« waren »nicht vorhanden«. Ebenso in der Kommandantur der Nachrichtentruppen, wo man 45 Prozent Wehrmachtsoffiziere fand.

Die »leitende Verwaltung der Luftverteidigung« bestand zu 100 Prozent und die Führung der Luftstreitkräfte zu 33 Prozent aus Wehrmachtsoffizieren. Auch hier gab es selten »Anzeichen für Unzuverlässigkeit«. Lässig hatte man das Hemd gewechselt. Bei den »Seestreitkräften« der NVA hatten 75 Prozent der Leitung schon Hitler gedient. Ebenso ein Drittel der Kommandeure der 15 NVA-Bezirkskommandos.

Im heiklen Bereich der »Schulen bzw. Lehranstalten« der

NVA kannten 28 Prozent der Offiziere Hitlers Wehrmacht als Offiziere. Im Militärbezirk III gehörten 20 Prozent und im Bezirk V sogar 40 Prozent Wehrmachtsoffiziere zur »Leitung«. Hier galt der adelige Oberst von Witzleben als »nicht zuverlässig, da er aus bürgerlichen Kreisen kommt«.

Sogar von »Konzentrationen ehemaliger Offiziere der faschistischen Wehrmacht« ist im MfS-Dokument »zusammenfassend« die Rede.

Trotzdem: »Der politisch-moralische Zustand der Nationalen Volksarmee« wurde vor genau 40 Jahren als »zufriedenstellend« bezeichnet. Das lag auch an den offenbar zahlreichen »Bereitschaftserklärungen zum Einsatz in Internationalen Brigaden ... in Ägypten«. Gegen die israelischen »Aggressoren« wollten sie kämpfen. Das heißt im Klartext: Das »neue Deutschland«, die DDR, hatte sich das alte Feindbild bewahrt, die Juden.

»... Ich möchte sagen jüdisches Aussehen ...«

Der unbestechlichen Vorurteilslosigkeit der Stasi-Späher begegnen wir einmal mehr im Jahre 1959:[69] »Am 22. Januar 1959 um 17.00 Uhr beobachtete ich den kleinen grauen Herrn und seine blonde Begleiterin.« Klein und grau – wir ahnen schon – obwohl es nicht gesagt wird. Und so ein kleiner Grauer mit einer Blondine, das war ja fast (so nannte man das im Dritten Reich) »Rassenschande«. Dann geschah es um 17.35 Uhr: Ein schwarzhaariger Mann kommt. Auch er gräulich: Grauer Anzug, grauer Mantel. »Er hat eine auffällig lange Nase, ich möchte sagen jüdisches Aussehen.« Noch ein Mann erscheint. Verdächtig: »Er gab dem Langnasigen eine Brille.« Und dann ganz untypisch, ganz unjüdisch: »Der Langnasige bezahlte die Zeche.« Offenbar hatte man ihm in der DDR den jüdischen Geiz ausgetrieben. Aber ein mieser Kapitalist muß der »Langnasige« trotzdem geblieben sein. Er und sein Begleiter »taten, als wenn sie auf die Straßenbahn warteten. Nachdem der Kleine und die Blonde aus dem Blickfeld waren, bestiegen sie ihren Wagen, schwarzer Opel Kapitän, Baujahr 1957 ... Der Langnasige steuerte das Fahrzeug.«

Der »Kapitän« war damals die Luxuskarosse von Opel.

»Formen von Antisemitismus«
Im Herbst 1959 berichtete der Präsident des Landesverbandes der Jüdischen Gemeinden, Hermann Baden: »Auch in der DDR gäbe es Formen von Antisemitismus (Entfernung von Klingeln an Wohnhäusern).«

»Bei Gesprächen beachten!« notierte der Sachbearbeiter im Amt für Kirchenfragen und führte als Argumentationshilfen an:[70] »Da dem Antisemitismus in der DDR die ökonomische Basis vollständig entzogen ist und der ideologische Erziehungsprozeß beharrlich vorangetrieben wird, die verfassungsmäßigen Garantien für Religionsfreiheit und Gleichberechtigung der Rassen und Nationalitäten konsequent durchgesetzt werden, sind seit langem gegenteilige Erscheinungen in der DDR nicht aufgetreten.«[71]

Gab es trotzdem Antisemitismus in der DDR-Bevölkerung? Nein, »keine bewußten Äußerungen« – »wenn man von einem noch zu klärenden Fall im Krankenhaus Buch absieht«.[72] Glückliche DDR! Nur ein Fall von Antisemitismus. Oder finden wir noch einen?

Die »Vorläufige Einschätzung (der Stasi) über den Verlauf des westdeutschen Kirchentages«, der im August 1959 in München stattfand, brachte es auf den Punkt: Der Kirchentag würde »in mehreren Veranstaltungen unter dem Vorwand, man müsse den Faschismus endlich theologisch bewältigen, offen dessen »Rechtfertigung« propagieren, zum Beispiel durch Veranstaltungen wie »Israel und wir«.[73] Israel war also für die Stasi ein faschistischer Staat.

»Organisiertes Rowdytum«
Heute spricht man von »Skinheads«, 1959 nannte man es auch in der DDR »organisiertes Rowdytum«. Die Partei- und Stasiakten quellen über von diesem Material. Die Vorläufer der heutigen Skinheads peilten allerdings andere Ziele an, wenngleich auch nicht gerade zimperlich: »Zu beachten ist dabei, daß sich Angriffe dieser Rowdys auf Staatsfunktionäre und Mitglieder

unserer Partei mehren.« Auch zu Sachbeschädigungen und »unzüchtigen Handlungen an Kindern« war dieser wundervolle DDR-Nachwuchs fähig, und mit Brandstiftungen wurde gedroht. Was André Gide als »acte gratuit« bezeichnet, den »Gratisakt«, einfach so eben, vollbrachten diese Jugendlichen auch: Zwölf jugendliche »Kradfahrer« (= Motorradfahrer) verursachten bei Wismar einen Unfall, bei dem eine Person tödlich verletzt wurde. In Schwedt an der Oder zogen Rowdys aus, um »Bürger« zu »belästigen«. »Ohne Grund« schlugen sie vier Personen nieder.[74] Wir kennen derlei seit dem Fall der Mauer. Aber: Genau das alles war eben nicht Folge des Mauerfalls. Es war schon längst davor einiges faul im Staate DDR. Man rede uns nicht ein, das hänge mit der Wiedervereinigung zusammen. Aus den SED-Dokumenten kennen wir die zahlreichen Probleme der Freizeitgestaltung.[75] Für den Sekretär des ZK, Paul Verner, war klar, was ab 1989/90 auch DDR-Nostalgiker genau wußten: »Die organisierten Banden sind ein Teil der psychologischen Kriegsführung der Bonner Organe gegen die DDR.«[76]

Überall im Land legten die (natürlich) von Bonn gesteuerten »Rowdys« ihre Lunten. So brenzlig wurde es den DDR-Verantwortlichen, daß im Dezember 1959 eine »Vorlage an das Sekretariat« der SED erstellt wurde. Sie sollte den Brand löschen.[77] Zu genau derselben Zeit organisierte man die antisemitischen Schmierereien in West-Deutschland.

Offenbar waren die »Bonner Organe« (DDR-Deutsch) weiterhin erfolgreich. Am 11. Oktober 1965 mußte sich das Politbüro einmal mehr mit ähnlichen »Problemen der Jugendarbeit« beschäftigen. Obwohl es das ja eigentlich gar nicht gab, hatte man Jugendliche entdeckt, »die keiner ordentlichen Arbeit nachgehen«.[78]

Es wurde und wurde nicht besser. Selbst der Vorsitzende der jüdischen Gemeinde Ost-Berlins, Doktor Peter Kirchner (IMB »Burg«), klagte noch 1979 im Staatssekretariat für Kirchenfragen über »ungeklärte Auffassungen« bei DDR-Jugendlichen. Eine verquaste, doch verständliche Umschreibung antisemitischer Einstellungen.

Als treuer Bürger des antifaschistischen deutschen Staates hatte er so etwas ähnliches wie ein schlechtes Gewissen, diese Einschätzung gegenüber Herrn Wilke vom Staatssekretariat für Kirchenfragen geäußert zu haben. »Er versuchte das mit einer persönlichen Überempfindlichkeit« aus seiner »im Faschismus erlittenen Verfolgungszeit abzuleiten«.[79] Umgekehrt wäre ein Schuh daraus geworden: Nicht Kirchner, sondern Wilke als Vertreter des Staates hätte empfindlich sein müssen. Das bemerkte Peter Kirchner (= IMB »Burg«) nicht. Auf seine IM-Aktivitäten kommen wir noch zurück.

»Schändung jüdischer Friedhöfe u. a.«
Siegmund Rotstein, der Vorsitzende der Jüdischen Gemeinde Karl-Marx-Stadt, brachte es durch eine Freudsche Fehlleistung im Januar 1967 bei einer Besprechung der jüdischen Gemeindevorsitzenden mit dem Staatssekretär für Kirchenfragen unwillentlich auf den Punkt: »Von ›Wiedergutmachung‹ kann bei uns keine Rede sein.« Gerade noch konnte er sich durch folgenden begründenden Nebensatz retten: »Denn in der DDR ist die Sorge um den Menschen ohnehin das Wichtigste. In Westdeutschland hingegen würden die Menschen mit einer Geldsumme abgefunden. Hinter ihrem Rücken vollzöge sich jedoch das gleiche wie nach 1933.«[80] In dieses Horn stießen auch alle anderen jüdischen Repräsentanten.

Es war selbst in der DDR nicht alles Gold, was golden glänzte. Beim »anschließenden Mittagessen im Johannishof« kamen einige »Probleme zur Sprache«: »Hin und wieder sichtbar werdende Anzeichen noch vorhandener antisemitischer Gesinnung bei uns (Schändung jüdischer Friedhöfe u. a.).«[81] Und anderes: also nicht nur die Schändung jüdischer Friedhöfe. Für die Zeit davor und danach, bis zum Ende der DDR, zieht sich dieser rote Faden durch die judenpolitischen Akten des roten Staates.

Antisemitismus als Eigengewächs
Im Sechstagekrieg vom Juni 1967 schlug Israel seine arabischen Nachbarn militärisch. Aus der Streitmacht des jüdischen Staates

wurde eine Besatzungsmacht. Die DDR erfand damals den Vergleich zwischen der »zionistischen Armee« und der Wehrmacht Hitlers, den sie dann gebetsmühlenartig wiederholte. Schon vor dem Ausbruch der Feindseligkeiten hatte die DDR aus ihrer antiisraelischen Position kein Hehl gemacht. Wir werden die Beziehungen zwischen der DDR und Israel in einem gesonderten Kapitel behandeln.

Was uns hier bedeutsam scheint: Die antiisraelische Politik der DDR wurde zum Bumerang: »Das Sekretariat des Zentralkomitees der Einheitspartei beschloß Ende September (1967) eine Anweisung an alle Funktionäre für Agitation und Propaganda in den Bezirken und Kreisen. Danach sollten diese eine Kampagne gegen den Antisemitismus beginnen. Als Rückwirkung der gegen Israel gerichteten Propaganda sind sowohl in Leipzig als auch in Dresden und Magdeburg antisemitische Ausschreitungen registriert worden.«[82] Sie blieben nicht auf diese Städte beschränkt.

Während des Sechstagekrieges sollten im Juni 1967 prominente DDR-Juden eine antiisraelische Erklärung unterzeichnen, die das (jüdische) Politbüro-Mitglied Albert Norden verfaßt hatte. Viele unterschrieben, einige weigerten sich. Von den Gemeindevorsitzenden unterschrieb lediglich der Genosse Scheidemann aus Schwerin.[83] Ein Nachfahre des berühmten Sozialdemokraten, der am 9. November 1918 in Berlin die Republik ausrief? Wir wissen es nicht.

Sogar der Präsident des Verbandes, Helmut Aris, machte nicht mit. Seine Begründung: »Damals sind unsere Brüder und Schwestern in Deutschland ermordet worden, und heute lassen sie wieder ihr Leben im Nahen Osten.« Für so eine Weltsicht hatte die DDR-Führung offensichtlich kein Verständnis. Wütend berichtete Norden seinem Chef Ulbricht.[84] Das behördliche Donnerwetter folgte: Aris und sein Stellvertreter Ringer wurden unverzüglich zu Staatssekretär Seigewasser »gebeten«.[85]

Von den »ernsten Meinungsverschiedenheiten« in »dieser außenpolitischen Frage« wurde »die Übereinstimmung in den innenpolitischen Zielen unserer gesellschaftlichen Entwicklung nicht berührt«. Seigewasser gab den Juden Hausaufgaben auf den Weg: »Er forderte« sie auf, »sich noch einmal zusammenzusetzen und ihre Haltung einer ernsthaften Prüfung zu unterziehen. Das wurde zugesagt.«[86]

Auch für die west- und nun gesamtdeutsche Diskussion ist diese Entwicklung aufschlußreich: Sie beweist (einmal mehr), daß eine antiisraelische beziehungsweise antizionistische Politik Antisemitismus bewirken kann. Ein alter Streit, der in der alten BRD seit 1967 geführt wurde.

Die zweite Judenliste

»Vertrauen ist gut, Kontrolle ist besser.« Das hatten schon der Liberale Virchow und der Kommunist Lenin gesagt. So handelte auch das MfS. Für den Fall der Fälle. Im Sommer 1967 wurden Judenlisten angefertigt. Das las sich im Analphabetendeutsch der Stasizentrale an die einzelnen Bezirke folgendermaßen: »Auf Grund der politischen Situation im Nahen Osten macht sich erforderlich eine namentliche Aufstellung der Mitglieder der jüdischen Gemeinden in Ihrem Bezirk zu beschaffen und der Hauptabteilung XX/4 bis zum 17. August 1967 zu übersenden. Die Beschaffung der Namen hat nur so weit zu erfolgen, wie sie unter strengster Wahrung der Konspiration möglich ist.«[87]

Das war kein lebensrettendes Papier wie *Schindlers Liste,* sondern eine Stasi-Liste. Sie konnte nichts Gutes verheißen. Wofür wurde sie vorbereitet? Den Abtransport der Juden? Wohin? Wir wissen es nicht. Wir wissen aber sehr genau, daß sogar noch 1989 das MfS Internierungslager für Oppositionelle plante.[88] Warum sollte ausgerechnet der wenig zimperliche Ulbricht in noch weniger sanften Zeiten den Juden gegenüber Samthandschuhe angezogen haben? Wir wissen eben auch, daß Judenlisten in der frühen Sowjetunion und sogar in der kommunistischen Spätphase der Tschechoslowakei angelegt wurden.[89]

Judenmörder im Judenfriedhof: Die Mylius-Story

»Es war einmal.« So fangen Märchen an. Was jetzt folgt, ist leider kein Märchen, es gehört zur Wahrheit über die DDR – so unglaublich die Geschichte klingt.

Der frühere Polizeihauptwachtmeister Paul Loebel war alles andere als ein ehrenwerter Mann. Trotzdem wurde er in der Ehrenreihe des jüdischen Friedhofs von Halle beigesetzt.[90] Das hatte er seiner Tochter zu verdanken, Karin Mylius-Loebel. Vorsitzende der Jüdischen Gemeinde Halle wurde sie 1968. Nicht durch Wahl, eher durch Usurpation, mit DDR-staatlicher Hilfe und Billigung, versteht sich.

Hatten die Staats- und Parteiinstanzen der DDR und SED nicht unsäglich unter Mylius' Vorgänger Baden gelitten, diesem »Kaufhausbesitzer«, diesem »typischen Juden«, der immer nur das »Negative in den Vordergrund« gestellt hatte? Es war ja wirklich unerträglich, daß Baden antisemitische Aktionen auch als solche anprangerte. Die Amtsträger des antifaschistischen deutschen Staates hatten allen Grund, nach zuverlässigen Kandidaten Ausschau zu halten. Offenbar fanden sie unter den Juden keinen geeigneten, deshalb fiel ihre Wahl auf die Tochter des ehemaligen Polizeihauptwachtmeisters Loebel, Karin Mylius. Sie war so jüdisch wie ihr Vater: nämlich gar nicht. Trotzdem trat sie 1961 in die Jüdische Gemeinde Halle ein.

Doch zunächst zu ihrem Vater. Paul Loebel war 1938 von Münster nach Halle versetzt worden. Sogleich bewährte er sich im Bereich der christlich-jüdischen Verständigung. Die Witwe Jacobsohn hatte halt Pech. Als Jüdin wurde sie ganz legal, versteht sich, aus ihrer Wohnung vertrieben, und die Loebels zogen ein. Vierzehn Tage lang mußten Frau Jacobsohns Möbel im Hof stehen bleiben, wo sie Wind und Wetter ausgesetzt waren.[91]

Im Winter 1941/42 hat sich Paul Loebel dann als Mitglied eines SS-Einsatzkommandos an der Ostfront an der Ausrottung der Juden aktiv beteiligt. In der DDR durfte er deshalb nicht mehr in der Polizei dienen, er bekam aber einen anderen interessanten Posten. Er wurde Hausmeister bei der jüdischen Gemeinde.

Juden scheinen auf Paul Loebel eine besondere Anziehungskraft ausgeübt zu haben. Selbst über den eigenen Tod hinaus wollte er auf Juden nicht verzichten. Tatsächlich war das Grab Loebels auf dem jüdischen Friedhof eine rüde Verhöhnung der jüdischen Opfer.

Nur in jüdischen Reformgemeinden dürfen Frauen als Rabbiner Gottesdienste leiten. Doch vom Reformjudentum dürfte Karin Mylius wohl kaum eine Ahnung gehabt haben. Trotzdem spielte sie in den Hallensischen Gottesdiensten die Rolle eines Rabbiners und Kantors zugleich. Seltsame Laute soll man dabei gehört haben. Der Gottesdienst der Mylius glich einer Geisterbeschwörung.

Karin Mylius hatte einen Sohn: Frank-Chaim (man achte auf den jüdischen Zweitnamen!) hegte den glühenden Wunsch, Synagogen-Vorsänger (Kantor) zu werden. Seine Mutter half ihm. Er lernte in Budapest, weil diese Ausbildung in der DDR nicht zu erhalten war. In Ungarns Hauptstadt liebte Mylius junior jüdische Bücher so sehr, daß er sie der Bibliothek des Budapester Rabbinerseminars entwendete und dann verkaufte. Sogar die Stasi sprach intern von kriminellen Delikten.[92]

Der Bildungsroman von Frank-Chaim fand seinen Höhepunkt: Der geläuterte Mann trug als »Kantor« mit seiner Stimme im Hallenser Gottesdienst Jüdisches in den Osten Deutschlands. Doch selbst der DDR wurde das alles zu heiß: Im November 1985 legte Abteilungsleiter Wilke vom Staatssekretariat für Kirchenfragen Frau Mylius den freiwilligen Rücktritt und ein »offensives Ende der ganzen Angelegenheiten« nahe. »Damit würde allen Angriffen die Spitze genommen und eine Lösung im eigenen und im Interesse des Staates möglich.« Sie weigerte sich und forderte, »daß auch von staatlicher Seite etwas getan werden müsse, um die Verleumdungen zu unterbinden«.[93] Frechheit siegte, selbst in der DDR. Frau Mylius war nicht aus dem Amt zu jagen.

Der Verband der jüdischen Gemeinden in der DDR wußte, was von ihr zu halten war. Er erstattete im September 1986 »wegen Betruges« Strafanzeige gegen Frau Mylius. Der Betrug bezog sich nicht zuletzt auf ihre vermeintlich jüdische Herkunft.[94] Den Mut zu dieser Anzeige fand die jüdische Männergesellschaft erst, als die gute Frau im Krankenhaus lag. Nun aber rollte die Offensive, denn auch Sohn-Mylius, der angebliche Kantor, erhielt Hausverbot für die Räume der jüdischen Gemeinde.[95]

Im Dezember 1986 wurde Frau Mylius dann doch abberufen – nicht von den allmächtigen Herren der DDR, sondern vom Allmächtigen. Der Verband der jüdischen Gemeinden in der DDR beteiligte sich weder an der Trauerfeier noch an der Bestattung. Diese Form der Staatsverdrossenheit war risikolos.

Bis zum Ende der DDR und sogar darüber hinaus wurde auch andernorts dieses Spiel getrieben: Nichtjuden als Vorsitzende der jüdischen Gemeinden. Lang, lang nach der Wiedervereinigung, 1994/95 stellte sich heraus, daß der Vorsitzende des jüdischen Kulturvereins in Magdeburg, Ulrich Levi, zwar einen koscherjüdischen Namen trug, aber eben doch kein Jude war.[96]

Der Politikwissenschaftler als Rabbi

In der DDR durfte offenbar fast jeder die Rolle eines Rabbiners spielen. Die Mylius-Geschichte kennen wir. Der militant antizionistische kanadisch-jüdische Politikwissenschaftler Klaus-J. Herrmann, aus Deutschland stammend, in Montreal, Kanada, lebend, durfte ebenfalls ins Rabbinergewand schlüpfen, obwohl er, den Stasibeobachtern zufolge, »voll im imperialistischen System integriert« war[97] und deshalb für die DDR kein wirklicher Partner sein konnte.

Herrmann war ein braver Jude. Beim »jüdischen Festgottesdienst« am 11. Mai 1985 »anläßlich des 40. Jahrestages der Befreiung« habe er in Leipzig »ein Schlußgebet für den Genossen Honecker gehalten«.[98] Nicht an den Wunsch des Gebets gehalten hat sich lediglich der liebe Gott, der Honecker & Co 1989 fallen ließ. Vielleicht meinte Herrmann, weitere Versuche unternehmen zu müssen, denn er »spekuliert, daß die Leipziger Jüdische Gemeinde ihn wieder für einen Gottesdienst beantragt (Vizerabbiner)«, lesen wir.[99] Einerseits betete Herrmann für Honecker, andererseits unterrichtete er Angehörigen der US-Streitkräfte Politikwissenschaft, und er soll darüber hinaus »zeitweilig der rechtsradikalen Szene zugeneigt« gewesen sein, wie der Inoffizielle Mitarbeiter der Stasi behauptete.[100] Einerseits besuchten seine Kinder »protestantische Kirchen« (was ihrer und ihrer Eltern Entscheidung selbstverständlich überlassen bleiben muß), andererseits spielte er den Rabbiner. Jedenfalls mußte man in der DDR keineswegs Rabbiner sein, um jüdische Gottesdienste abhalten zu dürfen. Sogar ein Politikwissenschaftler wie Herrmann wurde zugelassen. Doch vielleicht galt die Politikwissenschaft in der DDR als Ergänzungsfach der Theologie? Wie auch immer: Im Vergleich zu Karin Mylius war dies ein gewaltiger Fortschritt. In Halle an der Saale, unweit von Leipzig, wo der jüdische Politikwissenschaftler Herrmann den »jüdischen Festgottesdienst« zelebrierte, wirkte bekanntlich diese Dame. Und auch sie, die nichtjüdische Tochter eines vielfachen Judenmörders (Einsatzgruppenmitgliedes), spielte die Rolle eines jüdischen Geistlichen.

1987 bekundete der Politikwissenschaftler dem Herrn Minister gegenüber seine »Freude und Anerkennung« darüber, daß das »Gesamtarchiv der deutschen Juden nunmehr bald in die Obhut der Jüdischen Gemeinde Berlin-DDR überführt werden wird. Gleichzeitig ist Genugtuung darüber auszudrücken, daß dieses Gesamtarchiv in der Deutschen Demokratischen Republik verbleibt und nicht etwa – wie das ja offensichtlich vorgeschlagen worden ist – in den zionistischen israelischen Staat oder nach New York überwiesen wird. Die zionistische Auswertung der von den Hitleristen veranstalteten und ausgeführten Vernichtung des früheren deutschen Judentums wie des Judentums in den besetzten Gebieten bereitete schon genug des Unheils an.«[101] Die Enttarnung des ihn abschöpfenden IM nahm Herrmann, dem Enttarnten zufolge, »einsichtig« auf.[102]

»Systematisch gearbeitet«: Friedhof geschändet
Ungefähr 1975 besuchte Dr. Mario Offenberg den Friedhof der orthodox-jüdischen *Adass Jisroel* Gemeinde zum ersten Mal.[103] 1880 war der Friedhof eingeweiht worden. Wie durch ein Wunder hatte er die NS-Zeit ohne größere Schäden überstanden. Am 25. Juli 1985 besuchte Offenberg den Friedhof erneut. Viele seiner Vorfahren waren dort begraben. Vier Tage später schrieb er Staatssekretär Klaus Gysi einen geharnischten Brief. Offenberg stand »sprachlos vor einer apokalyptisch anmutenden Landschaft

von Vandalismus. Die sichtbare Zerstörungswut hatte sich nicht etwa zufällig und punktuell ausgetobt, sondern flächendeckend und beinahe lückenlos. Da ist systematisch ›gearbeitet‹ – sprich: zerstört worden. Die Relationen (seit 1975) hatten sich ins Gegenteil verkehrt: 90 Prozent und mehr der Grabsteine sind zertrümmert und umgeworfen. Dieser Friedhof ist sichtlich mit System und für lange Zeit hindurch regelmäßig ›besucht‹, zerstört und geschändet worden.«

Obwohl die Stasi über fast alles in der DDR informiert war, soll sie ausgerechnet diese flächendeckenden Friedhofsschändungen nicht entdeckt haben? Die Adass Jisroel Gemeinde selbst konnte darauf nicht hinweisen. Sie war von den Nationalsozialisten aufgelöst und dann erst in den 8oer Jahren im Westen Berlins von Familie Offenberg wiedergegründet worden. Innerjüdische Kritiker sprechen deshalb bezüglich dieser Gemeinde von einem »Familienunternehmen Offenberg«.[104]

Im Juni 1986 war der alte Adass Jisroel-Friedhof in Ost-Berlin wieder hergestellt, dank dem unermüdlichen Einsatz von Mario Offenberg, der Angst der SED vor internationaler Kritik und dem Opportunismus der DDR-Politiker. Bewundernswert ist der Mut, den Offenberg den DDR-Oberen gegenüber aufbrachte. Von Unterwürfigkeit oder gar Kumpanei, die ihm manche unterstellen, kann keine Rede sein.[105]

Im Mai 1987 besuchte Heinz Galinski, Vorsitzender der jüdischen Gemeinde West-Berlins, den anderen großen Judenfriedhof im Berliner Osten: Der »Verfallsprozeß« der Grabstätten halte seit den 3oer Jahren an, rügte er.[106] Seit dem Ende der Nazi-Zeit hatten die Behörden der SBZ und DDR es nicht für nötig befunden, dagegen etwas zu tun.

Die hausgemachte Rechte

Genosse Aris, Spitzenrepräsentant der DDR-Juden, war im September 1983 alarmiert und bat »sehr dringend« um ein Gespräch mit Klaus Gysi, dem Staatssekretär für Kirchenfragen. Während des Gottesdienstes zum jüdischen Neujahr hatten sich »einige Jugendliche vor der Synagoge in Erfurt zusammengerottet und

Schmährufe ausgebracht«. Er berichtete auch über »einen versuchten Einbruch« in die Synagoge von Leipzig und »mutwillige Beschädigungen auf dem jüdischen Friedhof in Eisleben«.[107]

Ende der 80er Jahre logen sich nicht mehr alle DDR-Verantwortlichen in die eigene Tasche. Im Hause Klaus Gysis, dem Staatssekretariat für Kirchenfragen, wurde im Mai 1987 ein beachtenswertes Papier erstellt. »Skinheads«, »Punks«, »Heavys«, »New Romantics« oder »Popper« waren zwar (wie konnte es anders sein?) von der »Perspektivlosigkeit« der meisten West-Jugendlichen infiziert, aber die »Mängel« in der »Gestaltung« der eigenen Politik seien unübersehbar.[108] Das Wichtigste: Alle Erscheinungen, die es angeblich erst nach dem Fall der Mauer im deutschen Osten gab, wurden in dieser Analyse dargestellt: Das »kriminelle und gewalttätige Verhalten« und die »asoziale Lebensweise« von Punks; die »neofaschistischen Vorstellungen« von Skinheads, ihr niedriges Bildungsniveau, ihr Ausländerhaß und so weiter und so weiter. Einige der so Beschriebenen wurden dann auch vor Gericht gestellt und verurteilt.[109] Zum Teil gab es »drakonische Urteile«.[110] Der Bürgerrechtler Konrad Weiß kam im Sommer 1989 zu einem vergleichbaren Ergebnis: Faschisten hatten in der DDR Zulauf.[111] Die jüdische *Allgemeine* stellte im August 1989 fest: »Anspruch und Alltag stimmen nicht immer überein« in der DDR.[112]

Das war eine gewaltige Untertreibung. Allein in der Nacht vom 2. zum 3. März 1988 wurden auf dem Jüdischen Friedhof in Berlin-Prenzlauer Berg 75 Grabmale geschändet.[113] Die von der Polizei gefaßten jugendlichen Grabschänder (alle Mitglieder der FDJ oder des FDGB) »stachelten sich« mit Rufen »beim Verwüsten« des jüdischen Friedhofes wechselseitig an, nicht nur im März, sondern auch schon einen Monat vorher. »Bei Hausdurchsuchungen wurde teilweise faschistische Literatur gefunden.«[114]

Die Schändung jüdischer Friedhöfe scheint 1988 bei einem Teil der DDR-Jugend so etwas wie ein Volkssport geworden zu sein, denn nie zuvor waren die Meldungen hierüber an die staatlichen Behörden so zahlreich wie damals.[115]

Nein, antisemitische und ausländerfeindliche Aktionen sind

nach dem Fall der Mauer nicht vom Himmel auf den deutschen Osten gefallen.

Im Oktober 1988 zeigte sich der Präsident des Jüdischen Weltkongresses, Edgar Bronfman, nicht zuletzt von der Pflege jüdischer Friedhöfe in der DDR beeindruckt. Er hätte vielleicht drei, vier Schritte vom Pfad der touristischen Tugend abweichen sollen. Dann hätte er gesehen, daß ein Antrag der jüdischen Gemeinde von Ost-Berlin mehr als berechtigt war. Diese hatte nämlich ebenfalls im Oktober 1988 die »seit 1933 unterbliebene, aber nun dringend notwendige Generalüberarbeitung der Friedhöfe (Entkrautung etc.)« sowie »unbedingt erforderliche bauliche Instandsetzungen« gefordert.[116] Weniger als vier Wochen nach Bronfmans Besuch legte die Stasi genaue Zahlen vor. In der DDR gab es 1988 (vom MfS ermittelt) 1055 Skinheads. In deren »Auftreten« gebe es »nach wie vor Erscheinungen des Neonazismus und Antisemitismus, der Ausländerfeindlichkeit und Gewalttätigkeit«.[117] Nicht nur bei Skinheads und Konsorten. Antisemitische Schwingungen und Klischees vibrierten auch in den Köpfen von Behördenmitgliedern. Ein Mitarbeiter des Staatssekretariats für Kirchenfragen (zu dessen Zuständigkeit auch die jüdischen Gemeinden gehörten) fand es im September 1988 unbedingt erwähnenswert, daß Henry J. Bamberger aus den USA nicht nur den jüdischen Friedhof und andere jüdische Einrichtungen in Leipzig besuchte (und bewunderte!). »Die Bambergers wohnten in Berlin (West) in dem Luxushotel ›Kempinski‹, Kurfürstendamm.«[118] Noch abgegriffener geht's kaum: der ewig reiche Jude. Was aber die Bambergers nicht wissen konnten und durften: Die »Grabpflegeleistungen« der Gemeinde Leipzig mußten dem Staat regelrecht abgetrotzt werden. Die Juden dieser Stadt hatten ohne vorherige Rücksprache die Arbeiten vergeben. Im Staatssekretariat war man empört. Trotzdem zahlte man »aus politischen und außenpolitischen Erwägungen«.[119] Eben für solche Besucher wie die Bambergers, die Bronfmans und wie sie alle hießen.

Lebten die Juden in der DDR sicher? So sicher, daß eine »streng geheime Information« der Stasi-Hauptabteilung II am

25. April 1989 fürchtete, bei Veranstaltungen in der jüdischen Gemeinde von (Ost-) Berlin könnte es »provokatorische, antisemitische, kriminelle oder terroristische Aktivitäten« geben. Deshalb wurde die »Einleitung vorbeugender Maßnahmen« empfohlen.[120] In der DDR-Geschichte gibt es zahllose Beispiele für aggressive Bürgeraktionen, die man nur als durch und durch »antisemitisch« bezeichnen kann. Ob »Judensau«, »Judenhure«, »ich mache Buchenwald wieder auf für Euch«, SS-Runen, »Gaskammer – Juden rein« – der antisemitischen Phantasie waren auch bei DDR-Bürgern keine Grenzen gesetzt. Den Behörden waren diese altdeutschen Muster seit Jahren bekannt, nicht erst in der Endzeit der DDR.[121] Was nach der Wiedervereinigung sichtbar wurde, gab es schon im »Deutschen Arbeiter- und Bauernstaat«. Dennoch: Repräsentativ waren diese Verhaltensweisen nicht. Bei Umfragen nach dem Fall der Mauer zeigten sich die »Ossis« gegenüber Antisemitismus und Rechtsextremismus weniger anfällig als die »Wessis«.

Bei der Stasi hielt man die »Mehrzahl« der sowjetischen Juden, die im Laufe der Jahre nach West-Berlin gekommen waren, für »arbeitsscheu und kriminell«.[122] Volkes Stimme meldete sich zur gleichen Zeit telefonisch bei der Jüdischen Gemeinde Dresden: »Euch Hunde müßte man alle vergasen.«[123]

Die DDR nach der DDR

»AUFERSTANDEN AUS RUINEN«

In der Liste der »deutsch-jüdischen Intelligenz« der 90er Jahre präsentierte eine deutsche Illustrierte neben Marcel Reich-Ranicki und anderen auch Gregor Gysi und Markus Wolf.[124] Diese Trojanischen Pferde werden uns Juden seltsamerweise immer wieder geschenkt. Weder Wolf noch Gysi sind Juden. Ihr vermeintliches, also nicht wirkliches Judentum mißbrauchen Gregor

Gysi und Markus Wolf als zweiten »antifaschistischen Schutzwall«. Wie der erste, wird auch der zweite nicht dauerhaft halten.

Die Stasi als Gesellschaft für christlich-jüdische Zusammenarbeit

Auch nach Aschermittwoch geht es manchmal weiter mit dem Karneval in Köln. Im Museum Ludwig fand vom 22. bis 24. April 1996 ein karnevalsähnliches Ereignis statt: Ein Ex-Stasimann wurde zum Ehrenmann. Federführender Organisator war Günther Bernd Ginzel von der Gesellschaft für Christlich-Jüdische Zusammenarbeit, der mich für gefährlicher als die Skinheads-Glatzköpfe hält,[125] Schirmherrin der Veranstaltung in der Karnevalsmetropole war die Bundestagspräsidentin.[126]

Das nachkarnevalistische Ereignis war die Veranstaltungsreihe »Jüdisches Leben in Deutschland 1945 bis 1995«. Auch Peter Kirchner nahm teil und sprach mit. Das Amt und der gute Name der Bundestagspräsidentin wurden mißbraucht, und anderen guten Namen ging es nicht besser: Ignatz Bubis, Ralph Giordano oder Michel Friedman.

Peter Kirchner hatte von 1971 bis 1990 die jüdische Gemeinde Ost-Berlins geführt. Überführt wurde er in meinem Buch *Die Deutschland-Akte* als Inoffizieller Mitarbeiter (IM) der DDR-Staatssicherheit.[127]

»Mit Dreck« würde ich ihn bewerfen, schimpfte Kirchner in den heiligen Hallen der Technischen Universität Berlin.[128] Der Kritiker der alternativen »tageszeitung« (taz) gab dieses Lob weiter,[129] und die PDS-freundliche Wochenzeitung »Freitag« empörte sich über meinen »inquisitorischen Bannstrahl«.[130] Kirchner verstieg sich sogar zu der Behauptung, ich hätte keine Beweise für seine Stasiverbindungen vorgelegt. Diese Behauptung ist mutig.

– Am 22. Januar 1976 wurde vom MfS die »Karte« über den Neurologen Peter Kirchner, geboren am 20. Februar 1935, damals zumindest wohnhaft in der Sodtkestraße 17, Berlin, »angelegt«. Sein Deckname im »Vorlauf« der IM-Würden als IMV (IM Vorlauf): »Peter«.[131]

– Am 3. bzw. 7. November 1977 wurde er »umregistriert« und erhielt den Decknamen »Burg«.[132]

– Am 9. Dezember 1980 wurde er zum IMB befördert.[133] Was war ein IMB? Ein »Inoffizieller Mitarbeiter zur unmittelbaren Bearbeitung im Verdacht der Feindtätigkeit stehender Personen und zur Bearbeitung feindlicher Stellen und Kräfte«.

Und wer war der Feind, den die DDR glaubte, abwehren zu müssen? »Die religiöse Funktion des Kandidaten eröffnet die Möglichkeit zu Fragen des Zionismus Informationen zu erarbeiten und abwehrmäßig auf Probleme des Judentums Einfluß zu nehmen.« Die DDR mußte sich also vor der jüdischen Gefahr schützen, sie abwehren. Diese Antwort findet man in der Begründung für die Umregistrierung.[134] Fürsorglich wollte die Staatssicherheit 16 Millionen DDR-Bürger vor den damals rund 700 Juden im Lande schützen.[135]

Vielleicht wurde Kirchner ja auch nur »abgeschöpft«, also schuldlos als Informant schuldig? Mitnichten. Die Stasioffiziere Sprotte und Sgraja vermerkten ausdrücklich: »Der Kandidat wird mit dem Ziel der Gewinnung zur Zusammenarbeit mit dem MfS allseitig aufgeklärt.«[136] Er wußte also genau, worum es ging.

Am 9. November 1989 hatte bekanntlich trotz allem der »Klassenfeind« gesiegt. Die Mauer fiel. Bald danach, am 9. Dezember 1989, wurde »für Abteilung XII« der Stasi der »Löschauftrag« für den Vorgang Peter Kirchner (Personenkennziffer 200235) erteilt.[137] Die »Absprache« zum Löschauftrag war schon am 29. November 1989 erfolgt. Mit ihren Unterschriften bestätigten Oberst Wiegand (wir kennen ihn im Zusammenhang mit Manfred Stolpe, einst ebenfalls IM, heute Brandenburgs Ministerpräsident) und Oberstleutnant Hermann die »Löschung ausgewählter IM-Vorgänge«, darunter den »Vorgang« IMB »Burg«.[138]

Die Mühe hätte sich die Stasi sparen können, denn heute sind sowohl der jüdische IM Kirchner als auch der nichtjüdische IM Stolpe angesehene Ehrenmänner – nicht nur zur Karnevalszeit. Kirchner blieb sich und der DDR auch in Köln treu: In der DDR sei »es jederzeit möglich« gewesen, »jüdisch-religiöses Leben zu organisieren«.[139]

Jeder bekommt die Juden, die er verdient, auch wenn diese, wie der Organisator der Kölner Runde, Ginzel, es mit der Wahrheit nicht so genau nehmen.[140]

Zwei andere, schöne jüdische Beispiele neudeutscher Toleranz seien vorgestellt. Sie verdeutlichen, daß es beim nachträglichen Schönfärben der DDR eine weitere »Gesellschaft für christlich-nichtjüdische Zusammenarbeit« gibt.

Das erste Beispiel: Im Frühjahr 1996 legte IM »Erich« alias Professor Dr. Dietrich Staritz aus Mannheim die zweite, überarbeitete Auflage seiner *Geschichte der DDR* vor nach seiner Enttarnung.[141]

Das zweite Beispiel: Die feinste Adresse der deutschen Wissenschaftsförderung, die Deutsche Forschungsgemeinschaft (DFG), wollte sich auch nicht lumpen lassen: Sie förderte das Forschungsvorhaben »Die Haltung der DDR zu Schoa, Zionismus und Staat Israel« von Angelika Timm. Diese hatte sich in DDR-Zeiten als Beraterin und Übersetzerin, auch Lauscherin für das DDR-Außenministerium bewährt. Nicht zu vergessen sind ihre Schriften, die Israel die Fratze des Killerstaates aufsetzten.[142]

In ihrer Projektskizze hatte sie der DFG die Bedeutung ihres Forschungsvorhabens überzeugend dargestellt: »Angesichts des Fremdenhasses und des Antisemitismus im vereinten Deutschland« sei es so wichtig. Das überzeugte. Im Frühjahr 1997 erschien ihr Buch.[143]

Beruhigend, daß nun in der deutschen Wissenschaft wenigstens die Berater und Helfer der einstigen Täter ihr einstiges Um- und Tätigkeitsfeld selbst »wissenschaftlich untersuchen« können; staatlich gefördert, versteht sich. Jedoch: Wenn andere den Bock zum Gärtner machen, muß die Wissenschaft Gartenbau betreiben? Konkret: Wozu geschichtspolitische Sittenpolizei spielen, wenn ehemalige Stasiagenten, hauptamtliche Mitarbeiter, zum Beispiel im Bundesland Brandenburg, Kriminalpolizisten werden können?[144]

Beruhigt können wir also feststellen: Das Aufarbeiten der DDR-Geschichte im allgemeinen und der DDR-Judenpolitik im besonderen ist in besten Händen. So gesehen, muß man fast schon bedauern, daß nach 1945 nur so wenige Altnazis die Nazigeschichte, wissenschaftsamtlich gefördert, schreiben durften …

Die christlich-jüdische Zusammenarbeit wurde von der Stasi seinerzeit so ernst genommen, daß sie auch Verbindungen zu den bundesdeutschen »Gesellschaften für Christlich-Jüdische Zusammenarbeit« knüpfte; nicht zuletzt über Helmut Eschwege.

Helmut Eschwege war 1913 in Hannover geboren, emigrierte 1936 nach Palästina und kämpfte in der britischen Armee gegen das Deutschland Adolf Hitlers. 1946 kehrte er nach Deutschland zurück; nicht in den Westen, sondern Osten, wo er der SED beitrat. Bald bekam er Schwierigkeiten mit der Partei. Er hatte 1952 die antisemitische Kampagne gegen führende jüdische Kommunisten der Tschechoslowakei kritisiert. Die SED fackelte nicht lange und schloß ihn aus. Von 1953 bis 1986 arbeitete Eschwege, der auch Mitglied der jüdischen Gemeinde war, an der Technischen Universität Dresden im Bereich »Geschichte der Produktivkräfte«. Für seine Aktivitäten und Veröffentlichungen über Juden in Deutschland erhielt er 1984 vom westdeutschen Koordinierungsrat der Gesellschaft für Christlich-Jüdische Zusammenarbeit die Buber-Rosenzweig-Medaille. Sie wird alljährlich bei der Eröffnung der »Woche der Brüderlichkeit« vergeben.

Daß Helmut Eschwege damals und bis zum Ende der DDR als IM »Ferdinand« für das MfS tätig war, wußten die christlich-jüdisch Zusammenarbeitenden in der Bundesrepublik gewiß nicht. Die Akten der Gauckbehörde[144a] dokumentieren es zweifelsfrei.

Als Mitbegründer der Sozialdemokratischen Partei betätigte sich Eschwege in der Endphase der DDR. Wie der Nichtjude Ibrahim Böhme berichtete Eschwege dem MfS. Das war eben die DDR-Art der christlich-jüdischen Zusammenarbeit, »brüderlich«.

Taten zählen nicht

Einige Ex-Aktivisten der DDR haben das neudeutsche Prinzip nicht so recht verstanden: Kurt Löffler zum Beispiel. Er war der letzte DDR-Staatssekretär für Kirchenfragen. In einer Fernseh-diskussion sagte er über die *Deutschland-Akte* und die darin skizzierte DDR-Judenpolitik (die er selbst mitgestaltet hatte): »Alle von Ihnen geschilderten Dinge entsprechen den Tatsachen.«[145] Löffler bekundete »Scham« und »Trauer« über seine frühere Haltung. Mich bewegte dies, das Publikum reagierte aggressiv auf ihn. Ich verteidigte Löffler, weil er (anders als andere) die Tatsachen nicht leugnete.

Stefan Heym ist ein ganz anderes Kaliber. Er weigerte sich, mit mir über die *Deutschland-Akte* auch nur zu diskutieren: Durch seine Anwesenheit wollte er nicht zu meiner »publizistischen Aufwertung beitragen«.[146]

Ein wohlmeinender Zeitgenosse aus Jerusalem nannte mich wegen der *Deutschland-Akte* einen »lousy Nazi wulf«, der die »braune Rattenlinie der katholischen Mönche verteidigt«. Er klärte mich außerdem darüber auf, daß bei den »verdammten Gojim« im deutschen Westen die Bewältigung der NS-Verbrechen wesentlich schlechter als im Osten gewesen sei.[147] Unheilige Einfalt.

Unser Mann im Zentralrat

Dr. Peter Kirchners politische Laufbahn endete mit der DDR. Dem einstigen »Sekretär des Präsidenten« im »Verband der jüdischen Gemeinden«, Dr. Peter Fischer, gelang der Übergang erheblich besser, ohne Karriereknick. Fischer war in der DDR nur 1988/89 judenamtlich tätig. Sein »ehrenamtlicher« Einsatz für die Stasi als IMS »Frank« war am 19. Dezember 1989 »beendet« worden, wegen »Perspektivlosigkeit«.[148] Zuvor, besonders 1987, war er wegen seiner genehmigten Kontakte »in die BRD und USA ... abgeschöpft« worden.[149] Davor wiederum war er im »Vorlauf« als IM »Jan« für die Stasi tätig. Im »Auskunftsbericht« vom 15. August 1989 stand unter »Glaubensbekenntnis« die Antwort: »ohne«.[150] Für einen Spitzenmann der jüdischen DDR-Gemeinschaft eine durchaus pikante Kennzeichnung. Dafür hatte er aber aus »politisch-ideologischer Überzeugung« mit dem MfS zusammengearbeitet.[151] Erlaubt war ihm auch die »Reisetätigkeit ins OG«, ins »Operationsgebiet«, im Klartext: in die Bundesrepublik Deutschland und nach West-Berlin.[152] Geschätzt wurden seine »Verbindungen« zu jüdischen Organisationen in den USA.[153] Über seine »Verbindungen zu operativ interessanten Personen in der DDR« erfahren wir an gleicher Stelle auch etwas: Über »umfangreiche Verbindungen« zur Universitätsdozentin Irene Runge verfügte er.[154] Die Dame kennen wir gut: Sie hatte »umfangreiche Verbindungen ins NSA«, also ins nichtsozialistische Ausland, besonders in die USA, sowie ins OG, also ins westdeutsche Feindesland. »Republikflüchtlinge« hatte sie an die Stasi verraten, und weil sie sich dadurch um die Sicherheit ihres Staates verdient gemacht hatte, wurde sie von der »Staatssicherheit« belohnt.[155] »Zuverlässig und ehrlich« hatte Fischer von »1988 – jetzt« die ihm zugewiesenen »Sicherungsaufgaben innerhalb des Verbandes der jüdischen Gemeinden« erfüllt, »insbesondere hinsichtlich der Kontrolle von Kontakten ins OG und Erkennen gegnerischer Angriffe gegen den Verband«.[156] Auch bei der »Einschätzung zur Lage in der VR Polen« war die »Nutzung vorhandener Kontakte« willkommen.[157]

Die »hohe Einspannung im Rahmen seiner Tätigkeit« im Verband der jüdischen Gemeinden scheint zusätzliche Aktivitäten erschwert zu haben.[158] Seltsamerweise hatte er, so die Stasiauskunft im August 1989, trotz dieser Verbandsarbeit die Mitgliedschaft der jüdischen Gemeinde Ost-Berlins erst beantragt.[159]

Die »Aufrechterhaltung der Verbindung« mit der Stasi wurde »gewährleistet durch Treffs« der Mitarbeiter Kasel (Deckname Hein Karsten) und Schlott (Deckname Otto Sander).[160] »Persönlich« und »telefonisch« gab es »ständig« »Möglichkeiten der außerplanmäßigen Verbindungsaufnahme zum IM«.[161] Das dabei verwendete »Erkennungszeichen« hat uns die Stasi dankenswerterweise überliefert: »Gruß von Otto. Ich habe eine Nachfrage zum letzten Nachrichtenblatt.« Man solle »zuvor Peter verlangen, falls Mutter am Telefon ist«, vermerkte der operative Stasimitarbeiter Kasel.[162]

»Kenntnis über die Zusammenarbeit des IM« hatte auch

»Nora Winterthur«, so der Deckname von Fischers Ehefrau.[163] Sie wußte es über ihn, und er wußte es über sie.[164] Die »Beurteilung« vom August 1989 las sich so: »Der IM arbeitet aus Überzeugung mit dem MfS zusammen. Er steht fest zu den Zielen der Partei. Bei politisch-ideologischen Auseinandersetzungen steht er auf klaren Klassenpositionen, ist kämpferisch, greift Mißstände an, ist nicht immer bequem, nimmt keine Rücksichten auf sich selbst. Der IM ist überdurchschnittlich intelligent, von hoher Allgemeinbildung, redegewandt und geübt in wissenschaftlicher Polemik. Wahrheitsliebend, stark gefühlsbetont, sensibel.«[165] Ein schönes Zeugnis, das man jedem nur wünschen kann. Die Stasi war wirklich großzügig, denn früher hatte sie Enttäuschungen mit Peter Fischer erleben müssen.[166] Er hatte nämlich durchaus Mißstände in der DDR aufgegriffen und war fast so etwas wie aufmüpfig. Anfang der 70er Jahre hegte man offenbar noch größere Pläne mit IM »René«, mit dem man seit 1967 in Kontakt stand.[167] Er wurde 1971 als Perspektivkader eingestellt.[168] Schon im November jenes Jahres gab es mit ihm »einige Probleme«, bei denen er »keine klare Haltung einnahm«.[169] Dazu zählten die »Aggression Israels gegen die arabischen Staaten« sowie die »zionistische Propaganda wegen angeblicher Judenverfolgungen in der UdSSR«. Und noch etwas: In einem öffentlichen Gespräch mit dem Schriftsteller Jurek Becker und dem Schauspieler Manfred Krug »versuchte er anfangs, die Gefährlichkeit der Diskussionsbeiträge von Krug und Becker zu bagatellisieren«.[170]

Fischer wurde als »stimmungslabil« und »anlehnungsbedürftig eingeschätzt«. Auf jeden Fall redete er etwas zu viel: »Einigen Mitgliedern des Jugendaktivs« war »bekannt, daß er mit dem MfS zusammenarbeitet und in nächster Zeit hauptamtlich beim MfS tätig sein wird«.[171]

Aus der Stasikarriere wurde trotzdem nichts. Das erfahren wir aus seiner MfS-Akte: »›René‹ wird nicht als Perspektivkader geführt. In einer Aussprache wurde er durch Generalmajor Großmann in entsprechender Form davon informiert.« Eine

»weitere Zusammenarbeit als IM« wurde am 8. Mai 1972 empfohlen.[172]

Es kam noch schlimmer:»Im Herbst 1973 verfiel ›René‹
... in ... negative Tendenzen.« Er weigerte sich »eindeutig«,
das MfS bei der »Kontrolle von Wolf Biermann ... zu unterstützen ... Daraufhin erfolgten keine Treffs mehr.«[173] Es waren eben
»ideologische Schwächen«.[174] Sie mochten mit dem Jom-Kippur-
Krieg vom Oktober 1973 zusammenhängen. Damals war Israel
von Ägypten und Syrien angegriffen und in der DDR sowie
den osteuropäischen Staaten brutal kritisiert worden. Kompli-
ment, Peter Fischer; alle Achtung. Fischer hatte sich so tapfer
geschlagen, daß Stasihauptmann Strahl im September 1977 resigniert seinen »Abschlußbericht« über die Zusammenarbeit mit
IM »René« folgendermaßen beendete:»Der Vorgang ist für
Schulungszwecke nicht geeignet.«[175] Die Dokumente wurden
»im Archiv der HVA gesperrt abgelegt«[176] und wahrscheinlich
nach dem Fall der Mauer vernichtet.

Was aber führte Fischer nach 1977 zum neuerlichen Wandel?
Immerhin wurde er in der Zeit vom 3. August 1987 bis zum
14. Dezember 1989, als IM »Frank« für die HA II (Spionage-
abwehr) tätig und erhielt am Ende ein prachtvolles Zeugnis. Seit
der Wiedervereinigung stellt er seine überdurchschnittliche Intelligenz, seine Wahrheitsliebe und Sensibilität der Berliner Außenstelle des Zentralrates der Juden in Deutschland zur Verfügung.

Markus Wolf und der Rabbi
Schauen wir wieder auf unsere Freunde von der Stasi: Zu Ehren
kam inzwischen auch der zweitoberste Ehrenmann der Stasi,
Markus Wolf. Im Frühjahr 1996 wurde er von »Generälen der
israelischen Geheimdienste Mossad und Schabak ... als ehemaliger Kollege freundschaftlich aufgenommen«.[177] Auch mit dem
knallharten, extrem nationalistisch »rechten« Ex-Ministerpräsi-
denten Jitzchak Schamir kam er zu einem trauten Gespräch
zusammen. Michail Gorbatschow habe die DDR »für ein Butter-
brot an den Westen verkauft«, meinten die beiden Gegner der
deutschen Wiedervereinigung danach übereinstimmend.[178]

Auf seiner Israelreise im Frühjahr 1996 traf der schillernde Markus Wolf einen ebenso schillernden alten Bekannten: den Rabbiner Zwi Weinmann. Diese schöne Männerfreundschaft in den Jahren 1990 bis 1995 haben wir bereits in der *Deutschland-Akte* kurz beschrieben.[179] Obwohl selbst kein Jude, sondern Sohn eines nichtgläubigen (weil kommunistischen) Juden, hatte Wolf seit der Wende bei Weinmann Kurse über den Glauben der Väter belegt.

Rabbi Weinmann gehört zur extrem orthodoxen und militant antizionistischen »Eda Charedit« von »Mea Schearim« in Jerusalem. Sie weigert sich, an den Wahlen des »gotteslästerlichen« zionistischen Staates aktiv oder passiv teilzunehmen und ist dabei konsequent bis zum Opfer: Sie nimmt von diesem Staat nicht einmal Geld an. Nie würde Rabbi Weinmann Israels Flagge auf seiner Talmud-Thoraschule hissen; nicht einmal am Unabhängigkeitstag. Trotz seines Antizionismus hat Rabbi Weinmann in der Armee des zionistischen Staates, Israel, gedient. Rabbi Weinmann zählt offenkundig zu den wenigen Menschen, die aus einem Kreis ein Quadrat herzustellen vermögen. Er ist sowohl extrem antizionistisch als auch Teil der zionistischen Gemeinschaft. Er ist zutiefst gläubig, und er pflegt beste Beziehungen zu Atheisten.

Einem israelischen Journalisten erzählte Weinmann im Herbst 1996 einiges über seine Männerfreundschaft mit Markus Wolf.[180] Schon seit Honeckers Zeiten hätten sie sich gekannt. Damals habe Rabbi Weinmann die Juden Ost-Berlins ab und zu betreut. Bei jedem seiner Besuche habe ihm die DDR-Regierung ein Auto mit Fahrer zur Verfügung gestellt, berichtete der fromme Mann.[181] Möglicherweise irrte sich Weinmann über die Führungspersönlichkeiten der DDR. So weit uns aus Dokumenten und Medien bekannt, begann Weinmann seine DDR-Karriere erst im Januar/Februar 1990.[182] Zu jener Zeit hatte Honecker schon notgedrungen von der Bühne in den Zuschauerraum der Politik gewechselt. Deshalb dürften eher Ministerpräsident Hans Modrow (PDS) und sein Nachfolger Lothar de Maizière (CDU) für den Transportkomfort gesorgt haben. Natürlich wäre es auch denkbar, daß Weinmanns DDR-Gastspiel früher begann und die

Dokumente hierüber noch nicht gefunden, möglicherweise auch vernichtet wurden. Zu vernichten hatten die DDR-Aktivisten freilich Wichtigeres.

Besonders stolz war der fromme Rabbi Weinmann 1996 darüber, daß es ihm gelungen war, Markus Wolfs Sohn nach dem Fall der Mauer zur »religiösen Umkehr« (hebräisch »Tschuwa«) zu bewegen. Wolf junior lerne seit 1992 in einer orthodoxen Talmud-Thora-Schule im Heiligen Land und sei vom Rabbi quasi »adoptiert« beziehungsweise unter die Fittiche genommen worden.[183]

Diesen begabten Rabbi hatte für die Juden Ost-Berlins Irene Runge, die Mitbegründerin des »Jüdischen Kulturvereins«, einstige Inoffizielle Mitarbeiterin (IM) der Stasi und gute Bekannte von Markus Wolf sowie Gregor Gysi, einfliegen lassen.[184] Sie ist heute mit ihrem »Jüdischen Kulturverein« nicht zuletzt bei der Aufnahme von Juden aus den GUS-Staaten engagiert.

Runges Entdeckung, Rabbi Weinmann, ist ein frommer und dankbarer Mann. Stolz erwähnte er gegenüber der israelischen Presse, daß er in Ost-Berlin weiterhin »unter anderen zahlreiche ehemalige kommunistische Spitzenfunktionäre« unterrichte, bei religiösen Problemen, besonders bei Beerdigungen, Entscheidungen treffe und seiner »Gemeinde« jeden Freitag (zum Sabbat) eine Predigt zufaxe. »Die bekommen sie kostenlos«, fügte der großzügige Rabbi hinzu.[185]

Mit der Vergangenheit seiner Schäfchen nimmt es der Rabbi sehr genau: Bevor er weitere neue Mitglieder in seine »Gemeinde« aufnimmt, die seinerzeit für den Staatssicherheitsdienst arbeiteten, prüft er, ob sie »Israel Schaden zufügten«. Bei Markus Wolf ist er sich da ganz sicher: Der sei erst aufgenommen worden, »nachdem ich von den richtigen Leuten grünes Licht bekam«.[186] Wer die »richtigen Leute« waren, wissen wir bislang nicht. Vielleicht Irene Runge?

Daß Markus Wolf Israel Schaden zugefügt hätte, sei ferne, zumal sein Ministerium nur den Terror gegen Israel aktiv mitorganisierte und finanzierte. Unter seiner Regie arbeitete das MfS 1983 bis 1985 zusammen mit den Geheimdiensten der UdSSR und

CSSR eine Studie aus, die den Zionismus in seiner vermeintlichen Zusammenarbeit mit dem deutschen Nationalsozialismus »entlarven« und die »geistigen Parallelen zwischen Rechtsradikalismus und faschistischem Zionismus« aufzeigen sollte.[187]

Nein, Schaden wurde Israel dadurch wahrlich nicht zugefügt. Der Genosse Wolf sollte das Werk Ende November 1984 vorgelegt bekommen, und danach, am 27. März 1985, legte der Genosse Oberst Stolze von der Hauptabteilung IX/11 fest, es »ohne weitere Maßnahmen abzulegen«. Sechs Wochen später wurden »einige Sachzusammenhänge« dennoch »verwertet«.[188]

Man kann nun Rabbi Weinmanns Entscheidung gut verstehen, Markus Wolf bei seinem Prozeß im vereinigten Deutschland zu helfen. »Ich habe ihm eine Gruppe internationaler Anwälte organisiert, weil ich der Meinung war, daß man ihm Unrecht antue. Man wirft ihm Landesverrat gegen einen Staat vor, zu dem er gar nicht gehört hatte.«[189]

Markus Wolf wisse, was sich gehöre. Im Gegenzug habe er anderen Juden geholfen. »Ich hoffe, daß dadurch das jüdische Volk gewonnen hat, aber mehr kann ich dazu nicht sagen«, meinte Weinmann.[190]

Endlich, im Frühjahr 1996, zum Pessachfest, konnten sich Rabbi Weinmann und Markus Wolf im Land der Väter treffen. Im Glauben der Väter hatte er Markus Wolf in Ost-Berlin mehrfach unterwiesen und war zum persönlichen »Ratgeber« aufgerückt.[191]

Vor Ort, im Land der Väter, setzte Rabbi Weinmann seine Lektionen fort: Im extrem orthodoxen Jerusalemer Viertel »Mea Schearim« zeigte der Rabbi dem verlorenen Sohn eine Bäckerei, die das ungesäuerte Brot (»Matzen«) herstellte, das Juden während dieses achttägigen Festes essen. Der hartgesottene Spion sei »in Tränen ausgebrochen«.[192] Wir sind versucht, mitzuweinen.

Ouvertüre zur »Aktion J«

Dokumentarisch belegt wurde in der *Deutschland-Akte* die von der Stasi inszenierte »Aktion J« vom Frühjahr 1961. Dabei erhielten bundesdeutsche, besonders in München lebende Juden anonyme, natürlich in der Bundesrepublik abgesandte extrem antisemitische Einschüchterungs- und Drohbriefe.[193] Der Welt sollte, einmal mehr, bewiesen werden, in welchem Teil Deutschlands alte und neue Nazis ihr Unwesen trieben. Daß es im Westen Deutschlands alte und neue Nazis gab und gibt, wird kein ernsthafter Mensch bestreiten können oder wollen, aber »Aktion J« wurde, wie viele andere antisemitische Aktionen in der alten BRD, von der DDR inszeniert.[194]

Dieser unangenehmen, doch unbestreitbaren und wohl dokumentierten Tatsache widersetzten sich Michal Bodeman in der *taz* und Mario Keßler im *Deutschland-Archiv* (streng »wissenschaftlich«, versteht sich). Sie bestritten vor allem die Stichhaltigkeit meiner Argumente und die Zuverlässigkeit der vorgelegten Dokumente.

Gerne lege ich nach, denn der Quell der Quellen ist fast unerschöpflich. Der GI (= Geheimer Informant) »Jochen« (ab 13. August 1959 »zum Zwecke der Wahrung der Konspiration« umregistriert als »Gerhard«)[195] scheint, allen Indizienbeweisen zufolge, der fleißige Sammler jüdischer Anschriften in München gewesen zu sein.[196] Seit 1958 war er direkt dem Staatssekretär für Kirchenfragen unterstellt.[197] Im Oktober 1959 wurde er dessen persönlicher Referent. Zugleich war er dort bis Anfang 1961 Leiter des Hauptreferates für Presse und Information.[198] Er wurde am 15. März 1957 von Stasi-Leutnant Kinza angeworben.[199] »Eine schriftliche Verpflichtung wurde nicht vorgenommen«, denn der »GI wurde auf der Basis der Überzeugung angeworben. Die Bereitschaft zur Mitarbeit war von vornherein sofort vorhanden.«[200]

Natürlich hatte »Jochen«/»Gerhard« auch einen bürgerlichen Namen. Er hieß Hans-Joachim Seidowsky.[201]

»Zu jüdischen Geschäftskreisen« sollte er über einen Bekannten in München »Verbindungen« knüpfen.[202] Am 28. März 1960 erhielt er den »Auftrag«, in der Zeit vom 29. März bis zum 6. April 1960 »Angehörige der jüdischen Gemeinde« Münchens regelrecht auszuspionieren.[203] Am selben Tag unterschrieb er, daß er »von dem Auftrag des M.f.S. ... Kenntnis erhalten habe« und »bestrebt sein« werde, »diesen zur vollsten Zufriedenheit zu erledigen«.[204]

Sein Versprechen löste Seidowsky ein. Außer »umfangreichen Berichten« über »reaktionäre kirchliche Persönlichkeiten ... sowie Bundestagspräsident Gerstenmaier« lieferte er »Listen jüdischer Bürger aus München« als »Faustpfänder« seiner »bisherigen Zusammenarbeit« mit dem MfS.[205]

Mitte Mai 1961 schrieb die Stasihauptabteilung XX/4 dann die antisemitischen Briefe mit westdeutschen Absendern an bundesdeutsche Juden. Deren Anschriften hatten Agenten des DDR-Geheimdienstes vom 7. bis zum 10. Mai 1961 in der Münchener Gemeinde ausgespäht.[206] Zur gleichen Zeit, vom 6. bis zum 11. Mai 1961, hielt sich »im Auftrag des MfS« der einstige Friseur und spätere Diplomphilosoph Hans-Jürgen Seidowsky in München auf.[207] Seine Aufgabe: Die »Beschaffung von Material über antisemitische Ausschreitungen« – die erst nach seinem Besuch stattfanden – auf Geheiß und mit Hilfe der Stasi.[208] Eingeschüchtert wurden dabei vor allem die Juden in München, dieselben Menschen, deren Gastfreundschaft er zuvor genießen durfte, denn, so vermerkte die Stasi, der MfS-Mann hatte »Verbindungen zu fast allen Mitgliedern der jüdischen Gemeinde in München« geknüpft.[209]

Für die »Verdienstmedaille der Nationalen Volksarmee« hatte Seidowskiy also hart gearbeitet. »Im Kampf gegen die Feinde der Deutschen Demokratischen Republik« hatte er sich zweifellos ausgezeichnet. »In Silber« erhielt er das schöne Stück im Herbst 1969, »in Gold« Anfang 1971.[210]

Israel und die Juden
in Deutschland

Blanke Verachtung schlug von Anfang an den deutschen Juden aus Israel entgegen. Sie waren mehrfach traumatisiert: vom millionenfachen Judenmord, von der Verachtung der Juden in Israel sowie der übrigen Diaspora – und von der Verachtung sich selbst gegenüber; sich selbst gegenüber, weil sie im »Land der Mörder« lebten. Dabei hatten vor dem Judenmord die meisten dieser jüdischen Überlebenden nicht einmal in Deutschland gelebt.

Eine höchst problematische Ausgangssituation, noch problematischer für die circa 3000 Holocaust-Überlebenden, die in den späten 40er Jahren nach Israel auswanderten und Anfang der 50er in die Bundesrepublik Deutschland zurückkehrten. Dadurch wurden sie »Jordim«. Wörtlich aus dem Hebräischen übersetzt bedeutet dies: Sie wurden »Absteiger«, denn jeder, der aus Israel auswandert, ist ein »Absteiger« (»Jored«). Wer dagegen nach Israel einwandert, ist ein »Aufsteiger« (»Oleh«). Einwanderer waren (und sind) willkommen, »Absteiger« trifft die Verachtung. Nicht mehr so radikal wie noch vor zehn Jahren, aber immerhin.[1] Die Tragik der »Absteiger« werden wir schildern. Wer über Deutschlands Juden spricht, muß daran und an ihre Traumata denken. Sonst wird man sie nicht verstehen.

Moralisch war die innerjüdische Kritik an den in Deutschland lebenden Juden von Anfang an fragwürdig. Nicht wegen der Frage: »Wie können Juden im Land der einstigen Mörder leben?« Vielmehr der Fragenden selbst wegen, die ihre Frage

eher in Form einer Drohung oder zumindest eines verachtungs-
vollen Verdammungsurteils an die in Deutschland lebenden
Juden richteten. Viele der Fragenden hatten das Glück, außerhalb des nationalsozialistisch-deutschen Machtbereiches den millionenfachen Judenmord zu überleben. Hatten sie wirklich
genug, wenigstens etwas, wenn schon nicht alles zur Rettung
ihrer bedrohten Glaubensgenossen getan? Mitnichten. Eigentlich
hatten viele ein schlechtes Gewissen. Zurecht, weil sie zu wenig
getan hatten. Sie waren mehr oder weniger passive Zuschauer
geblieben. Ganz anders der Kern der jüdischen Nachkriegsgemeinschaft
in Deutschland. Sie waren Opfer. Diese Juden hatten die Hölle
auf Erden erlebt und überlebt. Zu überstehen hatten sie danach
die moralischen Belehrungen ihrer Ankläger, die ein leichteres
Los zu tragen gehabt hatten. Angeklagt waren die jüdischen
Überlebenden in Deutschland, die selten aus Deutschland
stammten und nicht an Deutschland hingen, hier aber hängen
geblieben waren. Während des Holocaust und danach hatten sie
den schweren Teil des jüdischen Erbes zu tragen.

Ich klage nicht an, sondern beschreibe und bewerte die jewei-
ligen Wahrnehmungen. Mein Leben als Jude, Deutscher und
Israeli war und ist leichter als das der ersten Nachkriegsjuden in
Deutschland. Deshalb kritisiere ich sie nicht, ich schildere hier
ihre Situation – wie sie von führenden Vertretern des jüdischen
Staates gesehen wurden. Schwere Kost, nicht immer ganz koscher.

Die Besatzungszeit

VON AUSCHWITZ AN ISRAELS FRONT?

Nach dem Holocaust kamen mehr als 150 000 Entwurzelte
(»Displaced Persons«, DPs) aus den Vernichtungshöllen der
deutschen Nationalsozialisten in die westlichen Besatzungszonen
Deutschlands, vor allem in die amerikanische.

Diese meistens aus Osteuropa stammenden Juden waren im »Land der Mörder« gestrandet.

In Osteuropa tobte nach 1945 immer noch und immer wieder der altneue und mörderische Antisemitismus, jetzt ohne SS und Wehrmacht. Die Tore Palästinas hielten die Briten bis zur Unabhängigkeit Israels verschlossen, um die Araber nicht zu verprellen. Weder die USA noch andere westliche Staaten öffneten ihre Grenzen für diese vom Schicksal geschlagenen Juden.

Zionistische Politiker, allen voran David Ben-Gurion, erkannten schon bald nach Kriegsende, daß die DPs ein wichtiges Einwanderungsreservoir für den entstehenden jüdischen Staat seien. Deshalb besuchte er bereits im Oktober 1945 die DP-Lager auf deutschem Boden.[2]

Am 14. Mai 1948 wurde der jüdische Staat Israel von Ben-Gurion ausgerufen. Endlich konnten die Juden frei ins »Land der Väter« einreisen. Von den 150 000 gingen etwa zwei Drittel nach Israel, ein Drittel begab sich in die USA, und ungefähr 12 000 blieben dauerhaft in Deutschland.[3]

Israel brauchte 1948/49 nicht nur einfach Einwanderer. Es benötigte vor allem Soldaten, denn die arabischen Nachbarn wollten sich mit dem »jüdischen Fremdkörper« im islamischen Nahen Osten nicht abfinden. Israels Geburtsstunde fiel mit dem Beginn des ersten arabisch-israelischen Krieges zusammen. Unterbrochen wurde er von mehreren Waffenstillständen, die von den Vereinten Nationen (UNO) überwacht wurden.

Was hat das alles mit den DPs in Deutschland zu tun? Sehr viel. Verzweifelt suchte der neue jüdische Staat jüdische Soldaten, natürlich auch unter den in Deutschland zunächst wider Willen siedelnden Juden. Dies zeigen die Akten des israelischen Staatsarchivs, besonders für das Jahr 1948.

Da die meisten DPs in der amerikanischen Besatzungszone lebten, achteten besonders die USA darauf, daß die Auflagen nicht verletzt wurden. Im Rahmen des Waffenstillstands durfte Israel weder »kämpfendes Personal« noch »Männer im militärfähigen Alter« einwandern lassen.[4] Diese Bestimmung galt allgemein, also auch für die DPs in Deutschland. Israel wollte (und

mußte wegen seiner militärischen Notsituation) diese Auflagen
natürlich umgehen und wehrfähige Männer ins Land bringen.
Die Besatzungsmächte waren freilich verpflichtet, auf Einhaltung
der UNO-Maßgaben zu bestehen.[5] Das europäische Kommando
der US Army verbot sogar ausdrücklich jüdischen Männern im
wehrfähigen Alter die Ausreise aus der amerikanischen Besatzungszone in Deutschland, erst recht aber die Auswanderung
nach Israel.[6] Die Initiative zu dieser antiisraelischen Auswande-
rungspolitik war von der ehemaligen Mandatsmacht, dem seinerzeit deutlich antizionistischen Großbritannien, ausgegangen.[7]
Israel setzte in Washington alle Hebel in Bewegung, um diese
Auswanderungsbeschränkungen widerrufen zu lassen. Sogar
beim US-Präsidenten und natürlich im State Department wurden
israelische Diplomaten vorstellig.[8] Israels Sorge galt dabei nicht
nur dem Soldatennachschub. Da die meisten männlichen DPs im
wehrfähigen Alter waren, fürchtete man, daß auch ihre Frauen
und Kinder ohne die Familienväter nicht ins Land der Väter
kommen würden.[9] Die Einwanderung war also grundsätzlich
gefährdet. Die Israelis mußten, ob sie wollten oder nicht, vor
der Ausreise der DPs den US-Behörden Namenslisten der Aus-
wanderungskandidaten übergeben. Die Amerikaner prüften, ob
keine Männer im wehrfähigen Alter dabei waren.[10] Offenbar
drückten sie auf Veranlassung von General Lucius D. Clay alle
Augen zu.[11] Jedenfalls brachten die Israelis im Sommer 1948
monatlich zwischen 3700 und 6000 Juden aus der US-Zone nach
Israel. Clay selbst bedauerte, die Anweisungen des State Department nicht aufheben zu können.[12]

Für die israelischen Politiker war diese Einwanderung nicht
nur eine Frage der Zahl, sondern auch der (man scheut sich,
das Wort zu übersetzen und niederzuschreiben) »Qualität
der Menschen«.[13] Osteuropäische Juden entsprachen eher als
nordafrikanische den Vorstellungen der Israelis.[14] Ein weites
Feld ...

Anfang 1949 hatte Israel im Unabhängigkeitskrieg gesiegt,
doch ein Frieden mit den arabischen Nachbarn schien unerreich-
bar. Das State Department änderte seine Haltung nicht. Begrün-

dung: Die Auswanderung wehrfähiger DPs aus Deutschland nach Israel könnte den Fortgang der Waffenstillstandsgespräche auf Rhodos gefährden.[15] Erst die Ernennung Dean Achesons zum neuen US-Außenminister brachte atmosphärische Verbesserungen für Israel.[16] Der junge Staat brauchte Menschen, Soldaten und Geld. Juden, die in der Diaspora blieben und nicht nach Israel kamen, spürten damals einen starken Rechtfertigungsdruck. Die »im Land der Mörder« gebliebenen Juden registrierten ihn noch mehr. Der jüdische Staat war damals in einer lebensbedrohlichen Situation. Die DPs hatten kurz zuvor die NS-Hölle überlebt. Sollten sie jetzt ihr gerade gerettetes Leben riskieren, um das staatlich jüdische Kollektiv zu sichern? Wer wollte, wer könnte auf diese existentielle Frage als Außenstehender antworten?

Wir können uns nicht anmaßen, das Lebensgefühl der DPs angesichts dieser physischen und psychischen Notsituation zu skizzieren: Die in Deutschland, im »Land der Mörder«, lebenden Überlebenden des Holocaust halfen beim Überleben Israels bestenfalls mit Geld; ihr eigenes Leben wollten sie nicht noch einmal gefährden. Zu diesem Risiko konnten oder wollten sie sich nicht entschließen. Wer wirft den ersten Stein? Ich gewiß nicht.

Doch auch ohne Steine zu werfen, wird man die inneren Kämpfe dieser Juden in Deutschland nachvollziehen können. Umgekehrt wird man (ohne gleich zu billigen oder zu verdammen) verstehen, weshalb zahlreiche Israelis auf diese Glaubensgenossen in Deutschland verachtungsvoll hinabblickten.

Weil sie in Deutschland blieben, hatten diese DPs ohnehin ein schlechtes Gewissen. Noch schlechter wurde es, weil sie dem jüdischen Staat nicht als Soldaten dienen konnten oder wollten.[17] Ignatz Bubis, kein DP, doch ein Überlebender, der 1951 nach einem Kurzaufenthalt in Israel nach Deutschland zurückkehrte, schreibt darüber: »Mein Idealismus alleine reichte nicht aus, in diesem schwierigen Land zu bleiben. Ein wenig drückt mich das schlechte Gewissen wegen dieser Entscheidung heute noch. Damals jedoch, nach den schweren Jahren im Lager, wollte ich unter den Bedingungen dort nicht neu beginnen.«[18]

KEIN HANDEL MIT DEUTSCHEN UND JUDEN

Im Juni 1949 wollte der Verband jüdischer Gewerbetreibender in Hamburg im deutsch-israelischen Handel aktiv werden. Die amtliche Reaktion Israels:»Es liegt nicht in unserer Absicht, mit Deutschland Handel zu beginnen, selbst wenn er durch Juden betrieben wird. Wir sind der Meinung, daß Juden aus Deutschland nach Israel auswandern müssen, anstatt sich um die Entwicklung des deutschen Handels zu kümmern.«[19]

Moralisch, politisch und wirtschaftlich lag seinerzeit ein israelischer und diasporajüdischer Bann über der jüdischen Gemeinschaft in Deutschland. Ausgesprochen wurde er amtlich noch nicht, aber auch der amtliche Bann lag sozusagen in der Luft. Nicht nur wegen der grundsätzlichen Ablehnung deutsch-jüdischen Lebens nach dem Holocaust, sondern auch aufgrund der außenpolitischen Komplikationen für Israel. Wir haben sie im Zusammenhang mit den antisemitischen Verhaltensweisen der bayerischen Polizei im Jahre 1949 erwähnt. Die ungeliebte jüdische Gemeinschaft in Deutschland erzeugte bei den Israelis also nicht nur subjektiven Widerwillen, sondern für die Israelis objektive Schwierigkeiten. Um es jiddisch zu formulieren: Die Juden in Deutschland bedeuteten für Israel»Makkes (= Schläge) und faule Fisch«.

»Die Situation des jüdischen Kaufmannes in Westdeutschland ist schwierig. Er kann von keiner Seite mit Hilfe rechnen und ist daher gezwungen, sich selbst zu helfen«, bilanzierte resigniert der Vorsitzende des Verbandes jüdischer Kaufleute in Bayern, Maurice Weinberger.[20]

Frei von verinnerlichten Judenklischees der Judenfeinde war freilich auch Herr Weinberger nicht. Für»die Feindschaft, der der jüdische Kaufmann von seiten der deutschen Kaufmannschaft ausgesetzt ist«, hatte er außer dem »Konkurrenzneid« auf derselben Sitzung im Oktober 1949 folgende Erklärung: »Die größere Wendigkeit, die größeren kaufmännischen Begabungen des jüdischen Kaufmannes bringen es mit sich, daß diese Feindschaft ständig erhalten bleibt.«[21] Antisemiten machen aus dem positiven Vorzeichen ein negatives. Der Inhalt könnte wortgleich sein. Mehrfach sprach Weinberger auf derselben Tagung auch vom »Kampf« des jüdischen Kaufmanns. Sein Kampf? »Mein Kampf« ...

Die Bundesrepublik Deutschland

EIN AMTLICHER BANNFLUCH AUS ISRAEL?

Daß ein amtlicher Bann aus Israel und von diasporajüdischen Organisationen gegen die in Deutschland bleibenden Juden im Herbst 1949 jederzeit möglich war, registrierte man natürlich auch bei den Juden in Deutschland, zumal die US-Presse hierüber berichtete.[22] Der Herausgeber der Tageszeitung *Haaretz* (hinter der meist ein kluger israelischer Kopf steckt) forderte in einem weniger klugen als polemischen Artikel im Januar 1950 die sofortige Liquidation des Judentums in Deutschland.[23]

Einige der in Deutschland lebenden Juden gingen ihrerseits aus der Verteidigung in den (nicht öffentlichen) Angriff über. Rechtsanwalt Doktor Ostertag vom Landesverband der israelitischen Kultusgemeinden in Württemberg wandte sich an den israelischen Konsul Livneh in München (der bei den Amerikanern, nicht den deutschen Behörden akkreditiert war). Ein solcher Bann sei »unbegreiflich, undiplomatisch und sicherlich für Israel schädlich. Für die Kranken und Alten und für die, die aus besonderen Gründen hier bleiben müssen, wäre der Bannfluch nicht nur ein religiöser, sondern auch ein sozialer Fluch, der aber auf Israel zurückfallen würde.«[24]

Über die vermeintliche Schädlichkeit für Israel kann man streiten, weniger darüber, daß der weltliche jüdische Staat sich religiöse Autorität ohnehin bestenfalls anmaßen konnte und kann. Aber außer Alten und Kranken gab (und gibt) es freilich auch andere unter den Juden in Deutschland.

»Sind Sie sich bewußt, daß Sie durch diesen Bann die verbleibenden Juden, die zum großen Teil gar nicht anders können als hier verbleiben, von jüdischer Seite in die Rolle von Parias drängen und sie dadurch gleichzeitig zu deutschen Parias stempeln?« Für einen »Wahnsinnsakt« hielt Ostertag den möglichen Bann.[25]

Bann oder nicht, handfeste Druckmittel befürwortete Israels Konsul Livneh in München auf jeden Fall. Wer nicht nach Israel auswanderte, sollte (auch als Lagerinsasse) keine Unterstützung mehr erhalten.[26] Vor allem Rückwanderer aus Israel nach Deutschland sollten keinen israelischen Rechtsschutz oder Ausreisegenehmigungen in andere Staaten erhalten.[27] Damit glaubte man, über eine scharfe Waffe zu verfügen, denn »es ist damit zu rechnen, daß Deutschland auch in der Zukunft Zentrum des Antisemitismus sein wird«.[28]

Tatsächlich hatte man im israelischen Außenministerium über die Möglichkeit eines solchen Bannes gesprochen, ihn aber bis Ende 1949 nicht verhängen wollen.[29] Problematisch war ein derartiger Bannfluch ohnehin, denn eigentlich sind in der jüdischen Welt nur rabbinische, also geistliche Instanzen hierzu befugt.

DIE DEUTSCHEN JUDEN
ALS »MINDERWERTIGER ABFALL«?

Livnehs Urteil über die immer noch Zögernden war überzogen, wenig einfühlsam und vernichtend: »Es fällt uns schwer, vorherzusagen, wann wir diese Juden wegbewegen können. Diese Menschen sind weit davon entfernt, sich für geistige Dinge zu interessieren. Nur ans Geld denken sie,« meinte Livneh, wie übrigens auch der Leiter der Westeuropaabteilung des israelischen Außenministeriums.[30] Auch Jahre später hatten israelische

Diplomaten ihre diesbezügliche Einschätzung kaum geändert. Der stellvertretende Leiter der Israel-Mission in Köln, Dr. Haim Jachil, schrieb im Mai 1955 seinem Außenminister,»das kulturelle und moralische Niveau« der jüdischen Gemeinschaft in Deutschland sei»heruntergekommen«.[31] Erwartete Livneh, der in Palästina (und nicht in der Hölle von Auschwitz) den Holocaust überlebt hatte, daß seine Glaubensgenossen nach den Vernichtungslagern direkt in die Bibliotheken strömen würden?[32] Was meinte Jachil, dem die Erfahrung der Vernichtungszentren ebenfalls (und Gott sowie der jüdischen Gemeinschaft in Palästina sei Dank) erspart blieb?[33] Warum muß sich jeder Jude für geistige Dinge interessieren? Auch im»Volk des Buches« gab es (wörtlich oder symbolisch) Analphabeten. Na und? Bildung gehört zu den Idealen des Judentums. Nicht nur Juden erreichen ihre Ideale nicht immer...

Daß sie dem»Zionismus zynisch gegenüberstanden«, empörte Livneh.[34] War ihr Zynismus dem Leben, den Menschen, fast allem und allen gegenüber aber historisch und seelisch nicht verständlich?

Livneh erkannte eine zweite»Gefahr für uns«: das assimilierte deutsche Judentum – das eben trotz und nach allem Deutschland als seine Heimat betrachtete.»Diese Juden könnten die ›billigen‹ Partner derer werden, die die Interessen unseres Staates zugunsten der Deutschen opfern. Die Deutschen könnten dann aller Welt verkünden, daß sich alle Juden mit ihnen versöhnt hätten. Unser Ziel muß die Auflösung des deutschen Judentums sein. Es darf nur noch ein soziales Problem sein, kein politisches mehr. Die in Deutschland bleibenden Juden müssen vom Rest der jüdischen Welt isoliert und getrennt werden.«[35] Ohnehin sei bis zum Herbst 1949 nur der»minderwertige Abfall« geblieben.

Menschen als»Abfall«? Das Wort unterscheidet sich nur unerheblich vom Wort»Abschaum«, das die Nationalsozialisten für Juden gebrauchten. Dieser Ausdruck kann nur aus dem»Wörterbuch des Unmenschen« stammen, das ja das Vokabular der Judenmörder versammelt. Nun war Elijahu Livneh ein ehrenwerter Mann, aber das war nicht die Sprache eines Ehrenmannes. Er schwang sich zur moralischen Instanz auf und dachte selbst zutiefst unmoralisch. Dieselben Juden wurden das eine Mal von ihren nationalsozialistisch-deutschen Mördern als »Untermenschen« bezeichnet (und behandelt, das heißt ermordet), das andere Mal von einem Glaubensgenossen als »Müll« bezeichnet. Einfach furchtbar.

Was wir daraus »lernen«, ist ebenso erschreckend wie banal und realistisch. Unmenschlichkeit ist keineswegs nur ein Problem zwischen verschiedenen Völkern und Staaten, sondern nicht selten auch ein innergesellschaftliches. Daß man Menschen nicht als »Abschaum« oder »Abfall« bezeichnen kann, ist die eine Seite. Die andere: Viele der Überlebenden konnten natürlich nur deshalb überleben, weil sie auch körperlich stark genug waren, den Qualen der deutschen Hölle zu widerstehen. »Körpermenschen« sind dazu eher in der Lage als »Geistesmenschen«. Livneh wiederum hatte wohl das Bild von »dem« Juden als Geistesmenschen im Sinn – und zerbrach an der Wirklichkeit der in Deutschland weilenden Juden. »Du sollst dir kein Bildnis machen«; auch in diesem Zusammenhang kein schlechtes Gebot. Andererseits: Durfte Livneh nicht erwarten, daß gerade die Überlebenden der Hitlerschen Höllen die Notwendigkeit des jüdischen Staates deutlicher erkannten als Juden außerhalb des NS-Mordgebietes?

Sein Vorgesetzter, Gerschon Avner, sah durch die in Deutschland verweilenden Juden eine Gefahr für »unsere Ehre als Juden und als Staat«.[36]

Noch Anfang der 90er Jahre bezeichnete der aus Dresden stammende Ex-Minister Israels, Josef Burg (Nationalreligiöse Partei), Juden, die in Deutschland lebten, als »drittklassig«. Israelis, die nach Deutschland auswanderten, bezeichnete er sogar als Juden vierter Klasse.[37]

Ohne den Ausdruck »Abfall« zu verwenden, doch inhaltlich nicht wesentlich anders, äußerte sich der stellvertretende Leiter der Westeuropa-Abteilung des Außenministeriums, Ilsar, über den Journalisten Alexander Besser, der aus Israel nach Deutschland ausgewandert war. (Das von ihm und anderen in diesem

Zusammenhang gebrauchte hebräische Wort bedeutet genau übersetzt »abgestiegen«.) Zur gleichen »Art« von Menschen, »die ihrem Gastvolk durch Selbsterniedrigung gefallen wollen«, zählte Ilsar den Herausgeber der *Allgemeinen Jüdischen Wochenzeitung,* Karl Marx.[38] Dieser deutsche Jude, Karl Marx, war Ilsar eben zu deutsch und deutschfreundlich.

Welchen »Vergehens« waren Besser und Marx sozusagen schuldig? Auf einem Journalistentreffen im Oktober 1950 hatten die beiden Männer, nur wenige Wochen nach der Grundsatzentscheidung der Westmächte, die Bundesrepublik überhaupt aufzurüsten, nicht grundsätzlich die Möglichkeit ausschließen wollen, ehemalige SS-Angehörige in die künftige Bundeswehr aufzunehmen. Jeder Einzelfall solle geprüft werden. »Nicht jeder SS-Mann hat das getan, was wir mit dem Namen der SS verbinden«, soll Marx gesagt haben.[39]

Der Personalgutachterausschuß der Bundeswehr hat später genau diese individuellen historisch-politischen Röntgenaufnahmen durchgeführt. Selbst bei Angehörigen von Mörderbanden kann man eben keine Kollektivstrafen anwenden.

Soll man, kann man die sprachliche Anbiederung einiger deutscher Juden an die Israelis ebenfalls als eine Form der Selbsterniedrigung bezeichnen – in die andere Richtung, nach Israel? »Liebe Chawerim« (Freunde, Genossen) war eine häufig gebrauchte Anrede, und am Ende fehlte in der Grußform selten das schöne Wort »Schalom«.[40]

»ASSIMILATIONSSUCHT« ODER BEGINN DER WIEDERGUTMACHUNG?

Karl Marx, der Herausgeber der *Jüdischen Allgemeinen,* bekam nicht nur von Israelis ungerechterweise schlechte Kritiken. Auch in Deutschland lebende Juden profilierten sich innerjüdisch gern auf seine Kosten. Einer von ihnen war Norbert Wollheim aus Lübeck, einer der herausragenden Juden in der britischen Besatzungszone. Als einziger seiner Familie hatte er die NS-Vernichtungshölle von Auschwitz überlebt.[41]

Am 11. November 1949 veröffentlichte Karl Marx in der *Allgemeinen* ein inzwischen historisches Interview mit Bundeskanzler Konrad Adenauer.[42] Hierin kündigte der Kanzler erstmals die Bereitschaft seiner Regierung an, den Juden eine finanzielle Wiedergutmachung zukommen zu lassen. Von zehn Millionen Mark für den »Wiederaufbau« Israels war die Rede. Das war sehr wenig, aber es war der Anfang einer politischen Entwicklung, die zum Wiedergutmachungsabkommen vom 10. September 1952 führte.

»Assimilationssucht« warf Wollheim dem Journalisten Karl Marx vor.[43] Dieser hatte gehofft, eine »Brücke« zwischen »der deutschen Bundesregierung und der Weltjudenheit resp(ektive) Israel« herstellen zu können[44] – was Wollheim zu verhindern trachtete, indem er Marx bei den Israelis anschwärzte. »Einen Menschen zu diskreditieren« – das wäre ihm ferne, versicherte Wollheim seinem Adressaten.[45]

Über den Ausdruck »Weltjudenheit«, der an einen der Lieblingsbegriffe von Antisemiten erinnert: »Weltjudentum«, wollen wir kein Wort verlieren. Wohl aber darüber, daß Wollheim israelischen Vertretern gegenüber sozusagen amtlich auf Distanz zu Marx ging und dessen Mission auf diese Weise scheitern lassen wollte. Vielleicht hatte Karl Marx dem Kanzler nicht die richtigen Fragen gestellt, zumindest nicht alle Fragen, die Wollheim zu stellen vorgeschlagen hatte[46] – mit Kopie an den israelischen Konsul in München. Immerhin behauptete Marx, er habe 80 Prozent aller von Wollheim vorgeschlagenen Fragen dem Bundeskanzler tatsächlich gestellt. Natürlich schickte Marx ebenfalls eine Kopie seines Schreibens an Konsul Livneh.[47]

Auch im Zentralrat schien ein »jüdischer Krieg« getobt zu haben. Die Arbeit des Geschäftsführers, so Karl Marx, habe »wohl in der Hauptsache darin« bestanden, »monatelang hindurch den Ausgleich zu finden zwischen einigen Direktoren des Zentralrates«.[48]

Vom »Makrokosmos« des Zentralrates zum »Mikrokosmos«

Wollheim-Marx. Wollheim schrieb seinem Gewährsmann in Israel: »Ich lege besonderen Wert auf die Feststellung, daß dieser Auftrag, zu dem sich Herr Marx verpflichtet fühlt, nicht der der jüdischen Organisationen hier ist, sondern seiner persönlichen Ambition entstammt. In dieser Auffassung werde ich bestärkt durch die mir zugegangene zuverlässige Information, daß die Erklärung Dr. Adenauers entgegen der offiziellen Feststellung nicht auf seine eigene Initiative, sondern im wesentlichen durch Mittelsmänner des Herrn Marx provoziert wurde.«

Mit dieser »Provokation« des Wiedergutmachungsabkommens lebte der jüdische Staat in den Jahren 1954 bis 1966 recht gut. Genauer: er überlebte nicht zuletzt durch diese »Provokation«. Andernfalls wäre Israel bankrott gewesen.[49]

Es gibt zur Geschichte der Marxschen »Provokation« auch andere Darstellungen; zum Beispiel aus der Feder eines israelischen Diplomaten.[50] Bereits im Oktober 1949 habe Adenauer Karl Marx eingeladen. Der Kanzler wollte ihm »ein Interview über jüdische Probleme geben. Es kam zu drei Begegnungen, in deren Verlauf Fragen und Antworten ausgearbeitet wurden. Als der Text fertig war, bat Marx darum, mit der Veröffentlichung einige Wochen zu warten. Er wollte in der Zwischenzeit herausfinden, wie wohl das Gespräch aufgenommen würde. Er selber sagte Adenauer sofort, daß der Abschnitt über die Zahlung der symbolischen Summe von zehn Millionen Mark eher schädlich sei. Marx schickte das Interview an den israelischen Konsul Livneh nach München. Dieser leitete es nach Tel-Aviv weiter, wo man keine Bedenken gegen das Interview äußerte. Es wurde jedoch vorgeschlagen, die Passage über die Zahlung von zehn Millionen Mark zu streichen. Daraufhin habe Marx erneut mit Adenauer gesprochen und gebeten, den Satz herauszunehmen. Wenn es allein nach ihm ginge, entgegnete Adenauer, könnte er eine symbolische Summe von 50 oder auch 100 Millionen Mark anbieten. Doch dann bekäme er Probleme mit den Amerikanern.«[51]

Der Vater des Zahlungsgedankens soll (im Zusammenhang mit dem Adenauer-Interview für die *Jüdische Allgemeine*) ein gewisser Herr Selig, ebenfalls deutscher Jude und Mitglied des Vorstands der Vereinigten Stahlwerke, gewesen sein.[52] Erfolgreiche Gedanken haben viele Väter.

Die US-Administration (sowohl Trumans als auch und erst recht danach Eisenhowers) unterstützte zwar verbal die deutsche Bereitschaft, Wiedergutmachung an Israel und die Diasporajuden zu leisten, außen- und finanzpolitisch fürchteten die Amerikaner jedoch, daß Bonn nur entweder die Wiedergutmachung oder die Wiederaufrüstung zahlen könne. Ein Sowohl-als-auch hielt man in Washington für ausgeschlossen.[53] So voll wie einige Jahre später waren die westdeutschen Kassen nicht, und daß sie sich so schnell füllen würden, hatten die US-Politiker nicht erwartet.

Worauf es Adenauer ankam: Eine Geste zu machen, die signalisieren sollte, daß Deutschland seine Pflicht anerkenne, »Israel Wiedergutmachungsgelder zukommen zu lassen«.[54]

Kurzum: Es kam Bewegung in die Wiedergutmachungsproblematik der ganz jungen Bundesrepublik Deutschland, und zwar nicht zuletzt mit Hilfe von Karl Marx. Vor Beginn der indirekten und dann direkten Gespräche zwischen Bonn und Jerusalem (und auch danach)[55] wurde Marx von beiden Seiten mehrfach als Bote und »Brücke« benutzt. Sogar von einer Schlüsselrolle Marx' könnte man reden.[56] Das gleiche gilt für den jüdischen SPD-Bundestagsabgeordneten Jakob Altmaier, ohne dessen Hilfen die deutsch-israelische Kommunikation hinter den Kulissen kaum möglich gewesen wäre.[57]

Ideologisch paßte diese Brücken- und Mittlerfunktion weder in Israel noch der Diaspora ins Konzept, die eine schnelle Auflösung der jüdischen Gemeinschaft in Deutschland anstrebten. Deshalb achtete Israels Konsul Livneh in München peinlichst darauf, daß seine persönlich-privaten Kontakte zu Altmaier öffentlich nicht bekannt wurden. Unzweideutig waren auch die diesbezüglichen Anweisungen, die Livneh vom israelischen Außenministerium erhielt. Selbst auf einen Besuch des jüdischen Sozialdemokraten in Israel legte man nicht den geringsten Wert.[58]

Die Brückenfunktion war für Wollheim die eigentliche »Provokation«, derer sich Marx »schuldig« gemacht hatte. Wollheim weiter in einem nicht unbedingt literarischen Deutsch: »Die bewußt jüdischen Gruppen in Deutschland, die gegenwärtig im Hinblick auf die durch Auswanderung bedingte Strukturwandlung der jüdischen Bevölkerung in einem unerfreulichen Abwehrkampf gegen eine neue Assimilationssucht der in Deutschland verbleiben wollenden Juden stehen, haben mit Sorge seit Monaten beobachtet, daß auch die *Jüdische Allgemeine Zeitung* diesen Tendenzen zusehends zum Opfer fällt.«

Auch in Gesprächen mit bundesdeutschen Spitzenpolitikern, beispielsweise Bundespräsident Theodor Heuss, präsentierte sich Wollheim eher als Vertreter israelischer denn deutsch-jüdischer Interessen.[59]

Welten trennten Wollheim und Marx. Marx wollte ein neues deutsches Judentum aufbauen. Wollheim sah alles ganz anders. Die hier gestrandeten Glaubensgenossen waren für ihn »gegen ihren Willen zum Verbleiben in Deutschland gezwungene jüdische Menschen«. Eine »jüdische Renaissance« in Deutschland lehnte er kategorisch ab.[60]

Die Aufgabe jüdischer Amtsträger sah er deshalb ganz anders: »Hilflosen und Abhängigen in ihrer menschlichen Not beizustehen, wird die entsagungsvolle Aufgabe jedes jüdischen Funktionärs in Deutschland bleiben müssen.«[61] Ganz so entsagungsvoll entwickelte sich die Arbeit erfreulicherweise denn doch nicht.

ZIONISTISCHE LIPPENBEKENNTNISSE

Nicht in Deutschland, sondern in Israel sollten die Juden leben, meinte Wollheim: »Israel ist die Mutter, die in Liebe uns alle umschließt«, zitierte er Ben-Gurion, Israels großen alten Mann und Staatsgründer.[62] Mit diesem Zitat schloß Wollheim auch seine Ansprache zum Unabhängigkeitstag Israels am 19. Mai 1951 in Hamburg.[63] Norbert Wollheim wanderte tatsächlich bald danach aus; noch im Jahre 1951 – in die Vereinigten Staaten von Amerika.[64]

Sogar Karl Marx hatte 1951 angekündigt, auswandern zu wollen: Im März 1951 suchte er ein Baugrundstück in Israel.[65] Er scheint bis an sein Lebensende nicht fündig geworden zu sein, denn er starb in Deutschland. Um den deutsch-jüdischen Neuaufbau hatte er sich sehr verdient gemacht.

Karl Marx bewertete damals die Arbeit des Zentralrates ziemlich kritisch: »Es gibt nicht eine einzige Sitzung des Zentralrates, von der man sagen kann, daß sie zu einer Entscheidung gekommen ist, die im Interesse aller Juden liegt.«[66] Wie so oft: fast alles ist eine Frage der Wahrnehmung.

Wollheim und Marx waren nicht die einzigen, die mit der Auswanderung nach Israel das eine oder andere Problem zu bewältigen hatten: »Als ... Samuel Weintraub erklärte, daß er aus familiären Gründen nach den Vereinigten Staaten auswandern müsse, wurde er von den Mitgliedern der Exekutive und des Rates des damaligen Zentralkomitees der befreiten Juden in Deutschland aus der Exekutive ausgeschlossen, die heute – mit einer einzigen Ausnahme – entweder in den Vereinigten Staaten sind oder sich noch in Deutschland befinden«, monierte und mokierte sich Karl Marx im Juni 1951. Er war mit seiner Liste nicht am Ende: »Wenige Wochen vor diesem Ausschluß wurde Paul Treppmann aus dem Rat ausgeschlossen, weil er im Hinblick auf den Gesundheitszustand seiner Frau nicht nach Israel, sondern nach Kanada auswandern wollte.« Dann wurde vom Zentralrat »plötzlich erklärt, daß man ja nicht unbedingt nach Israel auswandern müsse. Die Politik in dieser Beziehung war ebenso unkonsequent, wie sie gegenüber der Haltung Deutschlands war.«[67]

Wie konnte man aber Konsequenz erwarten? Die Überlebenden des Holocaust waren in jeder Hinsicht gebrochene Menschen. Genau darunter litten sie, obwohl oder auch gerade weil sie überlebt hatten. Eine Tragödie.

»Mangels anderer jüdischer Persönlichkeiten in Deutschland, hält man ihn in deutschen Kreisen für eine der wichtigsten Persönlichkeiten.« Konsul Livnehs Urteil über den deutsch-jüdischen Herausgeber der *Allgemeinen* mag hart und wieder einmal übertrieben sein, es behielt weit über Karl Marx' Person hinaus seine Gültigkeit.

An Karl Marx mißfiel ihm dessen »assimilatorische« Grundhaltung. Livneh räumte dennoch ein, daß Marx »sich in den letzten Jahren jüdischen Problemen genähert, etwas Zionismus und ›jüdische Ehre‹ gelernt« habe.[68] Die menschliche, finanzielle und politische Hilfe, die Marx Israel zukommen ließ, würdigte Livneh durchaus. Marxens politische Absicht, als »Brücke« zwischen Israel und Deutschland zu fungieren, wollte der Israeli torpedieren.[69] Selbst das empfanden seine Kollegen im israelischen Außenministerium als zu sanft. Ein deutsch-jüdisches Sprachrohr in Deutschland war für sie »ganz und gar negativ«.[70]

EIN JUDENREFERAT?

Trotz aller bemühten Distanzierung zu den bewußt deutschen Juden aktivierte die israelische Diplomatie, allen voran Livneh, gerne deutsche Juden. Dies geschah in enger Zusammenarbeit mit Gerschon Avner, dem Leiter der Westeuropaabteilung im Außenministerium.

Nach dem Interview, das Adenauer mit Marx geführt hatte, stimmte er die israelischen mit deutsch-jüdischen Kontaktaufnahmen zu deutschen Politikern ab.[71] Außerdem scheint Livneh sich hier und dort sogar in personalpolitische Planungen (soll man sagen: Intrigen?) der Juden in Deutschland eingeschaltet zu haben. Zum Beispiel als sich das Personalkarussell für die mögliche (und dann wegen der Bedenken des Zentralrates der Juden doch nicht geschaffene) Stelle eines »Referats für jüdische Angelegenheiten bei der Bundesregierung« drehte.[72] Allerdings dementierten sowohl Livneh selbst (gegenüber seinem Außenministerium)[73] als auch das israelische Außenministerium diesbezügliche Meldungen. Grundsätzlich habe der israelische Diplomat die Anweisung, sich nicht in die inneren Angelegenheiten der jüdischen Gemeinschaft in Deutschland einzumischen, hieß es.[74] Danach legte Livneh sich große Zurückhaltung auf und ließ dies deutsche Juden auch wissen.[75] Protokolle und Hintergrundinformationen jüdischer Gremien wurden ihm trotzdem nicht selten zugesandt.[76] Auf diese Weise können Historiker diese Niederschriften problemlos auswerten. Über den Zentralrat der Juden in Deutschland ist der Zugang nämlich erheblich komplizierter, denn dort entscheidet kein geringeres Gremium als das höchste: das Direktorium. Will man auf diese Weise nur Hofhistoriker die Papiere einsehen lassen? So machte man es seinerzeit am Hofe des Kaisers von China. In demokratischen Gesellschaften sind derartige Gepflogenheiten eher die Ausnahme.

Wie auch immer, der Verwaltungsrat des Zentralrates der Juden in Deutschland gewährte mir »aus Gründen der Vertraulichkeit« keine Einsicht in die Protokolle des Direktoriums und bat mich »um Verständnis«, dafür, daß man diese Papiere »einer breiteren Öffentlichkeit« nicht zugänglich machen wolle.[77] Ich habe dafür kein Verständnis. Wenn die »breitere Öffentlichkeit« oft schon nach weniger als 30 Jahren Dokumente des US-Präsidenten auswerten kann, müßte dies doch wohl auch mit Materialien des Zentralrates möglich sein.

DEUTSCHE JUDEN IN ISRAEL
UNERWÜNSCHT

Die Vorbereitungen auf die »Makkabiade«, das zentrale international-jüdische Sportfest, liefen im Juli 1950 auf Hochtouren. Wie auch später fand die jüdische Olympiade im jüdischen Staat statt. Für dessen Amtsträger war der Gedanke einer deutsch-jüdischen Mannschaft, die ins Stadion einlaufen und an den Spielen teilnehmen sollte, unerträglich. »Die Juden in Israel lehnen die Existenzberechtigung einer organisierten jüdischen Gemeinde in Deutschland ab«, wiederholte Gerschon Avner vom Außenministerium gegenüber Konsul Livneh. »In den verschiedenen Staaten« wolle Israel seinen Standpunkt in dieser Frage erläutern.[78] Einzelne Juden aus Deutschland durften schließlich teilnehmen, aber eben nicht als Mannschaft. Die deutsche Fahne durfte – verständlicherweise – nicht gezeigt werden.[79]

Am 1. August 1950 fand im israelischen Außenministerium

eine Grundsatzbesprechung über die Beziehungen zu Deutschland statt. Über das Verhältnis zu den in Deutschland lebenden Juden mußte nicht einmal diskutiert werden:[80] »Das jüdische Volk und der Staat Israel sind gegen jüdisches Leben in Deutschland, gegen Investitionen in Deutschland und für den Abbruch der wenigen Kontakte, die es noch zwischen dem Jüdischen Volk und Deutschland gibt.«

Doch so einheitlich handelte »das jüdische Volk« keineswegs. Zum großen Verdruß von Konsul Livneh unterstützte der Jüdische Weltkongreß (JWK) 1950 die Gründung des *Zentralrates der Juden in Deutschland*. Der JWK habe in Deutschland ein Büro eröffnet. »Diesen Schritt kann man nur so erklären, daß damit das hiesige Judentum unterstützt werden soll,« fürchtete Livneh. Hierüber kam es zwischen ihm und dem JWK zu »einer sehr heftigen Auseinandersetzung. Und sie ist noch nicht zu Ende.«[81]

DPs KEHREN AUS ISRAEL
NACH DEUTSCHLAND ZURÜCK

Es kam für Israel noch schlimmer, weil circa 150 DPs aus Israel nach Deutschland zurückkamen.[82] Dort konnten sie sich noch weniger als im Land der einstigen Mörder einleben. Die politische Qualität dieser Entwicklung war für den jüdischen Staat unerfreulicher als die Quantität der Rückwanderer. Außerdem wurden es später immer mehr, rund 3000[83], und dann kamen auch noch geborene Israelis, »Zabarim«, nach Deutschland. Nicht in Scharen, aber sie kamen bis 1989 und danach.[84]

Die Spannungen zwischen den in Deutschland verbliebenen Juden einerseits sowie Israel und der für die Einwanderung nach Israel besonders verantwortlichen Jewish Agency nahmen bis 1950 ständig zu. Als »Fäulnis« bezeichnete der Vertreter der Jewish Agency das Verhältnis zwischen seiner Behörde und den Juden in Deutschland.[85]

Im September 1950 schloß die Jewish Agency ihr Büro in Deutschland. Das bedeutete: Mit einer größeren Auswanderung der in Deutschland lebenden Juden rechnete man nicht mehr, weder in Israel noch in diasporajüdischen Organisationen. Hinnehmen wollte man ihre Ortswahl jedoch ebenfalls nicht; zumindest nicht ohne doch noch irgendwie eine Änderung der Ortswahl anzustreben.

Nicht nur die Jewish Agency beendete ihre Tätigkeit in Deutschland. Das »Zentralkomitee der befreiten Juden« löste sich ebenfalls nach Gründung der Bundesrepublik Deutschland auf, der »Zentralrat der Juden in Deutschland« (19. Juli 1950) betrat die Bühne.

Immer weniger Juden wanderten aus Deutschland nach Israel aus. Und keineswegs alle, die Deutschland verließen, strebten nach Israel. Einige entschieden sich für längere, manchmal auch ganz unbegrenzte Aufenthalte im schönen Frankreich. Nach all dem schrecklichen Leid hatten sie tatsächlich ein »Leben wie Gott in Frankreich« verdient. Das von Gott den Juden Gelobte Land, so wollten es aber die Israelis, sollte das Ziel der Juden aus Deutschland sein.

Auf dem Weg von Deutschland nach Israel hatte es aus der Sicht der Israelis Pannen gegeben: 144 Juden zogen es im Sommer 1950 vor, in Frankreich zu bleiben. Die Landesherren waren über diese unerwarteten jüdischen Gäste so kurz nach dem Holocaust nicht beglückt. Sie verlangten von den Israelis sogar Garantien, daß sich eine solche Invasion nicht wiederholen würde. Mit Italien erwartete Israel ähnliche Probleme.[86] Unglaublich, und bislang unbekannt, doch leider wahr.

Immerhin, diese Juden hatten wenigstens das »Land der Mörder« verlassen. Die meisten noch in Deutschland Verbliebenen zeigten sich den zionistisch-israelischen Einwanderungsbemühungen gegenüber völlig gleichgültig, ja, abweisend.[87] Eine Einwanderungsbehörde ohne Einwanderungswillige zu unterhalten, wäre für den jungen und finanzschwachen jüdischen Staat unsinnig gewesen. Deshalb wurde das Büro geschlossen. »Diese Entscheidung bedeutet nicht, daß wir über die hier (= Deutschland) lebenden Juden einen Bann verhängen.«[88]

Die Jewish Agency tat dies aber doch im August 1950, fast

gleichzeitig mit der Schließung ihrer deutschen Niederlassung. Es war eher ein resignativ-defensiver Akt, sozusagen das letzte Gefecht. Vergeblich war es ohnehin. Innerhalb von sechs Wochen hätten die Juden Deutschland zu verlassen. Wer sich danach in Deutschland aufhielte, würde nicht mehr als Jude angesehen und könnte deshalb bei einer späteren Einwanderung nach Israel nicht mehr mit den üblichen Vergünstigungen rechnen.[89] Der scheinreligiöse Bannfluch war religiös geradezu Ketzerei. Welche Rechtfertigung hatten weltlich-politische Amtsträger zu einer solch religiösen Bewertung? Keine. Wer Jude ist, bestimmt weder die Jewish Agency noch irgendeine weltlich-staatliche Instanz, sondern das jüdische Religionsgesetz. Und sollten ausgerechnet israelische Politiker über das Judentum von Menschen entscheiden, die als Juden in die Vernichtungslager der Nationalsozialisten gepfercht und dort geschunden worden waren?

Gerade in diesem Zusammenhang ist die orthodox-jüdische Distanz zum jüdischen Staat nicht unverständlich. Bekanntlich betrachtet die jüdische Orthodoxie den jüdischen Staat als »gotteslästerlich«. Wie von den Propheten verkündet, sei das Exil »Gottes Strafe« gewesen. Erst das Kommen des Messias erlaube die Wiederbegründung eines jüdischen Staates sozusagen als »Gotteswerk«. Der Staat Israel sei hingegen Menschenwerk und deshalb als Ketzerei zu bekämpfen. Um Mißverständnisse zu vermeiden: Ich mache mir diese orthodoxe Haltung nicht zu eigen, aber der Ansatz ist nachvollziehbar und sogar verständlich. Die Anmaßung der weltlichen Juden, dieser »Ketzer«, in religiösjüdischen Fragen war beträchtlich. Politisch war sie vor allem – also eben nicht religiös.

DIE SPRACHE DES TÄTERS BEIM OPFER

Seit Juli 1950 wurde der Zentralrat der Juden in Deutschland aktiv. Nach seiner ersten Arbeitssitzung schickte er der Jewish Agency in Jerusalem ein Telegramm. Das Deutschland-Büro, so wurde gebeten, solle nicht geschlossen werden. Der Vorsitzende der Behörde, Berl Locker, bekam noch einen Brief mit der Anrede »Lieber Chawer« (= Freund, Genosse; M. W.). Der Zentralrat erhob hierin (wie später so oft, allerdings meistens an die Adresse der Nichtjuden) seine »Stimme warnend«: »Die Liquidation des Auswanderungsbüros der Jewish Agency muß bei der hiesigen jüdischen Bevölkerung den Eindruck erwecken, daß der Jischuw (= jüdische Gemeinschaft; M. W.) in Israel dazu entschlossen ist, die hiesige jüdische Gruppe, trotz ihrer Vielfalt an ernsten Problemen und tragischen persönlichen Schicksalen, allein zu lassen und ihr den moralischen Schutz zu entziehen.«[90] Auch das »herzliche Schalom« half nichts. Das Büro wurde geschlossen. Auf das entsetzliche Wort »Liquidation« sei nur nebenbei hingewiesen. Es gehört ins »Wörterbuch des Unmenschen«. Einmal mehr: Das Opfer verinnerlicht die Sprache des Täters.

Mehr noch: Das Aktionskomitee der Jewish Agency beschloß, »Vertreter der Judenheit aus Deutschland von der Teilnahme am nächsten Zionistenkongreß« auszuschließen.[91] Der Präsident der US-Sektion der Jewish Agency, Nachum Goldmann (zugleich Präsident des Jüdischen Weltkongresses) hielt von dieser Isolationspolitik nichts. Er bemühte sich darum, den Beschluß rückgängig zu machen.[92] Ähnlichen Absichten im Jüdischen Weltkongreß stemmte sich Goldmann ebenfalls entgegen.[93]

Trotz der Spannungen zwischen Israel und den Juden in Deutschland nahm der israelische Konsul in München, Elijahu Livneh, an zahlreichen vertraulichen, zum Teil auch streng vertraulichen Sitzungen des Zentralrats teil. »Unter uns, im engen Kreis, kann alles besprochen werden«, beschloß die Interessenvertretung der jüdischen Gemeinden zum Beispiel in Stuttgart am 8. Oktober 1950. Das Protokoll gelangte, wie auch sonst immer, ins israelische Staatsarchiv in Jerusalem, weil Livneh dabei war.[94] Doch auch Protokolle von Sitzungen, an denen Livneh oder andere Israelis nicht teilnahmen, findet man im Staatsarchiv Israels.[95] Das »wir« und »uns« bezog auf die eine oder andere Weise eben doch auch Israel ein.

ISRAEL GEGEN DEN JÜDISCHEN
WELTKONGRESS

Gewiß, es gab immer noch und immer wieder Bemühungen, die in Deutschland lebenden Juden gesamtjüdisch weiter zu isolieren, zum Beispiel am Anfang der Verhandlungen über die Wiedergutmachung aus Deutschland. Genau besehen, waren auch dies alles Rückzugsgefechte. Die wichtigste diasporajüdische Persönlichkeit war gerade bei jenen Gesprächen zweifellos Nachum Goldmann, und der hatte sich ja mit der Existenz der neuen jüdischen Gemeinschaft in Deutschland abgefunden. Wir haben es erwähnt. Nicht nur im Jüdischen Weltkongreß, auch in der zionistischen Weltorganisation widersetzte sich Goldmann dem Boykott der in Deutschland lebenden jüdischen Gemeinschaft.[96]

Trotz (oder wegen?) aller Anfeindungen entwickelte sich bei den Juden in Deutschland durchaus ein gewisses Selbstbewußtsein gegenüber Israel und der übrigen jüdischen Diaspora. Dabei kam den deutschen Juden die schon erwähnte Rivalität zwischen dem jüdischen Staat und dem Jüdischen Weltkongreß zugute. Jeder von beiden wollte für »die Juden der Welt« sprechen und beanspruchte das Vertretungsmonopol. Dieses anzustreben, ist wirklich alles andere als »typisch jüdisch« (was immer das sein mag). Es ist typisch für den Wettbewerb der Institutionen in einer pluralen Gesellschaft, also einer Demokratie.

Gerhard Jacoby vom World Jewish Congress aus New York bestärkte (in typischer Beamtendiktion) den Zentralrat und verteilte damit indirekt den Israelis eine politische Ohrfeige: »Einer der Hauptzwecke des Zentralrates ist ein negativer: den Leuten, die zu den verschiedenen deutschen Stellen liefen, das Handwerk zu legen; ebenso mußten die ausländischen Juden, die dank irgendwelcher Beziehungen zu den höchsten Stellen gingen und dort im Namen der Juden sprachen, verhindert werden, weiteres Durcheinander zu stiften. Eigentlich müßte der Zentralrat in Permanenz tagen, so viele Aufgaben sind vorhanden.«[97]

Der Jüdische Weltkongreß (JWK) hatte die Gründung des

Zentralrates gegen den ausdrücklichen Widerstand Israels gefördert. Nach der Gründung der überregional jüdischen Organisation unternahm Israels Konsul Livneh Anstrengungen, um das
Monopol des JWK beim Zentralrat zu brechen. »Eine Organisation, die nicht die Auflösung (der jüdischen Gemeinden
in Deutschland) anstrebt, darf keinesfalls tonangebend sein«,
erklärte er seinen Vorgesetzten. Israel sollte seinerseits versuchen, gerade die zentrale jüdische Organisation in Deutschland
zu »beherrschen«.[98]

Dem Zentralrat der Juden in Deutschland konnte der Kampf
um die gesamtjüdische Sprecherrolle nur recht sein. Er gewann
Manövrierraum, weil er umworben wurde – und wurde somit
vom geführten und gegängelten Objekt zum eigenständig han-
delnden Subjekt jüdischer Politik. Noch mehr: zum wirklichen
zentralen Sprecher der Juden in Deutschland. Eines der Ergebnisse: An Sitzungen des Direktoriums des Zentralrates nahmen
hier und dort sowohl Repräsentanten Israels als auch des Jüdischen Weltkongresses teil.[99]

Und beide umwarben nun die Mitglieder des Zentralrates. Livneh legte eine »ausführliche Analyse der jüdischen Situation in
Deutschland« vor, in der er mit einer »Massenauswanderung
nach Israel« rechnete.[100] Eine Masseneinwanderung nach Israel
fand tatsächlich statt, doch diese Juden kamen aus Nordafrika
und nicht aus Deutschland. Die Funktion des Zentralrates nannte
Livneh nun »wichtig«. Er wurde noch liebevoller, indem er verkündete, »daß Israel nicht seine Kinder vergißt, wo immer sie
leben«.[101] Einmal »Abfall«, zwei Jahre später liebevolle Zuwen-
dung. Ist das der Stoff, aus dem Politik und Diplomatie sind?

»Wo immer sie leben«: Anders als früher bedeutete diese Formel keine gesamtjüdische Diskriminierung der Juden in Deutschland. Die Wende war vollzogen, wenngleich grollend.

Der jüdische Schönheitswettbewerb zwischen Israel und dem
Jüdischen Weltkongreß ging weiter. Mit einem unausgesproche-
nen, doch eindeutigen Seitenhieb auf Israels Rolle erinnerte
Gerhard Jacoby, der JWK-Repräsentant, an seine aktive Unterstützung der Zentralratsgründung. Über die Juden in Deutsch-

land sagte er:»Diese Menschen brauchen den Zusammenhang mit dem Weltjudentum und das Weltjudentum braucht diese Menschen.«[102] Wieder fällt die Verinnerlichung der Antisemitensprache durch Juden auf: Vom »Weltjudentum« sprach Jacoby. Rabbiner Weinberg goß Wasser in den neujüdisch-deutschen Wein: Er gab »seine Auswanderung aus Deutschland bekannt. Hinsichtlich der jüdischen Funktionäre« sagte er, daß »die Kapitäne als erste das Schiff verlassen sollten«.[103]

DIE JÜDISCHE EINHEITSFRONT BRÖCKELT WEITER

Daß die gesamtjüdische Einheitsfront gegen die Juden in Deutschland auf anderen Ebenen ebenfalls bröckelte, darf nicht überraschen. In einer pluralistischen Gemeinschaft herrscht eben Pluralität, Vielfalt. Einfältig, wer ausgerechnet bei uns Juden eine Art Einheitspartei erwartete.

Und natürlich war auch das deutsch-jüdische Exil gespalten. Deutsche Juden, die in Chile Asyl gefunden hatten, sperrten sich schon 1950 gegen einen Handelsboykott Westdeutschlands und erst recht gegen eine Isolierung dort lebender Juden.[104]

Zur gleichen Zeit erschien im *Aufbau*, der deutsch-jüdischen Publikation in den USA, anonym (!) ein Artikel, dessen Gehässigkeit kaum zu überbieten war. Wörtlich war dort zu lesen:»Es ist eben das Unglück der Juden in Deutschland, daß die produktiven Elemente unter ihnen ... teils durch ehrgeizbesessene Kleinbürger, die sich eine politische Karriere erhofften, oder durch unlautere Elemente bisher meist in den Hintergrund gedrängt wurden. Nicht nur zahlreiche Deutsche haben die Remedur der jüdischen Situation in Deutschland sabotiert, auch viele Juden haben durch ihr Verhalten das Gleiche getan – und schlimmer noch, während sie das Gedenken der jüdischen Märtyrer heraufbeschworen, haben sie es vielfach nur benutzt, um ihrer eigenen Eitelkeit oder in manchen Fällen, schlimmer noch, ihrem Vorteil zu dienen.«[105]

In mehrfacher Hinsicht ist diese Giftspritze aufschlußreich. Die Sprache des Opfers ähnelt wieder einmal dem Vokabular der Täter. Von »Elementen« ist die Rede, wenn auch von »produktiven«. Nicht zu vergessen die »unlauteren« Juden, die dem Zerrbild des jüdischen Schacherers gleichen. Politisch war die Stellung des Zentralrates der Juden in Deutschland schon Anfang 1951 grundsätzlich gesichert. Welche Weichenstellung folgte diesem Erfolg im geistigen und geistlichen Bereich? Keine. Oder doch: eine, die ins Nichts führte. Die Juden in Deutschland sollten lediglich verwaltet werden, eine geistige Auseinandersetzung und Prägung gar nicht erst stattfinden. So war es schon seit Januar 1951 geplant: »Der Zentralrat kann keine neue Ideologie entwickeln. Er hat aber alle Juden zu vertreten, wo auch immer sie sich befinden in Deutschland.«[106] Mit anderen Worten: Jüdisches Leben in Deutschland wurde nach Hitler zum administrativ-funktionalen Problem. Es entstanden schöne Gemeindezentren mit viel Beton. Schuf man auf diese Weise jüdische »Betonköpfe«? Das sei ferne, weil es zu hart wäre. Daß jedoch die geistig-geistliche Leere bislang (erst recht im Vergleich zur früheren deutsch-jüdischen Glanzzeit) nicht gefüllt wurde, steht außer Frage.

Man wird mir entgegnen, daß zum Beispiel in Frankfurt am Main, Berlin, München und anderen Gemeinden Lesungen bekannter Autoren stattfinden. Richtig und löblich, aber die meisten sind Nichtjuden. An jüdischer Literatur findet kaum etwas statt. Darüber haben wir im ersten Teil dieses Buches ausführlicher gesprochen.

Trotzdem muß die harte Aussage gemildert werden: Auf derselben Ratssitzung vom 7. Januar 1951 hob zum Beispiel Rabbiner Levinsohn die Notwendigkeit hervor, das kulturelle und inhaltlich religiöse Leben der Gemeinden zu intensivieren.[107] Aber tonangebend waren nicht Männer wie Rabbiner Levinsohn, sondern die durchaus eindrucksvollen Macher wie Galinski oder Bubis. Viel kann man über sie sagen, auch Gutes (selbst wenn man, wie ich, keineswegs mit ihnen sehr oft übereinstimmt). Daß sie geistige oder geistliche Führer waren beziehungsweise sind,

wird wohl kaum jemand ernsthaft behaupten wollen. Lyriker
haben selten Häuser gebaut. Es gibt ein biblisches Vorbild für die
Personalunion politischer und geistlicher Führung: Ezra, den
Schriftgelehrten. Dieser Ezra war die Personifizierung von
Intoleranz. Man lese das in der Bibel nach. Soll ausgerechnet dieser Ezra das Vorbild sein? Nein. Erst brauchen die Menschen
Häuser, dann das Kulturzentrum. Das ist die eine Seite. Und die andere: Die jüdische Orientierungslosigkeit, die Unsicherheit und das schlechte Gewissen blieben für lange Zeit. Einer der einfacheren Versuche, das schlechte
deutschjüdische Gewissen zu entlasten, waren Spenden für
Israel. Deutschlands Juden hielten lange Zeit bei Israelspenden
den diasporajüdischen Weltrekord, gemessen pro Kopf der
Gemeinschaft.[108] Hätten sie noch mehr tun können? Rabbiner
Lichtigfeld aus Hessen meinte im November 1960, daß die Juden
in Deutschland »durchaus noch nicht leisteten, wozu sie wirtschaftlich imstande wären«.[109] »Hört, hört«, schrieb der Referent
des israelischen Außenministeriums an den Rand, als er diese
Äußerung las.[110]

Verunsichert hat zum Beispiel die folgende Meldung im Januar
1951 den schon öfter genannten Norbert Wollheim, Vorsitzender
des Verbandes der jüdischen Gemeinden Nordwestdeutschlands
und Mitglied des Zentralrat-Direktoriums: Das israelische Kabinett habe über Wiedergutmachungsansprüche sowie über Juden
in Deutschland gesprochen.[111]

»Ist Dir irgend etwas darüber bekannt, welche Bewandtnis
diese Meldung hat«, fragte er den israelischen Konsul Livneh.
»In welche Richtung die Erörterungen« gingen, wollte er
wissen.[112] Sicher ist sicher und Information entscheidend. Doch
Livneh hatte nichts erfahren.[113] Anders als Wollheim war Livneh
nicht beunruhigt oder gar unsicher, denn »der Zentralrat in seiner gegenwärtigen Zusammensetzung wird den Anweisungen
Israels, der Jewish Agency oder des Jüdischen Weltkongresses
folgen«.[114] Das wiederum dürfte er doch zu optimistisch beurteilt
haben. Folgenlosere Formen des Israelismus wurden durchaus
gepflegt. So beschloß der Zentralrat im Februar 1951, den »isra-

elischen Staatsfeiertag« (gemeint war der Unabhängigkeitstag)
»in angemessener Weise zu begehen. Abgesehen von einer Feier,
auf der Konsul Livneh sprechen sollte, beschloß man: Die jüdischen Büros sollen an diesem Tage geschlossen sein.«[115]

DIE STRATEGISCHE WENDE:
ISRAEL RESIGNIERT, DIE JUDEN BLEIBEN

Unverdrossen setzte Konsul Livneh hinter den Kulissen alle
Hebel in Bewegung, um eine wirklich eigenständige Politik der in
Deutschland lebenden Juden zu verhindern.[116]

Doch die außenpolitischen Entscheidungsträger Israels resignierten allmählich:»Kein Zweifel, wir widersetzen uns nach wie
vor prinzipiell der Kontaktaufnahme der deutschen Juden mit
der Bonner Regierung. Doch langfristig ist es unmöglich, diese
Kontakte zu verhindern. Die einzige Lösung wäre, daß es keine
jüdische Gemeinschaft mehr in Deutschland gäbe. Doch es wird
sie auf Dauer geben. Letztlich werden wir gar nicht verhindern
können, daß Bürger mit ihrer Regierung Kontakte pflegen. Da
wir selbst uns zudem in diese Richtung (gegenüber Deutschland)
bewegen, können wir es den dortigen Repräsentanten nicht
verbieten«, riet der Leiter der Westeuropaabteilung, Gerschon
Avner, seinem in München residierenden Konsul Livneh. Er
empfahl ihm im Mai 1951, nur noch symbolisch gegen diese Vorgehensweise der deutschen Juden zu protestieren,»ohne dabei
allzu viel Energie zu verschwenden«.[117]

Im August 1951 ging Avner noch weiter: Die jüdische Gemeinschaft in Deutschland sollte nun ihre Kontakte zur Bundesregierung nutzen, um»in Bonn die grundsätzlichen Forderungen des
jüdischen Volkes sowie des Staates Israel zu unterstützen«.[118] Zu
jener Zeit setzten die Israelis alle Hebel in Bewegung, damit
Bundeskanzler Adenauer vor dem Bundestag seine prinzipielle
Bereitschaft erklärt, Wiedergutmachung zu leisten und sich von
den Verbrechen der Nationalsozialisten zu distanzieren. Am
27. September kam es dazu. Nicht zuletzt die deutschen Juden

Karl Marx und der SPD-Bundestagsbageordnete Jakob Altmeier hatten dabei wichtige Fäden mitgezogen.[119] Mit dem Textentwurf des Kanzlers fuhr Altmeier nach Paris. Dort zeigte er ihn Nachum Goldmann und dem israelischen Botschafter in Frankreich, Maurice Fischer, die »einige wenige Änderungen anbrachten«.[120] Israels Diplomaten liebten diese »Brücke« nicht – aber sie benutzten sie. Eine bessere gab es offensichtlich nicht.[121] Und deshalb finanzierten sie auch diese Brücke, Altmeiers Brücke.[122] Im innerjüdischen Verkehr versuchten Israel und zahlreiche diasporajüdische Organisationen trotzdem diese Brücke zu meiden, zum Beispiel bei den Verhandlungen über die westdeutsche Wiedergutmachung. Die deutschen Juden sollten nicht mitverhandeln. Doch inzwischen fühlte sich der Zentralrat selbstbewußt und selbstsicher genug, in die Offensive zu gehen. In einer internen Entschließung (die an diasporajüdische Organisationen und israelische Diplomaten gerichtet war) verwahrte er sich am 8. Oktober 1951 dagegen, »daß die Interessen einzelner (jüdischer; M.W.) Gruppen gegeneinander ausgespielt werden«. Worauf es ihm ankam: an den Gesprächen beteiligt zu werden.[123]

Sehr heftig hat sich der Zentralrat bei Livneh darüber beschwert, daß die deutschen Juden von der Gründungssitzung der Claims Conference ausgeschlossen wurden, obwohl die bevorstehenden Verhandlungen über die Wiedergutmachung alle Juden betrafen.[124] Statt des Zentralrates der Juden in Deutschland wurde der »Rat zur Verteidigung der Rechte und Interessen der Juden aus Deutschland« eingeladen.[125] Sitz dieses Rates war London. Sein Präsident: der höchst bedeutende, aus Deutschland stammende Rabbiner Leo Baeck. Auch über diese Einladung war das amtliche Israel nicht gerade glücklich.[126] Das ist verständlich, wenngleich es damals so wenig konsensfähig war wie heute: Israel wollte (und will) für alle Juden der Welt sprechen und handeln.

Der israelische Konsul Livneh war damit natürlich einerseits einverstanden. Andererseits befürchtete er, daß nun der Zentralrat allein mit Bonn über den ganzen Themenkomplex verhandeln würde, ohne Israel und die diasporajüdischen Organisationen. Indem er dem Zentralrat versprach, die Gespräche auch mit ihm zu »koordinieren«, konnte Livneh die Wogen glätten. Auf seine Rolle pochte der Zentralrat durchaus und zunehmend selbstbewußter. Das hatte Livneh persönlich in der Direktoriumssitzung am 7. Oktober 1951 erfahren müssen.[127]

Mit der einen Tag später vom Direktorium verabschiedeten Entschließung des Zentralrates war der israelische Konsul nicht ganz zufrieden. Kein Wunder. Der Zentralrat erwartete nicht, von der außerdeutsch-jüdischen Welt geliebt zu werden, aber er »erwartet(e) ..., daß er aus politischer Vernunft bei Verhandlungen, die Probleme in Deutschland betreffen, ... hinzugezogen wird«.[128]

Trotzdem meinte Livneh, daß Israel mit diesem Text leben könne.[129]

Etwas Angst vor der eigenen Courage hatte Generalsekretär Henryk van Dam wohl doch. In seinem Begleitbrief an Israels Konsul Livneh setzte er den Akzent der Entschließung auf die »Erklärung zur jüdischen Einheit«. Versöhnlich fügte er hinzu: »Wir sind uns bewußt, daß nur eine enge Zusammenarbeit mit Ihnen fruchtbare Resultate für die gemeinsame Sache ... liefern kann.«[130]

Gefahr war für Israel dennoch in Sicht. Der Zentralrat signalisierte nämlich seine Absicht, mit der Bundesregierung direkte und eigenständige Kontakte aufzunehmen. Er habe »das Recht und die Pflicht, den Spitzenbehörden gegenüber die Interessen seiner Mitglieder in angemessener Weise zu vertreten«.[131]

Es wurde nicht nur gedroht, sondern auch gehandelt. Anfang November 1951 sandte der Zentralrat der Bundesregierung ein Memorandum, dessen Schlußbemerkung erwähnenswert ist, weil sie zeigt, wie berechtigt Livnehs Befürchtungen waren. Wir lesen: »Die Forderung des Staates Israel und der jüdischen Weltorganisationen, die von den jüdischen Gemeinden Deutschlands, insbesondere von dem Zentralrat in entschiedener Weise unterstützt werden, sind nicht Gegenstand dieses Memorandums, weil sie sich der Zuständigkeit des Zentralrates entziehen.«[132] Unsolidarisch hatten die deutschen Juden nicht gehandelt, aber eben selbständig.

Hendryk van Dam, der kluge Generalsekretär des Zentralrates, wußte freilich sehr genau, daß der Zentralrat eher eine piepsende Maus als ein brüllender Löwe war. Nur aus der »Verbindung mit dem Weltjudentum ... können wir bei der allgemein bekannten schwachen religiösen Substanz des Judentums in Deutschland alle Kraft zur Selbsterhaltung gewinnen.« »Sachlich bleiben und kaltes Blut bewahren«,[133] ohne sich »in eine Isolierung drängen zu lassen, die alles andere als ›splendid‹ wäre«.[134] Seine Empfehlung: Der Zentralrat solle »sich als Organisation in den Jüdischen Weltkongreß« eingliedern »unter gleichzeitiger Erhebung der Forderung einer angemessenen Vertretung der Juden Deutschlands bei den Organen des Weltkongresses«. Selbstbewußt schloß er, daß »unter angemessen nicht nur ein gesundes Verhältnis zur Anzahl der in Deutschland lebenden Juden, sondern zu den von ihm zu leistenden und bereits geleisteten Aufgaben zu verstehen ist«.[135] Van Dam wußte, wovon er sprach, denn er hatte entscheidende juristische Kärrnerarbeit für die israelischen und diasporajüdischen Forderungen nach Wiedergutmachung geleistet. Israel und die jüdische Diaspora brauchten ihn und den Zentralrat. Geachtet wurden die deutschen Juden, nicht geliebt. Auch hierüber gab sich van Dam keinerlei Illusionen hin. Weil »die Liebe nicht von einer Seite allein kommen kann«, verlangte er von den übrigen jüdischen Organisationen die Rücknahme der Diskriminierung der deutschen Juden, und ihre Vertretung sollte nicht von den bevorstehenden Verhandlungen über die finanzielle Wiedergutmachung ausgeschlossen bleiben.[136]

Van Dams Strategie war erfolgreich. Die Gespräche mit der Bundesregierung wollten Israel und die Claims Conference (CC) fortan mit dem Zentralrat koordinieren, ihn an den Verhandlungen beteiligen. Konsul Livneh versprach es im Namen seiner Regierung und Nachum Goldmanns von der CC der deutschjüdischen Spitzenvertretung am 18. und 19. Oktober 1951 in Düsseldorf.[137]

Wer vertrat den Zentralrat bei den Verhandlungen? Heinz Galinski aus Berlin – »ohne daß vorher das Direktorium ... sich über den zu Delegierenden schlüssig geworden wäre. Herr Galinski stellte uns vor die vollendete Tatsache, daß er bereits das Visum habe.« Unwidersprochen beklagte sich Direktoriumsmitglied Dreifuß aus Düsseldorf über die Form der gelebten Demokratie.[138] Ähnliche Verhaltensweisen zeigte Galinski auch später, doch die guten Gojim priesen ihn gerne und immer wieder als »Mahner der deutschen Demokratie«.

Zurück zur Vergangenheit: Natürlich gab es Reibungen, Spannungen und Ärger nicht nur mit der Bundesregierung, sondern auch zwischen allen jüdischen Partnern.[139] Aber sie waren und blieben eben letztlich doch Partner. Und darauf kam es an, obwohl sich die Diasporajuden entschieden dagegen wehrten, den Zentralrat als Teil ihrer Delegation zu akzeptieren.[140]

Worauf es auch ankam: auf den Verhandlungspartner aus Deutschland. Und für die Juden in Deutschland: auf Heinz Galinski. Unerschrocken und direkt trat er in der Höhle des Löwen auf. Als Überlebender von Auschwitz und anderen Vernichtungshöllen dachte er gar nicht daran, sich vor überseeischen Glaubensgenossen oder irgend jemand anderem für die Existenz von Juden in Deutschland zu rechtfertigen: »Der Zentralrat sei nicht gewillt ..., sich ausschalten zu lassen, da er auf dem Standpunkt beharre, daß die in Deutschland lebenden Juden ein Bestandteil des Gesamtjudentums seien.«[141]

Für den Fall der Fälle verfügte der Zentralrat Israel und der Claims Conference gegenüber über eine wirksame Drohung: Man würde eben die »eigenen Ansprüche direkt in Deutschland vertreten«, verkündete van Dam.[142] Man war wieder wer, und das erkannte auch Nachum Goldmann.[143] Aber man hatte zu kämpfen. Daß es der Zentralrat notfalls mit Hilfe bundesdeutscher Politiker versuchen könnte, war der Albtraum der israelischen Diplomatie. Einen solchen Alleingang vermied die deutsch-jüdische Vertretung jedoch trotz allem,[144] trotz »einer Politik des Vertretungsmonopols und ermüdender Besserwisserei« seitens der Claims Conference. »Kollektivsnobismus«, nannte das der selbstbewußte van Dam,[145] der von den Israelis verlangte, wenigstens »gegen (persönliche; M. W.) Angriffe in Schutz genommen zu werden«.[146] Weil van Dam sich, so Shinnar, »unbestreitbar absolut korrekt verhalten hat«, stellte man sich zumindest intern im israelischen Außenministerium vor ihn.[147]

Nicht nur die nicht ganz unproblematische Beteiligung an den Wiedergutmachungsverhandlungen hatte der Zentralrat erreicht: »Gleichzeitig wurde die Affiliierung des Zentralrates zum World Jewish Congress vorgeschlagen.«[148] »Affiliierung« war zwar weniger als »Mitgliedschaft«, doch weit mehr als die bisherige Rolle des boykottierten Außenseiters. »Mit Befriedigung« nahm der Zentralrat diese Entwicklung zur »Kenntnis«.[149]

Van Dams Strategie war nicht nur erfolgreich, sie war fast triumphal, denn Israels Konsul Livneh schlug nun seinem Vorgesetzten im Außenministerium vor: Dem Zentralrat »sollten wir unsere ausdrückliche Anerkennung für dessen Solidarität bei den israelischen und diasporajüdischen Forderungen nach Wiedergutmachung zollen«.[150] Im Namen seiner »vorgesetzten Behörde« übersandte Livneh am 30. Dezember 1951 diese freundlichen Worte.[151]

Das Kernproblem jüdischen Lebens in Deutschland hatte Livneh absichtlich ausgeklammert.[152] »Wir müssen uns einfürallemal damit abfinden, daß es eine jüdische Gemeinschaft in Deutschland gibt,« räumte er zähneknirschend ein.[153] Fleißig und korrekt besuchte er trotzdem weiter die Sitzungen des Zentralrat-Direktoriums. »Ja, aber«, dabei blieb es – bis heute.[154]

Das Jahr 1951 brachte die strategische Wende zum Pragmatismus in den Beziehungen zwischen den Juden Israels und Deutschlands. Ihren Seelenfrieden mit dem Ist-Zustand suchen beide Seiten – ebenfalls bis heute.

Pragmatisch arbeiten sie bestens zusammen.[155] Vorbehaltlos und durchaus erfolgreich setzte sich der Zentralrat für israelische Belange bei den politischen Entscheidungsträgern in Bund und Ländern ein. Wenn man bedenkt, daß Deutschland nach den USA inzwischen Israels zweitwichtigster Partner in allen Bereichen geworden ist, wird man das Gewicht der deutschen Juden nicht mehr unterschätzen.[156] Nicht alle israelischen Diplomaten wollten Kreide fressen.

Chaim Jachil, der stellvertretende Leiter der Israel-Mission in Köln, verfolgte noch 1953 besonders ein Ziel: der »moralisch entarteten Gemeinschaft der Juden in Deutschland« sollte »nicht erlaubt werden, aus der nationalen jüdischen Einheitsfront auszubrechen«.[157] Was für ein sprachliches Mischmasch: ein wenig NS-Geist hier (»entartet«), ein wenig SED-Geist dort (»Einheitsfront«).

Die außenpolitischen und geschichtspolitischen Rahmenbedingungen, die wachsende Bedeutung Westdeutschlands in der westlichen Welt und für Israel, verschafften der deutsch-jüdischen Gemeinschaft nach außen politische Stärke und Gewicht. Ihre innere Schwäche blieb. Jachil zählte zu denjenigen, die auch das deutlich erkannten.[158]

Den »jüdischen Kriegen« innerhalb Deutschlands wich die Vertretung Israels seit den 50er Jahren vernünftigerweise aus. Der seinerzeit bei den Amerikanern in München akkreditierte Konsul Livneh, die Israel-Mission in Köln oder die Israel-Botschaft in Bonn machten das allen Beteiligten immer wieder unmißverständlich klar.[159] Daß die eine oder andere deutsch-jüdische Fraktion Unterstützung bei den israelischen Diplomaten suchte, steht auf einem anderen Blatt.

SALONZIONISMUS

Unfreiwillig komisch gerieten manche der innerjüdischen Auseinandersetzungen: Ende Dezember 1952 begann zum Beispiel in der West-Berliner Gemeinde ein Wettbewerb um den besseren Zionismus. Jede Seite wußte natürlich genau, was »unzionistisch« war. Daß Konsul Livneh zur Parteinahme gebeten wurde, verstand sich fast von selbst.[160] Das Selbstverständliche des Zionismus hatte man verdrängt: die Einwanderung nach Israel. Die meisten in der Korrespondenz erwähnten Gründungsaktivisten blieben der zionistischen Sache treu – von Deutschland aus.

Wie viele Diasporajuden in Deutschland und anderswo modelte man diese zionistische Selbstverständlichkeit in eine freundliche Mogelei um:»Eines der ersten Prinzipien einer jeden zionistischen Bewegung ist die Verbundenheit sämtlicher Juden aus allen Kreisen mit Israel«, meinte Rabbiner Levinsohn.[161]»Salonzionismus« nannte und nennt man diese Luxusform diasporajüdischer Existenz in Israel. Doch amtlich war inzwischen sogar der israelische Konsul den»zionistischen« Juden in Deutschland gegenüber so diplomatisch, daß er ihnen ausweichend, unverbindlich und freundlich antwortete.[162]

»Schwerpunkt« jüdischer Arbeit in Deutschland müsse die »Ermutigung zur Einwanderung nach Israel« sein. Hierin waren sich Karl Marx, der Herausgeber der jüdischen *Allgemeinen,* und der Leiter der Abteilung Organisation in der Zionistischen Weltorganisation einig. Sie hatten sich im Herbst 1957 in Israel getroffen.[163] Kein Wunder, denn Karl Marx war ja Präsident der Zionistischen Organisation (ZO) in Deutschland.[164] Zwei Jahre später trat er jedoch zurück. Er wollte mit diesem Schritt dagegen protestieren, daß die jüdische Jugend Deutschlands im Sinne des landwirtschaftlichen Pionierideals der zionistischen Gründergeneration und mit der Forderung erzogen werde, nach Israel auszuwandern.[165] Hendryk van Dam, der Generalsekretär des Zentralrates, war konsequenter: weil er kein Zionist war, trat er gar nicht erst in die ZO ein. Van Dam war überhaupt so etwas wie ein Querkopf: den Suez-Feldzug, den die Israelis im Herbst 1956 gemeinsam mit Großbritannien und Frankreich gegen Ägypten geführt hatten, beäugte er kritisch.[166] Die Solidaritätsadresse des Zentralrat-Direktoriums an Israel war dementsprechend weniger im Zusammenhang mit dem Nahostkrieg emphatisch als im Grundsätzlichen mit Israel solidarisch.[167]

Unfreiwillig komisch war auch ein kleiner jüdischer Handelskrieg im Jahre 1953: Einige Juden wollten zum Pessachfest koscheren Wein importieren. So weit, so selbstverständlich, denn aus deutschen Landen kam bislang kein koscherer Wein auf jüdische Tische. Aus Ungarn sollte dieser Wein kommen. Das mißfiel dem Präsidenten des Landesverbandes der israelitischen Kultusgemeinden, Maurice Weinberger. Koscher Wein, so der wackere Münchner, habe aus Israel zu kommen. Flugs schrieb er eine Beschwerde über seine örtlichen Glaubensgenossen »an das Außenministerium des Staates Israel«. Der Generalsekretär des Zentralrates, Hendryk van Dam, nannte das zuerst »denunziatorisch«, dann nahm er diesen Vorwurf zurück. Unkoscher war vor allem der Streit.[168]

Im Laufe der Jahre wurde aus dem israelischen Maximalismus gegenüber den Juden in Deutschland ein unübersehbarer Minimalismus. Vor allem drei bittere Erfahrungen hatte der jüdische Staat zu sammeln. Als Zentralpunkt jüdischen Lebens und jüdischer Menschen mußte er sich dem weltweiten Wettbewerb stellen, auch dem mit Deutschland.

Erstens: Anfang 1953 fand der »Exodus« der meisten DDR-Juden statt. Sie entflohen der antisemitischen Welle, die im Ostblock im Herbst 1948 begonnen und Anfang 1953 ihren Höhepunkt erreicht hatte. Sie hielt bis zum Tode Stalins an. Noch im Februar 1953 war Konsul Livneh zuversichtlich, wenn er an die künftige Ortswahl der jüdischen DDR-Flüchtlinge dachte: »Mit der Zeit werden sie sich an uns wenden« und nach Israel auswandern wollen.[169] Er hat sich getäuscht.

Zweitens: Nicht nur, daß kaum noch Juden aus Deutschland nach Israel einwanderten; schlimmer noch: Bis Anfang der 50er Jahre kamen Juden aus Israel nach Deutschland, sogar in die Lager der entwurzelten Überlebenden, der »Displaced Persons« (DP).[170] Durch die Schließung der DP-Unterkünfte in Föhrenwald (südlich Münchens) erhoffte man sich 1953 im israelischen Außenministerium ein Ende der Rückwanderungswelle.[171]

Nun kam auch der Zentralrat der Juden in Deutschland den Israelis zu Hilfe: Das Direktorium »hat in einer Erklärung mit Nachdruck vor Einwanderung, Rückwanderung und selbst Durchwanderung von Personen gewarnt, die schon vor Beginn des Zweiten Weltkrieges in Deutschland ihren ständigen Wohnsitz hatten«.[172] Schon dieser Abschnitt läßt einen innerlich gefrieren. Das Direktorium ging aber noch weiter:»Der Zufluß (!) von Juden aus Israel nach Deutschland ruft nach Meinung des Zentralrates soziale, politische und nicht zuletzt moralische Probleme von großer Tragweite hervor. Das Direktorium ... erklärte, daß es Emigranten und auch Durchreisende aus Israel, die der genannten Gruppe angehören, in keiner Weise mehr unterstützen werde.«[173] Juden und Nichtjuden, Deutsche und Israelis arbeiteten zusammen, um keine Juden mehr nach Deutschland hineinzulassen – und das nicht aus Sorge um sie. Diejenigen, die sich (mit schlechtem Gewissen) in Deutschland befanden, achteten darauf, daß andere, die kommen wollten, draußen blieben. Ein Wettlauf nach Deutschland im Jahre 1953. Wer hätte das 1945 gedacht? Wer weiß es heute? Im Frühjahr 1955, kurz vor Auflösung des letzten DP-Lagers Föhrenwald, hatten sich dort rund 300 illegale Rückwanderer aus Israel sozusagen verschanzt. Die zumindest symbolische »Vertreibung« von einigen dieser Menschen meinten auch israelische Diplomaten hinnehmen zu müssen. »Einige, aber nicht viele.« Die Abschwächung klingt nach Alibi,[174] und auch Nachum Goldmann hatte den deutschen Behörden grünes Licht für die Räumung gegeben.[175] Die wenigsten, die Föhrenwald verließen, wollten wieder nach Israel, sofern sie nicht ohnehin in Deutschland blieben.[176] Die »Jordim«, also die »Absteiger« aus Israel, ächtete der jüdische Staat ohnehin durch normative Verdammung.[177]

Durch den faktischen Bann, der über Deutschlands Juden verhängt wurde, hatte sich die Zionistische Weltorganisation selbst in eine zusätzlich schwierige Position manövriert: Wegen des Bannes konnte sie noch 1953 nicht einmal mit »Zionisten« in Deutschland zusammenarbeiten.[178] Der Fehler wurde zum Jahreswechsel korrigiert.[179] Im Sommer 1954 begann die zionistische Organisation in Deutschland tätig zu werden.[180] Doch die Zionisierung der deutschen Juden blieb ein Wunschtraum.

Zum Albtraum entwickelte sich dagegen die Entzionisierung Israels: Immer mehr Israelis verließen den jüdischen Staat in Richtung Deutschland. Im Klischee gesprochen: Sie gingen aus dem »Gelobten Land der Väter« ins »Land der Mörder« der Eltern.

Wie viele Israelis wanderten nach Deutschland aus? Weder der Zentralrat noch die Israelis verfügten über genaue Zahlen, weil nicht alle nach Deutschland eingewanderten Ex-Israelis Mitglieder der jüdischen Gemeinden wurden. Die Angaben für 1957 schwanken zwischen 23000 und 7500.[181] Im Januar 1961 rechneten die israelischen Diplomaten mit 6000 bis 8000.[182] Doppelzüngigkeit in dieser Frage warfen israelische Diplomaten noch 1957 dem Zentralrat vor. Einerseits verurteile er diese Auswanderung (im Hebräischen »Abstieg«), andererseits diene sie der »Festigung der Gemeinden«.[183]

Drittens: Rund 100000 Juden aus Rußland und den anderen GUS-Staaten, also ungefähr zehn Prozent, wollten seit 1989/90 lieber nach Deutschland als nach Israel.[184] Nicht alle sind bislang eingetroffen, aber immerhin waren es bis zum Jahreswechsel 1995/96 rund 25000.

Im Januar 1996 meldete sich ein Funktionär der Jewish Agency zu Wort. Ein »Skandal« sei es, daß tausende russischer Juden ausgerechnet nach Deutschland und nicht nach Israel auswandern wollten.[185]

Gehören Deutschlands Juden nach Israel?

Für Aufregung sorgte Israels Staatspräsident Ezer Weizman im Januar 1996 bei seinem Staatsbesuch in Deutschland. Es sei ihm unbegreiflich, wie Juden nach dem Holocaust weiterhin hier leben könnten. Die deutschen Juden sollten unverzüglich nach Israel auswandern.[186] Noch in Israel hatte er jüdischen Studenten offenbart: »Ich würde als Jude nicht in Deutschland leben. Ich würde nicht in einem Land leben wollen, in dem man mich hinter meinem Rücken ›dreckiger Jude‹ nennt.«[187]

Der folgende Satz wurde seltener in der deutschen als in der israelischen Presse zitiert:»Die in Deutschland lebenden Juden repräsentieren nicht das jüdische Volk, sondern nur sich selbst.«[188] Ignatz Bubis, Vorsitzender des Zentralrates der Juden in Deutschland, reagierte mit»scharfer Kritik«: Es sei das individuelle Recht eines jeden Menschen, dort zu leben, wo er wolle. »Das Deutschland von heute ist nicht das Deutschland der Nazi-Zeit.« Das ist die eine Seite. Die andere: Auch der Staatspräsident Israels repräsentiert nicht die Juden der Welt. Er ist der höchste Repräsentant des Staates Israel. Einen Repräsentanten aller Juden der Welt gibt es nicht. Das meinte auch der Deutschland-Korrespondent der wichtigsten israelischen Tageszeitung, *Haaretz.*[189] Und ebenso muß wohl auch Israels Botschafter in Deutschland, Avi Primor, gedacht haben. Er schloß sich der Kritik von Bubis fast wörtlich an, ohne freilich seinem Präsidenten ausdrücklich zu widersprechen.[190] Noch deutlicher kann sich kein Botschafter distanzieren.

Um die entmutigten Juden Deutschlands zu ermutigen, richtete Rita Süssmuth (ohne Weizman zu kritisieren) freundliche Worte an die hier lebenden Juden. Sie dankte ihnen für den»Willen und die Kraft«, wieder in Deutschland zu leben.

Was die meisten übersahen, überhörten oder nicht wußten: Weizman hatte eine Woche zuvor auch die Juden Tschechiens zur Auswanderung nach Israel aufgefordert. Den US-Juden hatte er das gleiche mehrfach empfohlen. Vor einem Jahr (1996) organisierte Weizman eine Konferenz mit führenden jüdischen Vertretern aus aller Welt. Sie hörten von ihm, was sie nicht hören wollten: daß sie alle nach Israel kommen sollten.

Der Gegensatz zwischen Zion bzw. Israel und der Diaspora ist keineswegs neu. Bibelkundige wissen: das erste Exil der Juden begann 721 vor Christus mit der Zerstörung des Königreiches Israel. Es folgte die Zerstörung Judäas im Jahre 586 vor Christus. Ins Zweistromland (Mesopotamien) wurden die Juden verschleppt. 538 erhielten die Juden die Erlaubnis, nach Zion zurückzukehren. Die meisten blieben jedoch im Perserreich. Nur eine Minderheit kam nach Zion. In den Büchern Ezra und Nehemija kann man das alles nachlesen. Der Zionismus wurde 1897 von Theodor Herzl begründet. Drei Jahre nach dem Ende des Holocaust, im Mai 1948, wurde endlich der jüdische Staat Israel ausgerufen. Damals lebten nicht einmal sieben Prozent aller Juden im jüdischen Staat. Zwar wuchs der Anteil der israelischen Juden rasant, aber bis heute blieben die Israelis eine Minderheit. 1970 lebten 20 Prozent aller Juden in Israel, heute sind es 34 Prozent. Der Anteil der Israelis wird weiter wachsen, denn die jüdische Diaspora wird kleiner. Der Grund: Immer mehr Juden wenden sich von den Gemeinden ab und schließen »Mischehen« mit Nichtjuden. Die meisten Kinder aus diesen Ehen gehen dem Judentum verloren.

Den Weltrekord der »Mischehen« halten seit jeher die deutschen Juden. Hier betrug der Anteil der von 1951 bis 1995 geschlossenen Mischehen rund 73 Prozent.[191] Zum Vergleich die USA: Dort waren 1948 acht Prozent aller von Juden geschlossenen Partnerschaften »Mischehen«, heute sind es rund 50 Prozent.

Kurz- und mittelfristig bleiben die Israelis im Vergleich zur Diaspora eine (wenngleich auch wachsende) jüdische Minderheit. Gründungsväter und Politiker Israels (also auch Präsident Weizman) haben die innerjüdische Minderheitsproblematik des Zionismus stets ideologisch überdeckt. Moshe Beilinson, einer der Frühzionisten, formulierte es geradezu klassisch und vor allem repräsentativ so: »Wir sind der Meinung, daß der zionistische Gedanke den Bedürfnissen des jüdischen Volkes entspricht und betrachten daher die zionistische Bewegung als eine wahrhaft demokratische, ganz unabhängig davon, ob der zionistische Gedanke von der Mehrheit des Volkes getragen wird oder nicht.« Ähnliche Zitate findet man in Hülle und Fülle.[192]

Mit anderen Worten: Der Zionismus und Israel verstanden sich stets als Verkörperung des Willens der Allgemeinheit bzw. des »Allgemeinen Willens« (Rousseau) des jüdischen Volkes. Unwichtig ist aus israelisch-zionistischer Sicht dabei die Frage, ob dieser »Allgemeine Wille« bzw. der Wille der Allgemeinheit (der das vermeintlich oder auch tatsächlich Richtige beinhaltet) dem Willen der jüdischen Mehrheit entspricht. Wodurch ist die Selbstsicherheit der zionistischen Weltsicht zu erklären? Durch die jüdische Geschichte. Abgeleitet aus der jüdischen Leidensgeschichte sagt der Zionismus: Nur im jüdischen Staat sind Juden dauerhaft vor Verfolgung sicher. Für diese Sicherheit zahlten auch Diasporajuden, die nicht nach Israel einwanderten. Sie spendeten viel Geld für Israel. Den jüdischen Staat betrachten sie als eine Art Lebensversicherung, ihre Spenden als Beiträge. Inzwischen fühlen sich jedoch die meisten Diasporajuden auch außerhalb Israels so sicher, daß sie immer weniger Geld nach Israel überweisen. In den Jahren 1950 bis 1955 kamen knapp 50 Prozent aller einseitigen Transferzahlungen nach Israel von den Juden der Welt.[193] Heute sind es 15 Prozent. Besonders dramatisch ist der Einbruch bei den US-Juden. In den 60er Jahren gingen rund 70 Prozent der von ihnen gesammelten Gelder nach Israel, 30 Prozent behielt man für die eigenen Einrichtungen. Heute hat sich das Verhältnis umgekehrt: 70 Prozent bleiben in den USA.

Die Botschaft ist eindeutig: Die amerikanischen Juden fühlen sich in den USA sicherer denn je. In der Geschichte ist jedoch nichts so sicher wie die allgemeine Unsicherheit; erst recht in der jüdischen Geschichte. Unübersehbar sind schon heute die zunehmenden Spannungen zwischen den Schwarzen und den Juden der USA. In den vergangenen Jahren wurden einige Juden von schwarzen Extremisten ermordet – weil sie Juden waren. Sogar die 150 000 schwarzen US-Juden leiden immer heftiger unter der Militanz schwarzer Nichtjuden. Innerisraelische »Schwarz-weiß-Konflikte« schwappen zudem in die USA über. Die nicht immer vorurteilsfreie Art der Israelis, mit den braunhäutigen Falaschas (den Juden aus Äthiopien) umzugehen, beunruhigte die Führung der US-Juden. Sie signalisierten der israelischen Regierung, daß dies die Beziehungen zwischen den amerikanischen Juden und den schwarzen US-Bürgern zusätzlich belasten könne.[194]

Auch der Antisemitismus der weißen Amerikaner ist keineswegs verschwunden: Eine Pentagon-Studie, die im Januar 1996 veröffentlicht wurde, nannte die US-Juden ein Sicherheitsrisiko wegen ihrer »starken ethnischen Verbindungen zu Israel«.[195] Die alte Leier der vermeintlichen »Doppelloyalität der Juden«. Gerade die deutsch-jüdische Geschichte kennt sie zu gut. In Rußland und anderen GUS-Staaten bedrohen extreme Nationalisten und Kommunisten die Juden nicht nur mit Worten. Deshalb wandern noch immer pro Jahr etwa 70 000 Juden aus Rußland nach Israel aus. Von 1989 bis heute kamen knapp 700 000 Juden aus den GUS-Staaten nach Israel. Trotz aller wirtschaftlichen und psychologischen Schwierigkeiten gelingt ihre Integration in die israelische Gesellschaft erstaunlich und erfreulich gut.

Es ist ein offenes Geheimnis, daß die meisten russischen Juden am liebsten in die USA oder nach Deutschland auswanderten. Das taten rund 80 Prozent von ihnen bis 1989. Dann schlossen die USA ihre Tore weitgehend. Deutschland wiederum konnte und wollte nur so viele russische Juden einwandern lassen, daß sich der Jüdische Staat nicht provoziert fühlte. Wir erwähnten bereits, daß seit 1989/90 rund 25 000 Juden aus den GUS-Staaten ins einstige Land der Judenmörder zogen. Historisch absurd, doch letztlich verständlich, weil das heutige Deutschland eben wirklich ein neues Deutschland, ein judenfreundliches Deutschland ist.

Ist es aber historisch zu rechtfertigen, daß diese russischen Juden dem jüdischen Staat nicht einmal eine Chance geben und lieber nach Deutschland als ins »Gelobte Land« gehen? Ohne Israels Drängen seit 1969 hätten die Juden der Sowjetunion vor 1989 gar nicht erst auswandern können, egal wohin. Ist das der Dank, den Israel verdiente?

Einmal mehr und immer wieder: Nach Zion, also Israel, kam und kommt nur die Minderheit der Juden.

Obwohl in Israel geboren, habe auch ich mich entschieden, in Deutschland zu leben. Ich identifiziere mich mit dieser bundesdeutschen Demokratie und nenne mich deshalb einen »deutschjüdischen Patrioten«. Jüdisches Leben an sich ist heute politisch fast überall in der Diaspora möglich, auch und erst recht in

Deutschland. Die innerjüdisch inhaltliche Gestaltung dieses Lebens, jüdisches Leben für sich, ist das Problem. Zum anderen: Jeder Mensch muß selbst entscheiden können, wo er leben möchte. Selbstverständlich. Aber es gibt auch so etwas wie historische Verantwortung und Verpflichtung.

Wenn alle Stricke reißen (und sie sind in der jüdischen Geschichte oft gerissen), haben wir Juden als Juden nur einen wirklich sicheren Ort: den jüdischen Staat, also Israel. Erst Israels Existenz gibt uns Juden elementare Sicherheit. Wer etwas bekommt, muß auch etwas geben. Wer Elementares bekommt, muß Elementares geben. Mit Spenden und wortreichem Salonzionismus ist es nicht getan.

Wäre Israel schon 1933 und nicht erst 1948 gegründet worden, hätten sechs Millionen Juden nicht im Holocaust ihr Leben verloren. Ohne Israel wären 1976 die jüdischen Geiseln des nach Entebbe (Uganda) entführten Flugzeuges ermordet worden. Nur den Rettungsaktionen Israels im Jahre 1984 und 1991 verdanken die äthiopischen Juden (Falaschas) ihr Überleben.

Wer als einzelner Sicherheit durch eine beliebige Gemeinschaft erhält, steht in der Schuld dieser Gemeinschaft. Es ist Zeit, daß sich Diasporajuden und Israel Gedanken darüber machen, wie sie ihr Verhältnis zueinander künftig gestalten.

Daß der Präsident des jüdischen Staates als Zionist die Juden der Welt auffordert, nach Israel einzuwandern, ist aus seiner Sicht nicht nur verständlich. Es ist seine Pflicht. Er sollte dabei allerdings außer der deutschen Vergangenheit auch die deutsche Gegenwart kennen und dann die richtigen Argumente wählen.

Israels auflagenstärkste Tageszeitung *Jediot Acharonot* kommentierte die Weizman-Bemerkungen mit folgenden Worten: »Nur um des Satzes, ›Ich kann nicht verstehen, wie Juden heute in Deutschland leben können‹, hat sich der Besuch des Präsidenten in dem ›anderen‹ Deutschland schon gelohnt ... Ohne diese Worte könnten (die deutschen Juden) denken, daß sie wirklich eine jüdische Gemeinde wie alle anderen Gemeinden in der Diaspora wären und daß sie sich mit ihrem Geld eine Existenzbe-

rechtigung gekauft hätten ... Und wenn Juden alle möglichen
Ausreden dafür haben, warum sie nicht nach Israel kommen –
die Juden in Deutschland haben keine Ausreden. Das Problem
ist, daß sie ein so dickes Fell entwickelt haben, daß auch diese
Worte des Präsidenten an ihnen abperlen werden, als wären sie
nie gesprochen worden.«[196]

Ganz anders sah es wieder der Deutschland-Korrespondent
des *Haaretz:* Das »andere Deutschland« sei für Israel anders
genug, um ein zuverlässiger Bündnispartner des Staates Israel zu
sein, offenbar aber (in Weizmans Sicht) nicht anders genug, daß
dort Juden leben dürften.[197]

Wie auch immer. Selbst wenn Vertreter der Juden in Deutschland hierzulande aufgrund ihrer Leidensgeschichte oder, noch
banaler, wegen ihrer jüdischen Herkunft als »moralische Instanzen« in den Himmel gehoben werden, innerjüdisch holt man sie
schnell auf den Boden der Wirklichkeit zurück. Dann sind sie
»Menschen wie du und ich« – und nur das kann die Grundlage
wahrhaftiger Partnerschaft sein. Vermeintliche Überlegenheit
durch die Herkunft oder Herkunftsgruppe ist Rassismus – unabhängig von den jeweiligen Absichten und ideologischen Vorzeichen.

Israel und die Diaspora

Jüdische Leere oder Israel. Das scheint für die meisten nicht-
orthodoxen Diasporajuden die Alternative. Weshalb?

Traditionell steht das Judentum auf *zwei Beinen*: der jüdischen
Religion und der jüdischen *Geschichte* von rund 4000 Jahren.

Wer über Juden und Religion spricht, muß wissen: Mehr als
80 Prozent der Diasporajuden sind gegenwärtig nicht religiös,
eher sogar der Religion entfremdet. Diese »Säkularisierung« gilt
für uns Juden – wie schon gesagt – ebenso wie für Nichtjuden in
der (vermeintlich) christlichen Umwelt. Das bedeutet für uns:

Die jüdische Religion als Stifter jüdischer Identität entfällt zunehmend. Die Kenntnisse der jüdischen Geschichte sind bei uns Juden genau so gering wie bei den Nichtjuden. Aus sehr verständlichen Gründen wird bei uns Juden die Geschichte auf die Zeitgeschichte reduziert; in erster Linie auf den Holocaust. Das ist verständlich. Es stiftet aber keine positiv selbstbestimmte jüdische Identität. Diese Identität ist negativ fremdbestimmt – durch die millionenfachen Judenmörder (vgl. mein Buch *Ewige Schuld?*). Die Folge der Holocaust-Zentrierung jüdischer Identität: Auch das traditionelle Standbein der (gesamten) jüdischen Geschichte entfällt. Wir Juden haben uns (mehrheitlich, nicht insgesamt) beide Beine amputiert.

Das historische Wunder geschah trotzdem: Wir erhielten ein drittes Bein: Israel. Das bedeutet einerseits die Fortsetzung der jüdischen Geschichte, andererseits einen wirklichen Neubeginn. Die Folge: *Israelismus*. Israel, der jüdische Staat, wurde in den ersten Jahren nach der Gründung von 1948 der geistig-geistliche und vor allem politische Bezugspunkt der diasporajüdischen Welt, der Stifter jüdisch-weltlicher Identität.

Nach dem Holocaust und der Gründung Israels hatte die zionistische Revolution die jüdische Welt tatsächlich vom Kopf auf die Füße gestellt (oder umgekehrt von den Füßen auf den Kopf – je nach ideologischer Position): Fortan hatte sich nicht mehr (wie zuvor) der Zionismus innerjüdisch zu rechtfertigen, sondern der Antizionismus. Mehr noch: Auch jüdische Abwesenheit aus Zion, also die jüdische Diasporaexistenz an sich, galt nicht mehr als (sagen wir salopp) ganz »koscher«. Die Juden außerhalb Israels erfreuten sich weiter des (meist besseren) nichtkoscheren (»trefenen« bzw. »chaserdicken«) Essens in der Diaspora, aber sie wußten, daß dies nicht nur der Halacha entsprechend unkoscher war. »Israel ist ein wunderbares Land, aber man ißt dort schlecht«, sagten jüdische Feinschmecker trotz schlechten Gewissens.

Um das schlechte Gewissen zu beruhigen, pilgerten viele Diasporajuden nach Israel als Touristen (mit Rückflugschein), bewunderten Zahals Verteidigungsleistungen und spendeten Geld. Doch auch das hat sich geändert: Nur 18 Prozent der US-Juden haben jemals Israel besucht – als Touristen; von »Bewohnern auf Zeit« kann noch weniger gesprochen werden. Die europäischen Juden schneiden etwas, aber nicht entscheidend besser ab. Die Spenden tröpfeln heute, früher flossen sie, wir haben es schon erwähnt. Genauere Zahlen nennt mein Taschenbuch *Israel: Geschichte, Politik, Gesellschaft, Wirtschaft.* Das alles wiederum bedeutet: Auch der Israelismus der Diasporajuden steckt in der Krise. Warum?

Drei wichtige Gründe seien genannt:

1) Seit 1977, seit dem Machtantritt des Likud unter Begin und dann Schamir, hat die Palästinenserpolitik nicht nur die israelische, sondern auch die diasporajüdische Gesellschaft gespalten. Mit der (tatsächlich oder vermeintlich) »häßlichen Hälfte Israels« wollte sich nur die eine Hälfte der Diaspora identifizieren. Umgekehrt war (leider) ein gar nicht so großer Teil der Diaspora (besonders in den USA) der Friedenspolitik von Rabin und Peres gegenüber nicht so aufgeschlossen. Diese Feststellung gilt besonders für die Funktionärsgruppe der US-Juden. Umfragen (zum Beispiel des American Jewish Committee) haben diese Entwicklung dokumentiert.

2) Die Zementierung orthodoxer Vorrechte hat die überwiegend weltlichen Juden verprellt, ja, verprellen müssen. Ein jüdischer Staat, in dem sogar die Verankerung gewisser Menschen- und Bürgerrechte, also universaler Rechte, von der Orthodoxie als »antijüdisch« verhindert wird, verliert seine Anziehungskraft für viele liberale Juden.

Religiös-liberale Juden fühlen sich erst recht abgestoßen, denn eben ihr liberales Judentum wird als »nichtjüdisch« oder gar als »Christentumskopie« verunglimpft.

3) Die jüdisch-israelische Gesellschaft ist bis zur russisch-jüdischen Einwanderung zunehmend orientalisch geworden. Das ist die »Orientalisierung« Israels, bewirkt durch die Masseneinwanderung und den Kinderreichtum der ehemals nordafrikanischen

Juden. Sie wirkt auf das euro-amerikanische Judentum nicht sonderlich attraktiv. Das ist nicht edel und trägt hier und dort sogar fast rassistische Züge, aber so ist es. Trotzdem: Ohne Israel fehlt den Juden die existentielle Lebenssicherheit. Israel ist und bleibt für uns alle eine Lebensversicherung. Wie jede Versicherung ist sie nicht zum Nulltarif zu erhalten. Auch deshalb müssen wir in der Diaspora überlegen, wie Israel dauerhaft durch unser Denken und Handeln gefestigt werden kann. Geld und Tourismus (am Strand und in der Lobby des »Hilton« oder »Sheraton«) reichen nicht.

Nicht jeder Jude wird, wie ich, zur israelischen Armee (Zahal) gehen, aber an eine Art »jüdischen Dienst« in Israel denke ich schon. Besonders für Jugendliche – männliche wie weibliche. Dies wäre nützliche, aktive Landeskunde.

Wichtig wäre dabei auch eine Einführung in die hebräische Sprache. Für einen begrenzten Zeitraum sollte jeder Diasporajude in Israel Kurse in jüdischer Religion und Geschichte belegen. Diese quasi-Alphabetisierung der Diasporajuden in jüdischen Dingen ist dringend geboten. Dafür ist Israel der beste Platz, denn im Wettbewerb um jüdisches Wissen ist der jüdische Staat zweifellos Weltspitze. Er ist das geistige Zentrum der Juden. Ohne eine solche jüdische »Alphabetisierung« der Diasporajuden jedoch wird die Wissenslücke zwischen jüdischen Israelis und Diasporajuden noch größer.

Für ein zugleich liberales und jüdisches Judentum sind die Zukunftsaussichten in Israel eher düster. Das beweist einmal mehr das Wahlprogramm der beiden großen Parteien Israels. Der Likud sucht den immer engeren Schulterschluß mit der Orthodoxie, und die Arbeitspartei von Peres hat in ihrem Wahlprogramm, im April 1996, jeden Satz gestrichen, der die Orthodoxen auch nur andeutungsweise provozieren könnte.

Das wiederum bedeutet: Für ein liberales Judentum und liberale Juden ist die Diaspora auf absehbare Zeit der einzige Platz. Die liberalen Juden ihrerseits müssen freilich zwei Voraussetzungen selbst erfüllen: Sie müssen erstens ihr Judentum religiös ernst nehmen, und sie müssen zweitens wieder die Gesamtheit der

jüdischen Geschichte als Identitätsstifter anstreben. Den Holocaust dürfen wir (und andere!) nie vergessen, aber der Holocaust
darf nicht (mehr) der einzige Identitätsstifter nichtorthodoxer
Diasporajuden sein.

Auch und gerade liberale Juden müssen für Israel mehr tun.
Schon im eigenen Interesse. Israel sichert unser Leben, unser
Überleben. Was tun wir für das Überleben Israels?

An den Rand notiert

Gedankensplitter und Erinnerungsfetzen

Mein anfängliches Geständnis sei wiederholt: Ich kann und will nicht vorgeben, über »Deutsche und Juden« ganz unpersönlich zu schreiben. Meine Biographie ist mit diesem Thema verflochten, und ich gehöre zu den Akteuren dieses Dramas. Den einen gefällt es, die anderen empört es, und ändern kann es keiner. An den Rand notiert seien abschließend einige bewußt subjektive Gedankensplitter und Erinnerungsfetzen – zur Illustration. Splitter können recht schmerzhaft sein. Das ist beabsichtigt. Und weshalb »Erinnerungsfetzen«? Weil ich mit 50 Jahren für »Erinnerungen« nicht alt genug bin.

*

Ohne Juden wissen heute viele Gute Deutsche nicht, was sie denken dürfen sollen.

*

»Wir Deutschen haben den Juden viel zu verdanken. Sie sind einfach geistvoller, intelligenter ...« Das ist die neudeutsche Strophe eines alten Liedes. Sie soll der deutsch-jüdischen Verständigung dienen. Ich fordere:»Toleranz auch gegenüber den

dummen Juden!« Wie in jeder Gesellschaft gibt es sie. Na und?
Erst dieses »Na und?« beweist wirkliche Toleranz.

*

Im Sommer 1984 flatterte mir ein Liebesbrief aus jüdischer
Hand zu. Adressiert war er an »Herrn Professor Michael Wolff-
sohn-Chaser-Tuches Bundeswehrhochschule«. »Chaser-Tuches«
bedeutet: Schweinehintern. Der Brief enthielt eine höchst aufschlußreiche Kurzmitteilung: »Szoine Jisrueil!« Auf Deutsch:
Judenhasser. Was mir dazu einfällt? Theodor Herzls Brief vom 6. März 1899
an die Schriftstellerin Ulla Wolff: »Daß ich mich mit diesem
unwürdigen Burschen abgeben muß, ist traurig ... Es ist ein
Gotteswunder, wenn ich kein Antisemit werde ...«

*

– Nicht jeder Jude ist ein Nachfolger Heines oder Kafkas, obwohl Gojim es uns einreden und wir es gerne glauben.
 – Nicht jeder Deutsche ist ein Nachfolger Goethes, Schillers
oder Beethovens, obwohl gerade deutsche Analphabeten sich
gerne mit den Federn der großen Dichter schmücken.

*

Am liebsten hofieren deutsche Diplomaten und Politiker aller
Schattierungen diasporajüdische Organisationen, die (fast) alljährlich Kontrollreisen nach Deutschland unternehmen. »Seid
Ihr Deutschen nun wirklich Demokraten oder immer noch
Nazis?« So ähnlich, jedenfalls nicht viel intelligenter und weniger verletzend, lautet dann die übliche Frage. Je zerknirschter
der deutsche Gesprächspartner auf die »rechtsextremistische
Gefahr« aufmerksam macht, desto besser. Nur so scheint ihnen
die deutsche Demokratie glaubwürdig. Absurdes Theater,
scheinheilig.

*

Am 18. April 1996 kam es neben dem südlibanesischen UN-Lager Kana zu einem Blutbad, das Israels Armee reaktiv verübte, nachdem die Hisbollah-Schiitenmiliz ihre eigene, dorthin geflohene Zivilbevölkerung als Schutzschild mißbraucht hatte.[1] Die Weltöffentlichkeit machte trotzdem Israel verantwortlich. In Deutschland war die Kritik der elektronischen Medien (mit Ausnahme von Friedrich Schreiber in der ARD) an Israel harscher und giftiger als fast überall in der westlichen Welt, vor allem in den USA, wo durchaus Verständnis bekundet wurde. Vielleicht fühlten sich viele Deutsche an die Kriegsführung der Wehrmacht gegen Partisanen im Zweiten Weltkrieg erinnert? Damals hat die Wehrmacht (nicht nur) Partisanen brutal bekämpft. Wer heute und hier Partisanenbekämpfer rechtfertigt, mag fürchten, die eigenen Väter und die Wehrmacht zu rechtfertigen. Sehr ehrenwert und wieder sehr sympathisch, doch einmal mehr geht dieser »Vatermord« auf Kosten »der Juden« – über den Umweg Israel. Israel als Ventil für geschichtspolitische Frustrationen und Aggressionen so manch eines Deutschen?

Sollte die harsche Reaktion der deutschen Öffentlichkeit die bewußte oder unbewußte Reaktion auf die Goldhagen-Debatte sein? Wollen manche hierzulande sich selbst und anderen damit einreden, »die Juden« wären heute so schlimm wie »die Deutschen« damals?

Die deutsch-jüdisch-israelischen Beziehungen sind leicht entflammbar. Indem die Guten Deutschen Israels Angriffe auf Partisanen verdammen, verurteilen sie einmal mehr die Taten ihrer Väter und Großväter im Zweiten Weltkrieg. Es lebe aber der Unterschied zwischen Hitlers Wehrmacht und den Streitkräften der israelischen Demokratie. Das haben diese Guten Deutschen in der Eile und Hitze des geschichtspolitischen Gefechtes wohl vergessen.

*

Im Mai 1995 berichtete die *Süddeutsche Zeitung* (SZ), ich hätte für ein saftiges Honorar an der Universität Passau gesprochen.[2] Tatsächlich hatte ich auf ein Honorar verzichtet. Paßt dies ins aufgeklärte Deutschland? In eine aufgeklärte, liberale Zeitung? Ja, denn auch im »Candide« des großen Aufklärers Voltaire finden wir den geldgierigen Juden. »Beste Tradition« europäischer Aufklärung also.

Eines Juni-Tages 1996 durften die SZ-Leser mich als die Personifizierung der bestverdienenden deutschen Buchautoren kennenlernen.[3] Obwohl nicht witzig, war die Meldung lachhaft – und doch auch wieder nicht: die Gedankenverbindung Wolffsohn – Jude – Geld ...»Liberal«...?

Ich setze eher auf die guten moralisch-rechtlichen Grundlagen des neudeutschen Staates als auf diese Guten Deutschen. Mein deutsch-jüdischer Patriotismus wird sich weiter auf diesen Staat beziehen, nicht auf scheinheilig moralisierende Gutdeutsche.

*

Jüdischer Kaffeenachmittag über den Dächern Münchens, im Dachgarten eines Edelhotels. Der Zweck des gemütlichen Beisammenseins: Spenden sammeln für die Israelaktivitäten der zionistischen Frauenorganisation, WIZO. Ich wurde als Werbetrommler eingeladen und sollte durch meine Rede die Spender motivieren. Das gelang. Mein Argument: Wenn nicht einmal die Juden für den jüdischen Staat Geld gäben, könnte man dies von Nichtjuden erst recht nicht erwarten oder gar verlangen.

Eitel Freude, Sonnenschein. Plötzlich steht ein Mann auf und verkündet: »Wolffsohn hat den Holocaust geleugnet.« Unruhe im Saal, die Polarisierung beginnt. »Nein, Quatsch, Unsinn«, rufen die einen. »Stimmt genau«, entgegnen brüllend die anderen, die entweder nie eine Zeile aus meiner Feder gelesen oder nichts von dem verstanden haben. Kein Einzelfall in der Gemeinschaft meiner Glaubensgenossen – und der deutschen Gutmenschen.

*

Sechsjährig spürte ich, daß und wie man meine Glaubensgenossen provozieren kann: mit einem positiven Deutschland-Bild.

Nach unserem ersten Deutschland-Besuch, 1953, mußte ich in Israel geimpft werden. Angst hatte ich, als niederträchtigen Angriff des Amtsarztes empfand ich das Vorhaben. Rächen wollte ich mich und schrie wie am Spieß:»Alles ist besser in Deutschland. Alles ist besser in Deutschland. Dort würde man mich nicht impfen.«

Meine Eltern, die mich begleitet hatten, wären am liebsten im Erdboden versunken, denn damals galt schon ein Besuch in Deutschland als Ketzerei, Juden- und Vaterlandsverrat. Sie wiegelten lautstark ab und erinnerten mich an den »furchtbaren Judenmörder Hitler«. Meine Einseitigkeit hatten sie mir wahrlich nicht eingetrichtert. Sie war selbst »erarbeitet« – als Mittel der Provokation.

Gewiß, einseitig und dumm. Angesichts der vielen Kollektiv-Schablonen auch über das neue Deutschland der Bundesrepublik scheinen mir Provokationen dieser oder einer vergleichbaren Art gar nicht so überflüssig, ja, sogar notwendig. In der jüdischen ebenso wie in der nichtjüdischen Welt, nicht zuletzt in Deutschland selbst.

*

Dr. XYZ hatte in Deutschland den falschen Vater, in Israel die falsche Mutter. In Deutschland war die jüdische Herkunft des Vaters bei der Verbandskarriere hinderlich, in Israel war die christliche Mutter der Stolperstein.

*

Verängstigt und gelangweilt saß ich, sechsjährig, in der Klasse. Wieder erzählte die Lehrerin Kriegsgeschichten. Kriegsgeschichten mochte ich nicht. So wenig wie Geschichten über Helden, heldenhaft Sterbende und andere Tötende oder Getötete.

Die Lehrerin reagierte verärgert. Ich mußte den Klassenraum verlassen. Das wiederholte sich mehrfach. Schließlich wurde ein Abkommen vereinbart: Die Lehrerin würde ankündigen, daß und wann sie die »grausamen und blutigen Geschichten«

erzählte. Ich konnte derweilen draußen vor der Tür lustwandeln, und sie war ungestört. So geschehen 1953 in Israel. Ortswechsel. Berlin, West-Berlin, November 1954, der Montag nach dem Sonntag, der »Volkstrauertag« war.

Inzwischen sieben Jahre alt, sitze ich in meiner neuen Klasse und male verängstigt und gelangweilt mit dem Finger Figuren auf den Tisch. Nein, nicht mit dem Kuli oder Bleistift; dafür war ich zu gut erzogen, »Narrenhände beschmieren Tisch' und Wände«, hatte man mir immer wieder gesagt.

Auch die Lehrerin in West-Berlin reagiert verärgert und verweist mich des Klassenzimmers. Nach der Stunde kommt es zu einem Gespräch. Ich sage ihr: »Ihre Geschichten sind mir zu traurig. Solche Geschichten waren mir in Israel zu traurig, solche Geschichten sind mir auch in Deutschland zu traurig.«

*

Achtjährig: Jankel und Jochen prügeln sich auf dem Schulhof in Berlin. David fragt mich: »Für wen bist du?«

»Für Jochen«, antworte ich.

David versteht mich nicht: »Aber Jankel ist doch Jude und Jochen nicht.«

Ich: »Mir ist egal, ob jemand Jude, Evangeliker oder Katholiker ist. Hauptsache, er ist ein netter Kerl.«

Ich habe mich kaum noch weiterentwickelt, höchstens sprachlich.

*

»Weil ich Jude war«, schrieb Sigmund Freud, »fand ich mich frei von vielen Vorurteilen, die andere im Gebrauch ihres Intellektes beschränkten.«[4]

Ich halte es da eher mit Karl Kraus: »Überall gibt's Schafsköpfe und für alle habe ich die gleiche Verachtung. Nur keine kleinlichen Vorurteile!«

*

Die »Elite der Nation« an Deutschlands Universitäten?

In Hamburg haben Studenten Ignatz Bubis vom Zentralrat der Juden nach dem tödlichen Brandanschlag auf ein Asylantenheim im Januar 1996 ausgebuht. Nicht alle, aber doch nicht wenige. Was war Bubis' »Schuld«? Er hatte davor gewarnt, vorschnell rechtsextreme oder andere Täter »hinzurichten«. So gehört es sich im Rechtsstaat. »Willkommen im Dritten Reich Teil II«, stand auf einigen Spruchbändern der Studenten. Lebt diese »geistige Elite« in Wolkenkuckucksheim oder in der Bundesrepublik Deutschland? Jedenfalls zählt sie sich zu den besseren Juden; auf jeden Fall aber zu den »Opfern«.

*

»Das Geheimnis der Erlösung heißt *Erinnerung*.« Ein schöner und wichtiger Satz. Einer Briefmarke der Deutschen Bundespost zufolge stammt dieser Satz von Altbundespräsident Richard von Weizsäcker. »Das sei ferne.« Die talmudischen Weisen haben diesen Satz formuliert.

Schön und wichtig ist er. Ist er auch richtig? Manchmal scheint mir: Erinnerung spaltet; auch diejenigen, die erinnern und eben nicht vergessen wollen: die Opfer und deren Nachfahren.

Beispiel: Orthodoxe Juden protestierten 1995 dagegen, daß die israelische Holocaust-Gedenkstätte Jad Waschem weiterhin Fotos mit den nackten jüdischen Opfern zeige.

Erinnerung spaltet, sobald und sofern sie sich mit vergangener Politik beschäftigt und an Empfindungen rührt. In der Politik ist diese Spaltung natürlich und notwendig.

Die Erinnerung, die wir als Teil der »Vergangenheitsbewältigung« meinen, soll aber gerade nicht polarisieren. Sie soll verbinden. Worauf man deshalb achten muß: Erinnerung darf nicht Tagespolitik mit anderen Mitteln werden. Erinnerung? Ja, auf jeden Fall. Aber nicht als Instrument oder Ersatz für Tagespolitik und -polemik.

*

Uns besucht der Nachkomme einer berühmten Rabbinerfamilie aus Israel mit Frau und zwei Töchtern. »Eßt Ihr koscher?« fragt meine Frau. »Koscher, was ist das Mama?« fragt die sechsjährige Tochter der Besucher.

*

Peinliche Anbiederung: Beim Schlußgottesdienst des Evangelischen Kirchentages werden am 18. Juni 1995 zwei (übrigens sehr schöne) hebräische Lieder gesungen: »Schalom Chawerim« und »Hewenu Schalom alechem«. Selbstaufgabe ist, wie die Pseudo-Judaisierung von Christen, aufgesetzt, unecht und deshalb peinlich anbiedernd. Genauso anbiedernd wie das Benutzen des Wortes »Schoa« durch Deutsche und andere Nichtjuden, die kein Hebräisch können. Als Fremdwort für den millionenfachen Judenmord wirkt »Schoa« letztlich wie ein Gefühlsdämpfer. Das Fremdwort schafft, weil fremd, Distanz.

*

Das Israel-Pseudo, der Israelismus, deutscher Juden: Am »Unabhängigkeitstag« Israels feiern sie den »Jom Haatzmaut«, ihre Lokale heißen »Maon« oder »Schalom« oder »Oren«. Hebräisch können die meisten freilich nicht. Potemkinsche Dörfer.

*

Eine christliche Lehrerin aus dem Rheinland spricht mit einer jüdischen Kollegin über mich. »Was, der furchtbare Kerl«, regt sich diese auf, »der ist ja mit einer Protestantin verheiratet und in seinem Haus ist ein großes Kreuz.«

Ich ließ der Dame schöne Grüße ausrichten. Ihre Kundschafter hatten wohl die Mesusa (die in jedem jüdischen Hause ist) mit einem Kreuz verwechselt. Man weiß, was man wissen will.

Meine Kinder, so höre ich bisweilen, wären katholisch, und ich

Mitglied der CSU. Obwohl beides nicht zu Verbrechen oder Sünden zählt, handelt es sich um schlechte Dichtung.

*

Der Publizist Gerhard Löwenthal ist für viele nicht gerade ihr »cup of tea«. Was wenige der vielen wissen: Als Jude wurde er im Dritten Reich natürlich verfolgt. Nur knapp konnte er mit Hilfe nichtjüdischer Deutscher, die Zivilcourage hatten, überleben. Den Mühlheimer »Verlag an der Ruhr«, der unter anderem von der evangelischen Landeskirche Westfalen unterstützt wird,[5] kümmerte das alles nicht. In seinem »Projekthandbuch: Gewalt und Rassismus« gehörte Löwenthal zum »rechtsextremistischen Netz in Deutschland«.[6] Für dieses Prachtwerk erhielt der Verlag im November 1994 den Gustav-Heinemann-Friedenspreis für Kinder- und Jugendbücher. Der Kultusminister von Nordrhein-Westfalen, Hans Schwier, nannte das Projekthandbuch bei der Preisverleihung »vorbildhaft«.[7]

Mit solchen Freunden brauchen wir Juden wirklich keine Feinde mehr.

*

Märtyrer ist man nicht durch Geburt. Märtyrer waren unsere jüdischen Eltern, Großeltern und Verwandten. Ich wurde 1947 im damaligen Palästina geboren, als Sohn von Verfolgten des Nazi-Regimes. Aber ich bin kein Märtyrer. Kein nach dem Krieg geborener Jude ist geborener Märtyrer, sowie kein nach dem Krieg geborener Deutscher Täter von Geburt ist. Die psychologische Last ist sehr wohl vorhanden, auf beiden Seiten. Nach der moralischen Umkehr des Täterstaates Deutschland haben beide Seiten heute eine gemeinsame Aufgabe: Die Wiederkehr von Völkermorden mit allen Mitteln zu verhindern; auch in Ruanda, Kongo/Zaire, Kambodscha oder Bosnien und so weiter und so weiter. Auch wenn es sich bei den Verfolgten nicht um Juden handelt.

*

Ein nicht ganz kleiner Teil der deutschen Öffentlichkeit, Politik, Medien und Kultur ist fast süchtig, mit der vermeintlich Ewigen Schuld »der Deutschen« belastet zu werden. Sie organisieren eine deutsch-amerikanische oder deutsch-amerikanisch-jüdische Konferenz nach der anderen, bei der Eintracht und Versöhnung dominieren, und bekommen dann Trojanische Pferde wie das Goldhagen-Buch geschenkt. Jeder hat die Juden, die er verdient. »They love it«, sagen nicht wenige souverän-ironische Beobachter Deutschlands – nicht nur in den USA.

*

Ohne Erinnerung kein moralischer Alltag. Der Abgrund, der Holocaust, wird zwischen Deutschen und Juden immer bleiben. Doch über diesen Abgrund kann man viele Brücken bauen. Brücken bedeuten Kommunikation miteinander, Verständnis füreinander. Wenn es viele Brücken gibt, wird der Abgrund vielleicht eines Tages sogar unsichtbar sein, aber er bleibt trotzdem.

*

Langfristig wird die jüdische Frage nicht entscheidend sein für neudeutsche Toleranz. Toleranz gegenüber uns Juden ist nicht wirklich der Prüfstein: Wir akzeptieren die Spielregeln dieses Gemeinwesens ohne Wenn und Aber.

Entscheidend ist das Verhältnis der Deutschen zu ausländischen Minderheiten, die weit weniger assimilationswillig sind, als es die Juden in Deutschland waren und sind. Verglichen mit der jüdischen Minderheit ist zudem die Zahl der Ausländer erheblich größer.

*

Der kleine Moritz weiß: »Die Juden stehen politisch links.« In den USA zählen »die Juden« seit Jahrzehnten mehrheitlich zu den Wählern der (linken?) Demokratischen Partei.[8] In Deutschland standen sie 1990 rot-grün nahe.[9] In Großbritannien

liefen 1996 die Wähler der Konservativen Partei davon. Anders
die Mehrheit der britischen Juden: 45 Prozent (29 Prozent in
der nichtjüdischen Bevölkerung) bevorzugten im Mai 1996 die
Tories, 41 Prozent (57 Prozent bei den Nichtjuden) die Labour
Party.[10] Im Mai 1997 wählten sie mehrheitlich Labour.
Ja, überproportional viele Juden gehörten zu den Bolschewisten der ersten Stunde. Aber: Überproportional viele Juden
gehörten zu den Opfern der Bolschewisten.[11]
Schöne Grüße an den kleinen Moritz.

*

»Im Exil erkannten die Juden ... sehr bald, daß ihre Sicherheit
und ihr Wohlergehen letzten Endes weder der unberechenbaren
Gunst ihrer nichtjüdischen Nachbarn noch der Willkür der örtlichen Obrigkeit anvertraut werden konnten ... Voraussetzung
für das Überleben ... waren eine möglichst beständige Rechtssi-
cherheit und die Herstellung einer Interessengemeinschaft mit
den herrschenden Mächten«, also mit der Obrigkeit, die den
Juden weitgehende Autonomie ihres gemeindlichen Lebens
erlaubte.
Das ist die Kernthese von Yosef Hayim Yerushalmi über die
politische Geschichte der Juden.[12] Das »Dritte Reich« und
andere Verfolgungsobrigkeiten bedeuteten auch deshalb einen
grundlegenden Bruch der diasporajüdischen Tradition. Die
nähere Beschäftigung mit der jüdischen Geschichte bestätigt
diese These mühelos.
Nun bin ich wahrlich nicht obrigkeitsgläubig oder gar -süch-
tig, aber die demokratische »Obrigkeit« der Bundesrepublik
Deutschland hat (unabhängig von der jeweiligen Koalition) die
Juden mustergültig geschützt und ihnen geholfen. Weshalb sollte
ich mich mit diesem Deutschland nicht identifizieren können?
Damit stehe ich in einer jahrtausendealten jüdischen Tradition.
Und was die diasporajüdische Geschichte auch zeigt: die nicht-
jüdischen Unterdrückten waren oft alles andere als Befreier der
Juden. Im Gegenteil: nur zu oft gaben sie ihre Unterdrückung an

die Juden weiter. Vielleicht habe ich auch deshalb nie sehr großes Vertrauen in die heilsbringende Mission der Unterdrückten gehabt – ohne deshalb Sympathie für Unterdrücker zu hegen.

*

Wer vom Überleben des Judentums redet, darf das Überleben von Juden nicht unerwähnt lassen. Berühmt wurde die Demonstration der nichtjüdischen Frauen Berlins im Jahre 1943. In der Rosenstraße protestierten sie öffentlich gegen die Verhaftung, drohende Verschleppung und Ermordung ihrer jüdischen Männer – mit Erfolg.[13] Welch ein Licht in der schlimmsten Dunkelheit. Rechtfertigt diese Haltung nicht auch ein grundsätzliches Umdenken? Mischehen bedeuten für Juden keine tödliche Umarmung.

Nein, könnte man sagen, denn die Kinder nichtjüdischer Frauen sind keine Juden und gehen somit dem Judentum verloren. Woher weiß man das so genau? Es ist denkbar, daß sich die Kinder dem Judentum zuwenden, freiwillig, aufgrund ihres Interesses und der Offenheit ihrer Eltern. Umfragen aus den USA belegen allerdings das Gegenteil: Die Kinder gehen dem Judentum verloren.[14]

Ist es wichtiger, daß die Kinder weltoffen und tolerant, oder »richtig« in bezug auf die Herkunft erzogen werden? Bin ich in erster Linie Mensch oder Jude oder Christ?

Wie normal ist heute jüdisches Leben in Deutschland?

Schlußbetrachtung

Normal ist plural. Plural sollte jedenfalls heute normal sein. Früher war dies anders:»normal« war die Anpassung der Juden an ihre nichtjüdische Umwelt, die Aufgabe und Preisgabe des Judentums durch die Juden. Selbst der liberale Historiker Theodor Mommsen riet 1878 den Juden, doch endlich ihr Judentum aufzugeben und sich taufen zu lassen. Bis zur Unerkennbarkeit sollten sich die Juden anpassen und ihr Judentum aufgeben. Wohlgemerkt: Dies war die sogenannte liberale und vermeintlich judenfreundliche Variante. Die judenfeindliche führte schließlich nach Auschwitz, also nicht nur zur Aufgabe des Judentums durch die Juden, sondern zur Liquidierung der Juden.

Wenn wir über den nationalen, deutsch-jüdischen Tellerrand schauen, finden wir für das vermeintlich liberale Integrationsmodell einen international bekannten Begriff:»*Schmelztiegel*« – das ist Einheit ohne Vielfalt, Einheit unter Preisgabe der Vielfalt.

Inzwischen strebt man gerade in den USA nicht mehr den Schmelztiegel an, sondern die»plurale Gesellschaft«. In der pluralen Gesellschaft heißt das Ziel: Einheit in Vielfalt und Einheit trotz Vielfalt. Es gilt der Satz:»Der andere ist anders. Er ist wie du.« (Walter Dirks)

Nach den internationalen und erst recht nach den nationalen Erfahrungen in Deutschland kann im deutsch-jüdischen Verhältnis heute, nach dem millionenfachen Judenmord des Holocaust, *Normalität* nur noch als *Pluralität* verstanden werden. Der Schmelztiegel ist gar nicht erst anzustreben.

Das bedeutet konkret: Wir Juden waren und sind loyale deutsche Staatsbürger, aber wir verzichten weder religiös noch historisch auf unsere jüdische Identität oder besondere Verbundenheit mit dem jüdischen Staat Israel und der internationalen jüdischen Gemeinschaft. Wir können es auch gar nicht, denn wir können unserer jüdischen Situation gar nicht entfliehen, selbst wenn wir es wollten. Das gilt für Levy und Kohn genauso wie für Bubis, Friedmann oder Wolffsohn. Denn militante Antisemiten (es ist eine Minderheit, aber eine aktive Minderheit, die in den letzten Jahren aggressiver geworden ist) gefährden uns nicht gezielt als Einzelpersonen, sondern als Teil der jüdischen Gemeinschaft. Ähnlich handeln die Gegner des nahöstlichen Friedensprozesses. Sie attackieren und bombardieren willkürlich Juden als Juden, weil sie den jüdischen Staat (in dem diese Juden gar nicht leben) bekämpfen. Deshalb werden jüdische Einrichtungen in Deutschland und woanders durch die Sicherheitskräfte geschützt.

*

Über Pluralität kann man leicht reden, ihre Anwendung im Alltag bereitet Probleme. Wir erinnern uns alle an den Provinzpolitiker namens Schmidt aus Rostock. Er sprach Ignatz Bubis auf »seine Regierung« an. Schmidt meinte die israelische Regierung, nicht die deutsche, obwohl Bubis bekanntlich Vorsitzender des Zentralrates der Juden in Deutschland ist, nicht der Juden in Israel. Zurecht empörte sich die aufgeklärte deutsche Öffentlichkeit.

Herr Schmidt ist kein Einzelfall. In ihrer Jubelrezension der Autobiographie von Ignatz Bubis verstieg sich Hildegard Hamm-Brücher in der *Süddeutschen Zeitung* dazu, den Vorsitzenden des Zentralrates der Juden in Deutschland von »normalen« Deutschen abzuheben und abzugrenzen.[1] Diese Formulierung verdeutlicht – gerade weil sie anerkennend gemeint war – die elementare Unsicherheit uns Juden gegenüber.

Kaum ein Deutscher, selbst der Gut- und Bestgewillte, der wüßte, ob und wie »deutsch«, wie »jüdisch« und ob oder wie »israelisch« der jeweilige Jude in Deutschland zu kennzeichnen sei. Kein Wunder, denn auch viele Juden wissen es nicht. Das Gefühl für das *Ihr* einerseits und *Wir* andererseits besteht fort; bei Juden ebenso wie bei Nichtjuden. Wer Pluralität will, muß damit leben können, denn dieses Wir-Ihr-Gefühl gehört sogar zur Pluralität. »Der andere ist anders, er ist wie du.«

Formal besteht das Problem der Trennung von Deutschem und Jüdischem bei uns Juden hierzulande nicht, denn wir sind deutsche Staatsbürger. Formale Maßstäbe sind *objektive* Maßstäbe, und deshalb geht heute jeder Jude in Deutschland, wie der Schriftsteller Jakob Wassermann im Jahre 1921, seinen »Weg als Deutscher und Jude«.

»Die in diesem Buch anklingende Lebensform ist unwiderruflich dahin«, meint Micha Brumlik[2] und nennt deshalb seinen bundesrepublikanischen Erfahrungsbericht *Kein Weg als Deutscher und Jude.* Der objektive Maßstab stimmt also nicht unbedingt mit den subjektiven Wahrnehmungen und Gefühlen überein.

Funktional sind alle Juden in Deutschland Deutsche, emotional sind sie es weniger. Sind es die wenigsten? Die meisten?

Wie fühlen sich Juden in Deutschland *subjektiv?* Wie deutsch sind wir Juden in Deutschland? Wie jüdisch sind wir Juden?

Die Antwort auf die erste Frage lautet: Eine Minderheit der in Deutschland lebenden Juden fühlt sich auch subjektiv als »deutsch«. Die Wir-Ihr-Distanz der Juden zu den nichtjüdischen Deutschen äußerte sich bis in die 8oer in gesellschaftlicher Distanz. Die meisten Juden sagten es privat ebenso wie in Umfragen, daß es zu wirklichen persönlichen Kontakten zwischen Juden und Nichtjuden selten komme.

Neuere Umfragen zeigen: In den vergangenen 20 Jahren stieg die Zahl der Juden, die sich subjektiv als Deutsche bezeichnen.

Auch die privaten Begegnungen im Alltag haben zugenommen.

Doch selbst in den Jahren, in denen die in Umfragen geäußerten Einstellungen größte gesellschaftliche Distanz zwischen Juden und Nichtjuden signalisierten, gab es sehr häufig die denkbar nächste Form der Beziehung zwischen Juden und Nichtjuden: die Eheschließung.

Bei den sogenannten Mischehen waren und sind die in Deutschland lebenden Juden diasporajüdische Weltmeister. Zur Erinnerung die Zahlen: Von 1951 bis 1994 waren rund 73 Prozent aller von Juden in Deutschland geschlossenen Ehen sogenannte Mischehen. Zum Vergleich die Zahlen aus den USA: Dort betrug der Anteil der Mischehen im Jahre 1948 rund acht Prozent, gegenwärtig liegt er dort bei 52 Prozent.[3] Zwischen 40 und 50 Prozent sind es auch in Frankreich und Großbritannien.[4]

Daß zwischen geäußerten Einstellungen und tatsächlichem Verhalten Lücken klaffen, ist weder typisch jüdisch (sofern es das überhaupt gibt) noch ist es überraschend. Vielmehr ist die Lücke zwischen tatsächlichem Verhalten und geäußerten Einstellungen ein Hinweis auf die lange Zeit vorhandene und nun doch abnehmende innere Zerrissenheit der in Deutschland lebenden Juden. Sie lebten hier lange, sie heirateten Nichtjuden – und hatten bei all dem ein schlechtes Gewissen. Ein schlechtes Gewissen vor sich selbst, vor den Juden der übrigen Diaspora und vor den Juden Israels – auch wenn sie keine Nichtjuden heirateten. Der »verstörte Lebemann« Artur Brauner ist ein prominentes Beispiel.[5]

Meine Feststellung ist alles andere als eine Anklage. Es ist die Beschreibung einer historisch normalen Reaktion. »Normal« im Sinne von »verständlich«. Diese »normale« Reaktion ist Ergebnis der völlig anormalen Geschichte des millionenmörderischen deutschen Nationalsozialismus.

Den Großteil der jüdischen Gemeinschaft in Deutschland bildeten nämlich nach 1945 die aus Osteuropa stammenden Überlebenden der NS-Vernichtungshöllen. Mehr als 150000 waren vor allem in der amerikanischen Besatzungszone als »Displaced Persons«, also als Entwurzelte, gestrandet. Daß Deutschland, dessen Mordmaschinerie sie gerade knapp entgangen waren, weder geistig-psychologisch noch historisch oder auch nur sprachlich und kulturell ihre Heimat sein konnte, versteht sich von selbst. Nach Osteuropa zurück wollten sie freilich ebenfalls nicht, denn dort war der altneue Antisemitismus (auch ohne Wehrmacht und SS) ungebrochen heftig und immer noch und immer wieder tödlich. Daran änderte die Herrschaft der Kommunisten nichts. Ganz im Gegenteil. Schon vor der antisemitischen Welle der Jahre 1949 bis 1953 war es im Ostblock zu antijüdischen Ausschreitungen gekommen, die man nur als Pogrome bezeichnen kann. Kein Wunder, daß die osteuropäischen Juden nicht mehr nach Osteuropa wollten. Aus der Sowjetischen Besatzungszone Deutschlands wurden sie regelrecht verjagt. Erinnert sei an die »streng vertrauliche« Anweisung der Polizeiinspektion Erfurt vom April 1946, die im DDR-Kapitel erwähnt wurde: Sowjets und sowjetzonal-deutsche Behörden wollten damals die ostjüdischen »Elemente« aus ihrem Herrschaftsgebiet vertreiben. Das war weder die erste noch letzte antisemitische Entgleisung im vermeintlich antifaschistischen Osten Deutschlands.

Zurück zu den Displaced Persons, dem Kern der jüdischen Nachkriegsgemeinschaft in Westdeutschland: Nach Palästina durften sie nicht. Die Briten hatten bis 1948 die Tore des Gelobten Landes fest verschlossen. Aus den USA kamen schöne Worte, doch einwandern durften nur wenige Juden. Ähnlich zugeknöpft zeigten sich die meisten westeuropäischen Staaten. Ab Mai 1948, also nach der Gründung des jüdischen Staates, wanderten schließlich die meisten Displaced Persons nach Israel aus. Aber eine Minderheit von rund 12 000 Displaced Persons blieb in Deutschland hängen, ohne hier Wurzeln zu schlagen, ohne Wurzeln schlagen und nach innen oder außen glücklich werden zu können. Wer könnte das nicht verstehen? »Normal«, im Sinne von »ungebrochen«, konnte das Leben dieser Überlebenden in Deutschland nicht sein. Auch nicht das Leben ihrer Kinder, denn Kinder werden von den Erfahrungen der Eltern entscheidend mitgeprägt.

Jetzt, in der Generation der Kindeskinder, vollzieht sich der biologische und zugleich auch inhaltliche Wandel.

Die neuen Wurzeln sind in der Form des politischen oder gesellschaftlichen Engagements unübersehbar. Es gab diese neuen Wurzeln bei den Kindern der ost- und westeuropäischen Überlebenden sogar hier und da schon in der Generation der Kinder, doch das waren eher Einzelfälle, man denke an Michel Friedman oder Daniel Cohn-Bendit oder Josef Joffe von der Süddeutschen Zeitung. Viel sichtbarer und zahlreicher sind die neuen Wurzeln bei den Kindeskindern. Allmählich werden die meisten der »Juden in Deutschland« eben doch »deutsche Juden«. Ihr Modell: Pluralität als Normalität; nicht Normalität als Schmelztiegel.

Diese neue Normalität wurde nicht zuletzt deshalb möglich, weil der Antisemitismus in Deutschland deutlich zurückgegangen ist, wenn es ihn auch immer noch und immer wieder gibt. Aber immerhin: Die Umfragen aus der Frühzeit der Bundesrepublik weisen einen Antisemitenanteil von rund 50 Prozent auf, seit Mitte der 80er Jahre sind es rund 15 Prozent. In allen Staaten Westeuropas, auch in den USA, ist der Anteil des Antisemitismus nicht niedriger als in Deutschland. Entgegen der allgemeinen Wahrnehmung sind die Antisemitismuswerte in den neuen Bundesländern niedriger als in den alten. Ich habe das in meinem Buch *Die Deutschland-Akte* ausführlich dokumentiert und kommentiert.

Der allmähliche innere Frieden, den Deutschlands Juden mit dem neuen Deutschland schließen, hängt auch damit zusammen, daß die Beschäftigung – ich sage nicht »Bewältigung« – mit dem millionenfachen Judenmord in Deutschland (aus gutem Grund!) intensiver als woanders war und ist. Das haben die zahlreichen, weltweiten Untersuchungen des American Jewish Committee bewiesen. Das hat (einmal mehr) 1995 das Erinnern an 1945 dokumentiert.

Vom Wechsel der Generationen und vom Wandel der inneren Einstellungen der Juden in Deutschland sprachen wir. Zu nennen sind neuerdings auch die *demographischen* und damit die zahlen-

mäßigen Veränderungen. Seit 1989/90 hat sich die jüdische Gemeinschaft in Deutschland ungefähr verdoppelt. 1989 gab es rund
28 000 gemeindlich organisierte Juden in Deutschland, heute sind
es dank der Zuwanderung der Juden aus der ehemaligen Sowjetunion mehr als 50 000.
Die quantitative Verdoppelung der Juden *in* Deutschland
bedeutet zugleich eine fundamentale qualitative Veränderung im
Verhältnis dieser Juden zu Deutschland. Anders als für den Kern
der deutschen Nachkriegsjuden ist für diese ehemals russischen
Juden dieses Deutschland das Land ihrer Wahl. Diese Wahl
haben die wenigsten der 45 164, die zwischen 1991 und Dezember
1995 kamen, bereut.[6] Etwa 21 000 aus dieser Gruppe waren
allerdings die nichtjüdischen Partner einwandernder Juden.[7]
Die innere Bereitschaft dieser Juden, in Deutschland Wurzeln
zu schlagen, steht außer Frage. Außer Frage steht auch die Tatsache, daß der jüdische Staat, Israel, über die faktische Abwer-
bung jüdischer Einwanderer alles andere als glücklich ist.[8]
Fraglich ist bei vielen dieser Juden allerdings ihr Judentum.
Das gilt religionsgesetzlich ebenso wie für ihr Wissen über die
jüdische Religion und Geschichte, ganz zu schweigen von der
hebräischen Sprache und Israel. Wir stoßen auf das Problem der
jüdischen Identität.
Bei diesen ursprünglich russischen Juden ist also die Normalität der deutsch-jüdischen Pluralität fraglich, weil die jüdische
Identität dieser Juden erst noch entwickelt werden muß. Sie werden gewiß Deutsche, doch werden sie auch im inhaltlichen Sinne
Juden? Gilt für sie das Modell des Schmelztiegels oder der pluralen Gesellschaft?
Völlig losgelöst von der jüdischen Problematik drängt sich eine
ganz andere Frage in bezug auf diese ehemaligen Bürger der
kommunistischen Sowjetunion auf: Wie halten sie es mit dem
Staat an sich? Nicht nur mit dem deutschen Staat? Das Staatsver-
ständnis der Bürger kommunistischer Staaten war gebrochen,
weil der kommunistische Staat ein Staat gegen die Bürger und
nicht für die Bürger war. Die Folge: Die Bürger kommunistischer
Staaten entwickelten und verinnerlichten Mechanismen, um sich

dem Staat gänzlich zu entziehen. Dem Unrechtsstaat schlugen sie ihrerseits Schnippchen. Nun gewöhnen sie sich allmählich daran, daß der Rechtsstaat einerseits (und vor allem!) dem Bürger zu dienen hat, der Bürger andererseits dem Rechtsstaat aber auch das geben soll und muß, was des Rechtsstaates ist. Andernfalls kann der Rechtsstaat als Staat nicht existieren.

Das Extrem der Antistaatlichkeit und völligen Ichbezogenheit ehemaliger Sowjetbürger hat eine Chiffre:»Russen-Mafia«. Natürlich gehören nicht alle jüdischen (oder nichtjüdischen) Russen der »Russen-Mafia« an, nicht einmal die Mehrheit der Russen, aber die Existenz der Russen-Mafia ist das Ergebnis historisch gewachsener Gegebenheiten.

Die »russischen Juden in Deutschland« haben wegen ihrer besonderen Geschichte ein gebrochenes Verhältnis zum Staat an sich, die »deutschen Juden« ein gebrochenes Verhältnis zum deutschen Staat und zu Deutschland an sich.

Nur auf den ersten Blick ist das gebrochene Verhältnis zum Staat an sich ein Problem von Bürgern aus ehemals kommunistischen Staaten, und es ist erst recht kein rein jüdisches Thema, sondern vielmehr ein allgemein deutsches. Haben nicht die meisten Deutschen aufgrund zweier Diktaturen in diesem Jahrhundert ein gebrochenes Verhältnis zum Staat an sich?

Der höchste Vertreter dieses Staates während der Jahre 1969 bis 1974, Bundespräsident Gustav Heinemann, wurde einmal gefragt, ob er Deutschland liebe. Seine berühmte und auf Anhieb auch wirklich sympathisch herzerfrischende Antwort lautete: »Ich liebe meine Frau.«

Nein, »lieben« muß, kann und soll man als aufgeklärter Bürger seinen Staat wahrlich nicht, aber jeder Staat braucht zum Überleben den Einsatz seiner Bürger, ihr »Engagement«, Gemeinsinn – und loyale Kritik. Ohne innere Bindungen an das Gemeinwesen »Staat« gibt es keinen Gemeinsinn, wird der Staat die Addition von Ichlingen. Keine noch so feinsinnige Addition von Ichlingen ergibt einen funktionierenden Staat. Ohne Gemeinsinn zerbröselt das Gemeinwesen. Der nur »funktionierende« Staat wird von seinen Bürgern wie ein Papiertaschentuch behandelt: Er wird von Fall zu Fall benützt – man bedient sich seiner, wo es vorteilhaft scheint. Nichtjuden und Juden kennzeichnet heute die nur schwache Bindung an den deutschen Staat. Das Problem ist gesamtdeutsch, nicht deutsch-jüdisch.

*

Zum Problem jüdischer Identität der schon seit 1945 hier lebenden jüdischen Gemeinschaft in Deutschland: Trotz aller deutschen Besonderheiten stehen alle Diasporajuden vor dem gleichen Problem. Es ist ein Problemberg, den wir ausführlich in diesem Buch zu beschreiben versuchten.

Jüdische Identität, wir wiederholen es, stand traditionell auf zwei Beinen: Das eine war die Religion, das andere die Geschichte. Wie die meisten Menschen der modernen Gesellschaft haben auch wir Juden uns mehrheitlich von der Religion entfernt. Rund 70 Prozent der Juden sind heute in Israel ebenso wie in der Diaspora nicht religiös. Alle Umfragen zeigen das immer wieder. Nur 30 Prozent der Juden stehen also auf dem religiösen Standbein.[9] Dieser Sachverhalt dürfte auch auf die rund 60 000 Juden in Deutschland übertragbar sein.[10]

In der Schweiz gehören circa 60 Prozent der Juden keiner jüdischen Gemeinde an und in den USA sind nur 47 Prozent in einer »congregation«.[11] In Deutschland vermutet man einen noch niedrigeren Anteil der Nicht-Gemeindemitglieder. Mit rund einem Drittel wird in der Regel gerechnet. Rosige Zeiten herrschen immer noch für die Gemeinden Italiens, zu denen 89 Prozent aller Juden zählen.[12] In England ist im Vergleich zu den 50er Jahren die Zahl der jüdischen Gemeindemitglieder auf die Hälfte geschrumpft.[13] Rund 30 Prozent der Juden wollen dort mit den Gemeinden nichts mehr zu tun haben. Umgekehrt gilt freilich: Immerhin gehören 70 Prozent einer Synagogengemeinde an.[14] In Frankreich ist das Bild dramatisch: 60 Prozent haben sich von den Gemeinden abgewendet.[15] Ähnlich ist es in den Niederlanden, wo nur 30 Prozent in Gemeinden organisiert sind.[16]

Die Gleichgültigkeit gegenüber Gemeinden und Religion als Religion ist nicht zuletzt auch die Schuld der Gemeinden. Im Sommer 1996 waren zum Beispiel in Berlin, wo die meisten bundesdeutschen Juden leben, alle vier Rabbinerstellen der jüdischen Gemeinde zu Berlin unbesetzt. Einen vermeintlichen Ruhestörer wie Reformrabbiner Tovia Ben-Chorin, den Sohn des großartigen Schalom Ben-Chorin, wollte der Vorstand gar nicht erst einstellen. Lieber wollte man alles beim alten belassen.[17] Beispiel Frankfurt am Main: Hier wechselte die Gemeinde die Rabbiner fast so häufig wie andere Leute die Hemden. Für manche, zum Beispiel für Marcel Reich-Ranicki, sind Juden »Ruhestörer« schlechthin.[18] Durchaus zurecht. Jüdische Gemeinden aber haben in Vergangenheit und Gegenwart Ruhestörer nicht sehr viel anders behandelt als die »Gojim« es taten: rüde. Man ging auf Distanz, nicht selten wurden sie verstoßen, der große Philosoph Spinoza zum Beispiel. »Nichts Neues unter der Sonne«, hätte Prediger Salomonis einmal mehr gesagt.

Das geschichtliche Standbein ist seit 1948 zunächst scheinbar verlängert worden: durch die Gründung des jüdischen Staates Israel. Aber außerhalb Israels können Juden bestenfalls Israel-orientiert oder Israel-engagiert sein, aber nicht Israel-fixiert. Was, wenn nicht das Judentum als Religion, verbindet die Juden in Israel und in der heute freiwilligen Diaspora? »Israelismus« war einmal eher weltlich und nichtreligiös, weil der Mehrheits-Zionismus und Israels Gründer vornehmlich weltliche (wenngleich nicht antireligiöse) Juden waren. Man denke an David Ben-Gurion, Israels Gründervater. Inzwischen bezeichnen sich 46 Prozent aller Israelis als mehr oder weniger religiös.[19] Tendenz steigend. »Israelismus« als Nicht-Judaismus, das war einmal und ist nicht mehr; wenn es denn überhaupt je wirklich wahr war.

Für unser geschichtliches Standbein gilt: auch bei den meisten von uns Juden ist es, wie bei allen Völkern, kürzer geworden. Das bedeutet: Wir erinnern uns vor allem und fast nur der jüngsten Geschichte. Und das bedeutet: Wir erinnern uns fast ausschließlich an den millionenfachen Judenmord, an den Holocaust. Einerseits ist das selbstverständlich und notwendig. Andererseits verkürzen wir rund 4000 Jahre jüdischer Geschichte auf zwölf Jahre. Zwölf schreckliche Jahre.

Das wiederum bedeutet: Das Negativste des Negativen, der millionenfache Mord der anderen an unseren Vorfahren und Verwandten, prägt unser Selbst- und Geschichtsbild. Das wiederum bedeutet: Wir sind in erster Linie negativ fremdbestimmt, auf Kosten der positiv jüdischen Selbstbestimmung.

Immer weniger bestimmen unsere eigenen religiösen und historischen Werte oder Taten unsere Identität. Die Untaten der Fremden bestimmen unsere Identität, unser Sein und unser Bewußtsein. Das gilt in bezug auf den Holocaust, und das gilt in bezug auf die existentielle Gefährdung von Juden als Juden. Wir sprachen darüber und erinnern an die heutigen nahöstlichen Nebenkriegsschauplätze sowie an den heutigen antisemitischen Terror von Minderheiten; national, kontinental und global.

»Normal«, im Sinne von wünschenswert und problemlos, ist das alles nicht. Auf absehbare Zeit wird es jedoch so bleiben. Das Totenreich, das Jenseits, ist für uns allgegenwärtig, obwohl das eigentlich unserer Tradition widerspricht. Denn das Judentum ist zwar einerseits eine Religion der Erinnerung, doch keine aufs Jenseits fixierte Religion. Die jüdische Religion bestimmt zuerst und vor allem das *Leben* der Juden.

Unserem todesbezogenen Selbstbild entspricht das Fremdbild unserer nichtjüdisch-deutschen Umwelt von uns Juden. Sie sieht uns lebende Juden erst recht durch das Totenreich; so sehr, daß sie mit manchen lebenden Juden – und auch mit dem jüdischen Staat, der nicht immer ihrem Bild vom Juden entspricht – durchaus ihre Probleme hat. Deshalb konnte es nicht überraschen, daß die Berliner Ausstellung mit dem Titel »Jüdische *Lebens*welten« vor wenigen Jahren zunächst nicht nur ungläubig, sondern zum Teil sogar mit Entsetzen, dann jedoch mit größter Erleichterung und Dankbarkeit kommentiert wurde. »Normal« im Sinne von »plural« mag dieses Verhalten sein, aber nicht, wenn »normal« auch lebensfroh und seelisch gesund bedeutet.

Nur die Pluralität ist »normal«. Deshalb die Formel: Der

Plural sei »normal«. Der Singular aber ist deutsch-jüdische Wirklichkeit auf dem Feld der Politik, auch der Kultur und Gesellschaft. Ganz im Sinne der bundesdeutschen Verbandsdemokratie
nimmt die Außenwelt als »jüdisch« wahr, was deutsch-jüdische
Verbandsspitzen sagen; was also der »Zentralrat der Juden in
Deutschland«, vor allem dessen jeweiliger Vorsitzender sagt. Mit
der Vielfalt jüdischer Tradition hat das nichts zu tun. Jüdische
Normalität als jüdische Pluralität ist wahrlich mehr als die
wenigen Namen, die jeder kennt und nennt. Die Angaben über
den Organisationsgrad der Juden in ihren Gemeinden zeigen
zudem, daß die jüdischen Verbände Europas heutzutage nur
noch einen Bruchteil der Juden überhaupt repräsentieren. Wer
Juden nur über jüdische Verbände erreichen will, gerät deshalb
in eine Sackgasse. Doch gibt es einen anderen Weg als über die
Verbände?

Politisch wird jüdische Pluralität nicht zuletzt von deutschen
Nichtjuden geradezu systematisch verhindert. Ein Beispiel: In
Berlin wollten 932 Juden sich außerhalb der jüdischen Einheits-
gemeinde organisieren.[20] Sie zogen es vor, die orthodoxe »Adass
Jisroel«-Gemeinde gemeinnützig wiederzubegründen. Sie war
von den Nationalsozialisten zerschlagen worden. Die Einheits-
gemeinde versucht ihrerseits natürlich, ihr Monopol zu sichern.
Der Senat von Berlin unterläßt keine Anstrengung, um ihr dabei
zu helfen. Ein deutsches Gericht unterstellt den wenigen Überlebenden dieser vor einem Jahrhundert gegründeten Gemeinde
kurzerhand, sie hätten sich für die Auflösung der Gemeinde entschieden, weil sie nicht schon wenige Jahre nach dem Holocaust
nach Berlin zurückgekehrt seien. Das Gericht müsse diese »Entscheidung« respektieren; mit der Folge, daß die Gemeinde als
untergegangen anzusehen sei! Auch hier Monopolsicherung?
Mindestens im Ergebnis. Pluralität zu verkünden, ist eben ein-
facher als ihre Verwirklichung.

Diese Verwirklichung von Pluralität ist leider schon im allgemeinen äußerst schwierig, im besonderen deutsch-jüdischen
Bereich ist sie unendlich schwieriger. Bei welchen »heiklen Themen« könne man sich in Deutschland »leicht den Mund verbren-

nen«, wollte das Institut für Demoskopie Allensbach im Herbst 1996 wissen.[21] »Über Juden« sowie »Über Hitler und das Dritte Reich« antworteten jeweils 52 und 51 Prozent. Nur das Asylanten-Thema wurde mit 61 Prozent häufiger genannt. Wer wollte behaupten, daß diese Daten "Normalität" widergäben? Normalität, Pluralität und Identität sind nicht nur in bezug auf jüdische Probleme Schlüsselfragen jeder Gesellschaft. Einmal mehr und immer wieder: Wer sich mit jüdischen Fragen beschäftigt, beschäftigt sich mit Fragen des Menschseins und der Menschheit. Juden und Nichtjuden sind aneinander gekettet, in Vergangenheit, Gegenwart und Zukunft. Sie sind gleich und doch eben anders. DER ANDERE IST ANDERS. ER IST WIE DU.

Kleine Literaturauswahl

Im Text finden die Leser zusätzliche, weiterführende Titel

Allgemeine Literatur

Bodemann, Y. Michal: *Gedächtnistheater. Die jüdische Gemeinschaft und ihre Erfindung*, Rotbuch Hamburg: 1996.

Brenner, Michael: *Nach dem Holocaust. Juden in Deutschland 1945–1950*, München: Beck, Beck'sche Reihe 1995.

Brumlik, Micha u. a., Hg.: *Jüdisches Leben in Deutschland seit 1945*, Frankfurt am Main: Jüdischer Verlag bei athenäum 1986.

Burgauer, Erica: *Zwischen Erinnerung und Verdrängung. Juden in Deutschland nach 1945*, Reinbek bei Hamburg: rowohlts enzyklopädie 1993.

Königseder, Angelika / Wetzel, Juliane: *Lebensmut im Wartesaal. Die jüdischen DPs (Displaced Persons) im Nachkriegsdeutschland*, Frankfurt am Main: Fischer Taschenbuch 1994.

Schoeps, Julius H. u. a.: *Russische Juden in Deutschland. Integration und Selbstbehauptung in einem fremden Land*, Weinheim: Belt-Athenäum.

Wolffsohn, Michael: *Ewige Schuld? 40 Jahre deutsch-jüdisch-israelische Beziehungen*, München – Zürich: Serie Piper, 4. Auflage 1993, Erstauflage 1988.

Wolffsohn, Michael: *Keine Angst vor Deutschland*, Erlangen: Straube 1990, Taschenbuchausgabe, Berlin: Ullstein 1992.

Literaturauswahl

Subjektive Erfahrungen, verbunden mit Analyse und Essays

Broder, Henryk M. / Lang: *Fremd im eigenen Land. Juden in der Bundesrepublik*, Frankfurt am Main: Fischer Taschenbuch 1979.

Broder, Henryk M.: *Der Ewige Antisemit*, Frankfurt am Main: Fischer Taschenbuch 1986.

Giere, Jacqueline / Salamander, Rachel: *Ein Leben aufs Neu. Das Robinson-Album. DP-Lager: Juden auf deutschem Boden 1945–1948*, Wien: Verlag Christian Brandstätter 1995.

Levinson, Peter Nathan: *Ein Ort ist, mit wem Du bist*, Berlin: Edition Hentrich 1996.

Mayer, Hans: *Der Widerruf. Über Deutsche und Juden*, Frankfurt am Main: Suhrkamp 1994.

Mayer, Hans: *Ein Deutscher auf Widerruf*, Frankfurt am Main: Suhrkamp, 2 Bände 1982 und 1984.

Meroz, Yohanan: *In schwieriger Mission. Als Botschafter Israels in Bonn*, Berlin–Frankfurt am Main: Ullstein 1986, Hier: Das Kapitel »Juden in der Bundesrepublik«, S. 147–156.

Schneider, Richard Chaim: *Zwischenwelten. Ein jüdisches Leben im heutigen Deutschland.*

Schultz, Hans-Jürgen, Hg.: *Mein Judentum*, Stuttgart–Berlin: Kreuz Verlag 1978.

Seligmann, Rafael: *Mit beschränkter Hoffnung. Juden, Deutsche, Israelis*, Hamburg: Hofmann & Campe 1991. Überarbeitete und aktualisierte Taschenbuchausgabe München: Knaur 1993.

Stern, Susan, Hg.: *Speaking Out. Jewish Voices From United Germany*, Chicago usw.: edition q 1995.

Die DDR und die Juden

Keßler, Mario: *Die SED und die Juden – zwischen Repression und Toleranz*, Berlin: Akademie Verlag 1995.

Timm, Angelika: *Hammer, Zirkel, Davidstern*, Bonn: Bouvier 1997.

Das Kontrastprogramm zu beiden: Wolffsohn, Michael: *Die Deutschland Akte. Juden und Deutsche in Ost und West. Tatsachen und Legenden,* München: edition ferenczy bei Bruckmann, 2. Auflage 1996, Erstausgabe 1995.

Mertens, Lothar: *Davidstern unter Hammer und Zirkel. Die Jiddischen Gemeinden in der SBZ/DDR und ihre Behandlung durch Partei und Staat.* Olms: Wiss. Abhandlung d. Salomon Ludwig Sternheim Instituts f. Deutsch-Jüdische Geschichte 18,1997.

Erinnerungen von DDR-Juden:
Eschwege, Helmut: *Fremd unter meinesgleichen. Erinnerungen eines Dresdener Juden.* Berlin: Ch. Links Verlag 1991.

Schottlaener, Rudolf: *Trotz allem ein Deutscher. Mein Lebensweg seit Jahrhundertbeginn,* Freiburg i. Br.: Herder 1986, Kapitel IV und V.

Siehe zum Teil auch die Bücher von Hans Mayer.

Juden in der deutschen Nachkriegsliteratur
(auch mit den Buchtiteln der jeweiligen Autoren)

Nolden, Thomas: *Junge jüdische Literatur.* Würzburg: Königshausen & Neumann 1995.

Reich-Ranicki, Marcel: *Deutsche Literatur in West und Ost,* Stuttgart: DVA 1983. Die Kapitel über Arnold Zweig, Anna Seghers, Stephan Hermlin.

Reich-Ranicki, Marcel: *Ohne Rabatt. Über Literatur aus der DDR,* München: dtv 1993 über Anna Seghers, Stefan Heym, Stephan Hermlin, Günter Kunert, Wolf Biermann, Jurek Becker.

Schütz, Hans: *Juden in der deutschen Literatur. Eine deutsch-jüdische Literaturgeschichte im Überblick,* München–Zürich: Serie Piper 1992, Kapitel XII.

Umfragen

Über nichtjüdische Deutsche:
Bergmann, Werner / Erb, Rainer: *Wie antisemitisch sind die Deutschen,*
Meinungsumfragen 1945–1994, in: Antisemitismus in Deutschland.
Zur Aktualität eines Vorurteils, hrsg. von Wolfgang Benz, München:
dtv 1995, S. 47–63. (Beide Autoren haben dazu auch einzelne Bücher
veröffentlicht.)

Über Juden in Deutschland:
Silbermann, Alphons / Sallen, Herbert: *Juden in Westdeutschland.*
Selbstbild und Fremdbild einer Minorität, Köln: Verlag Wissenschaft
und Politik 1992.
Siehe Schoeps u. a. über Russische Juden in Deutschland

QUELLEN

Die kleineren historisch-dokumentarischen Einzelstudien (»Miszellen«
im Fachjargon) basieren auf Materialien der folgenden Archive, die von
meinen Mitarbeitern und mir aufgesucht wurden:
– Bayerisches Hauptstaatsarchiv, Kabinettsprotokolle
– Stadtarchiv München
– Der Senat von Berlin, Akten der Senatskanzlei Berlin (West) über die
  Jüdische Gemeinde
– Zionistisches Zentralarchiv, besonders Nachlaß Dr. Nahum Gold-
  mann
– Archiv der Sozialen Demokratie, Nachlaß Jacob Altmeier
– Bundesarchiv Potsdam (BAP)
– Der Bundesbeauftragte für die Unterlagen des Staatssicherheits-
  dienstes der ehemaligen DDR (MfS)
– Stiftung der Parteien und Massenorganisationen der DDR im Bundes-
  archiv (SAPMO-BA) (= Archiv der ehemaligen SED)
– Israel State Archives, Jerusalem

Anmerkungen

Scheinheiligkeiten (Vorwort)

1. FAZ, 21. 6. 1996.
2. FAZ-Magazin, 15. 4. 1994.

Dasein ohne Sein

1. Frank Stern: Im Anfang war Auschwitz, 1991, siehe Literaturauswahl. Zur Frühzeit des jüdischen Lebens auf deutschem Boden sei auf die folgenden Bücher hingewiesen, die auch in der Auswahlliteratur erwähnt werden: Michael Brenner, Königseder / Wetzel und Giere / Salamander. Außerdem, wenngleich vom deutsch-akademischen Stil geprägt, also strohtrocken: Ursula Büttner: Not nach der Befreiung. Die Situation der deutschen Juden in der britischen Besatzungszone 1945 bis 1948, Hamburg: Landeszentrale für politische Bildung 1986. Ulrich Müller: Fremde in der Nachkriegszeit. Displaced Persons – zwangsverschleppte Personen – in Stuttgart und Württemberg-Baden 1945–1951, Stuttgart: Klett-Cotta 1990. Juliane Wetzel: Jüdisches Leben in München 1945–1951. Durchgangsstation oder Wiederaufbau? Neue Schriftenreihe des Stadtarchivs München 1987.

2. Vgl. aus diversen Veröffentlichungen und Quellen die Angaben zusammentragend Erica Burgauer: Zwischen Erinnerung und Verdrängung. Juden in Deutschland nach 1945, Reinbek bei Hamburg: rororo enzyklopädie 1993, S. 16 und S. 356.
3. Gerhard Löwenthal: Ich bin geblieben. München: Herbig Verlag 1987. Besonders Teil I über die Jahre bis 1945.
4. Hans Rosenthal: Zwei Leben in Deutschland, Gladbeck: Bastei-Lübbe, Taschenbuchausgabe 1987. Erstausgabe 1980.
5. Harry Maor: Über den Wiederaufbau der jüdischen Gemeinden in Deutschland seit 1945, unveröffentlichte Dissertation, Universität Mainz 1961, S. 19.
6. Für diesen und die folgenden Abschnitte finden sich ausführlichere Informationen sowie bibliographische Hinweise bei Burgauer, a. a. O., S. 27ff., und Michael Brenner: Nach dem Holocaust, Teil I. Zu München besonders Peter L. Münch: Die deutschen Juden und Israel unter besonderer Berücksichtigung ihrer Rolle bei den Wiedergutmachungsverhandlungen, München: Ludwig Maximilians-Universität, Magisterarbeit Geschwister-Scholl-Institut, Wintersemester 1987/88; Juliane Wetzel: Jüdisches Leben in München 1945–1951, München: Neue Schriftenreihe des Stadtarchivs München 1987.
7. Zur Frühgeschichte der Juden in München vgl. Juliane Wetzel: Jüdisches Leben in München 1945–1951, München: Neue Schriftenreihe des Stadtarchivs 1987. Natürlich auch die Studien über die »Displaced Persons« im Überblickskapitel »Mehr Schein als Sein«.
8. Bayerische Staatskanzlei, Ministerratsprotokolle, 1. 2. 1947, S. 9ff.
9. Vgl. dazu Constantin Goschler: The Attitude towards Jews in Bavaria after the Second World War, in: Leo Baeck Institute, Year Book 36, 1991, S. 443–458. Hier auch das deftige Zitat des »Ochsen-Sepp« , des Justizministers Josef Müller (CSU) über den Generalsekretär des Zentralrates der Juden in Deutschland als jüdischen »König«. Zu Auerbach vgl. Constantin Goschler: Der Fall Philipp Auerbach. Wiedergutmachung in Bayern, in: Wiedergutmachung in der Bundesrepublik Deutschland, hrsg. von Ludolf Herbst und C. Goschler, München: Oldenbourg Verlag 1989, S. 77–98.

10. Memorandum des Israelischen Außenministeriums, ohne erkennbaren Autor, 9. 3. 1950, ISA, 533/5 a, S. 2.

11. Memorandum, 9. 3. 1950, a. a. O., S. 2.

12. Ministerratsprotokolle, 14. 8. 1947, S. 8 f.

13. Vorsteher L. Kozminski (Jüdische Gemeinde ... – unerkennbar auf dem Dokument) an Militärregierung in Burglengenfeld, 28. 3. 1949, ISA, 533/8.

14. Konsul Elijahu K. Livneh an Außenministerium, München, 4.7.1949, ISA, 533/1; auch ISA, 2520/3 a; ISA 2387/22 a. Vgl. zu den Ausschreitungen die oft an der Oberfläche plätschernde, entsetzlich langweilige und doch die Grundinformationen liefernde Arbeit von Juliane Wetzel: Jüdisches Leben in München 1945–1951. Durchgangsstation oder Wiederaufbau? München: Neue Schriftenreihe des Stadtarchivs München 1987, besonders S. 349 ff.

15. Livneh, 4. 7. 1949, ebd.

16. Livneh an Außenministerium, Konsularabteilung, München, 11. 8. 1949, ISA, 533/1.

17. Ministerratsprotokolle, 20. 6. 1947, S. 12 f.

18. Staatssekretär Dr. Oberländer, Ministerrat 29. 1. 1951, S. 6.

19. Oberländer, Ministerrat, 10. 4. 1951.

20. A. a. O., S. 6 f.

21. Oberländer, Ministerrat, 8. 5. 1951, S. 20.

22. Staatsminister Dr. Schlögl, Ministerrat 8. 1. 1952.

23. Staatsminister Dr. Zorn, Ministerrat 30. 1. 1951, S. 3.

24. Vgl. Angelika Königseder / Juliane Wetzel: Lebensmut im Wartesaal. Die jüdischen DPs (Displaced Persons) im Nachkriegsdeutschland, Frankfurt am Main: Fischer Taschenbuch 1994, passim.

25. Ministerrat, 17. 2. 1953, S. 16.

26. Vgl. dokumentarisch und apologetisch Siegfried Schütt: Theodor Oberländer. Eine dokumentarische Untersuchung, München: Langen-Müller 1995. Philipp-Christian Wachs untersucht in seiner von mir betreuten Doktorarbeit dieses Problem anhand aller verfügbaren Dokumente aus Ost und West.

27. Norbert Wollheim, An die Direktoriumsmitglieder Auerbach, Galinski, Peikatsch über die Sitzung vom 28. 9. 1950, Lübeck, 4. 10. 1950, ISA, 532/8.

28. A.a.O., S. 16f.

29. Oberländer, im Ministerrat vom 12. 5. 1953, S. 9f. Zwischen 1949 und 1953 erreichten tatsächlich 3500 Juden aus Israel das Lager Föhrenwald. Sie waren zuvor aus Föhrenwald nach Israel ausgewandert, wurden dort aber nicht heimisch und kehrten zurück. Welch eine menschliche Tragödie. Zu den Rückwanderern vgl. Angelika Königseder / Juliane Wetzel, a.a.O., S. 165 ff.

30. Ministerrat, 12. 5. 1953, S. 10.

31. Vgl. das Kapitel über Israel und die Juden in Deutschland; auch ISA, 2527/13, mit Ausschnitten aus deutschen Tageszeitungen und der Erklärung des Zentralrat-Direktoriums vom 14. 12. 1953.

32. Daniel Cohn-Bendit: Als Jude – hier? in: Die Zeit, 19. 1. 1956, S. 1.

33. Vgl. die Umfragedaten dazu in: Das Deutschlandbild jüdischer Einwanderer aus der GUS, Duisburg-Potsdam: Salomon Ludwig Steinheim-Institut und Moses Mendelssohn-Zentrum 1993.

34. Vgl. Douglas Bokovoy: ›Lästige Ausländer‹: Ein Ausweisungsfall aus der Isarvorstadt, in: Bokovoy und Stefan Meining, Hg.: Versagte Heimat. Jüdisches Leben in Münchens Isarvorstadt 1914–1945, München: Verlag Dr. Peter Glas 1994, S. 131 ff. und Reiner Pommerin: Die Ausweisung von ›Ostjuden‹ aus Bayern 1923, in: Bokovoy/Meining, a.a.O., S. 75 ff.

35. Benedikt Weyerer: München 1919–1933. Stadtrundgänge zur politischen Geschichte, München: Buchendorfer Verlag, S. 59.

36. Roswin Finkenzeller: Wen ehrt die Münchener von-Kahr-Straße? in: FAZ, 29. 11. 1995.

37. Vgl. die Artikelskizze von Offmann, April 1996. Sie wurde mir von Herrn Offmann zur Verfügung gestellt.

38. Harry Maor: Über den Wiederaufbau der jüdischen Gemeinden in Deutschland seit 1945, Dissertation, Universität Mainz 1961, S. 39.

39. Vgl. M. Wolffsohn: Die Deutschland-Akte, besonders S. 146 ff. zu Abusch; zur Remigration einiger Schriftsteller a.a.O., S. 123 ff. Anders als Burgauer (a.a.O., S. 23) schreibt, wanderte Stefan Heym nicht 1945, sondern 1951 in die DDR ein.

40. Vgl. M. Wolffsohn: Die Deutschland-Akte, S. 159 ff.

41. Vgl. Burgauer, a.a.O., S. 25 mit diversen Verweisen.

42. Tagebuchaufzeichnungen Karl Wolffsohn, Reise nach Deutschland I, Freitag, 9. Dezember 1949.

43. Vgl. Karl Wolffsohn, a.a.O., Eintragung zur Besprechung mit Capitaine Chambon am 12.1.1950.

44. Karl Wolffsohn, a.a.O., ohne Datum, aber Anfang 1950.

45. Ebd.

46. Karl Wolffsohn, Reisenotizen II, (Mai?) 1950.

47. Karl Wolffsohn, Reisenotizen II, (Mai?) 1950.

48. Karl Wolffsohn, Reisenotizen II, Juli 1950.

49. Karl Wolffsohn an den Regierungsbeamten J. Nussbaum (Jerusalem), Berlin, 22. 9. 1955, Israelisches Staatsarchiv, ISA, 2526/3.

50. Karl Wolffsohn, Reisenotizen II, Juli 1950.

51. Karl Wolffsohn, a.a.O., ohne Datum, aber eindeutig Anfang 1950.

52. Karl Wolffsohn, ohne Datum (Anfang 1950).

53. Karl Wolffsohn, (Anfang 1950).

54. Karl Wolffsohn, ebd., besonders Reisenotizen II, Juli 1950.

55. Vgl. Malte Lehmings Artikel in »Der Tagesspiegel«, Berlin, 8.12. 1996, der den Vorgang öffentlich machte. Vgl. Ablauf und Inhalt besonders der Repräsentantenversammlung vom 19.12.1996; vgl. hierüber den offenen Brief des Gemeindemitglieds A. Schneidermann an zahlreiche andere Mitglieder der Gemeinde, Berlin, 20.12. 1996 mit P. S. vom 27.12.1996. Ich erhielt diesen offenen Brief von meinen Eltern. Im Dezember 1996 sowie im Januar 1997 berichtete die Presse ausführlich. Vgl. auch »Focus«, 27.1.1997, S. 72.

56. Vgl. die Leserbriefe im »Tagesspiegel« vom 15.12.1996.

57. Inga Griese, in: »Die Welt«, 28.1.1997.

58. Irene Dische: Fromme Lügen, Frankfurt am Main: Eichborn Verlag 1989.

59. Das mit Abstand wichtigste Buch über die Juden aus der GUS: Julius H. Schoeps u.a.: Russische Juden in Deutschland. Integration und Selbstbehauptung in einem fremden Land, Weinheim: Beltz Athenäum 1996.

60. Maor, a.a.O., S. 86.

61. Maor, a.a.O., S. 80.

62. Yohanan Meroz: In schwieriger Mission. Als Botschafter Israels in Bonn, Berlin usw.: Ullstein 1986, S. 148.

63. Vgl. Walter W. Jacob Oppenheimer: Jüdische Jugend in Deutschland, München: Juventa Verlag 1967, S. 45.

64. Alphons Silbermann / Herbert Sallen: Juden in Westdeutschland. Selbstbild und Fremdbild einer Minorität, Köln: Verlag Wissenschaft und Politik 1992, S. 95.

65. Silbermann / Sallen, S. 16.

66. Silbermann / Sallen, S. 16.

67. Silbermann / Sallen, S. 96.

68. Silbermann / Sallen, S. 21 ff.

69. A. a. O., S. 22.

70. Ebd.

71. Silbermann / Sallen, S. 32.

72. Silbermann / Sallen, S. 43.

73. Silbermann / Sallen, S. 47.

74. Silbermann / Sallen, S. 56.

75. Doris Kuschner: Die jüdische Minderheit in der Bundesrepublik Deutschland. Eine Analyse, unveröffentlichte Dissertation, Universität Köln 1970, S. 139. Kuschner führte zwei repräsentative Befragungen durch.

76. Kuschner, S. 280.

77. Oppenheimer, a. a. O., S. 126.

78. Julius H. Schoeps u. a.: Russische Juden in Deutschland. Integration und Selbstbehauptung in einem fremden Land, Weinheim: Beltz Athenäum Verlag 1996, S. 81.

79. Schoeps u. a., 1996, S. 107.

80. P. J. Blumenthal, »Allgemeine Jüdische Wochenzeitung«, 22. 8. 1996, S. 1.

81. Blumenthal, Allgemeine, 22. 8. 1996, S. 1. Wie er seine Berechnungen durchführte, gibt Blumenthal bedauerlicherweise nicht an. Die Zahl ist daher eher Ergebnis teilnehmender Beobachtungen als empirischer Forschung. Sie ist eher aufschlußreich als im sozialwissenschaftlichen Sinne »repräsentativ«.

82. Maor, a. a. O., S. 106.

83. Walter W. Jacob Oppenheimer: Jüdische Jugend in Deutschland, München: Juventa Verlag 1967, S. 51.

84. Silbermann / Sallen, S. 61.

85. Schoeps u.a., S. 149.
86. Schoeps, ebd.
87. Dazu empfehle ich vor allem Hans Jonas: Der Gottesbegriff nach
    Auschwitz. Eine jüdische Stimme, Frankfurt am Main: Suhrkamp
    1984 (Taschenbuch 1987); Schalom Ben-Chorin und Verena Len-
    zen, Hg.: Jüdische Theologie im 20. Jahrhundert, München-Zürich:
    Serie Piper 1988; grundsätzlich Verena Lenzen: Jüdisches Leben
    und Sterben im Namen Gottes, München-Zürich: Piper 1995.
    Abraham Fuchs: Die Schoa in rabbinischen Quellen (hebräisch),
    Jerusalem 1995.
88. Vgl. Menachem Friedman: The Haredim and the Holocaust, in:
    Jerusalem Quarterly, Nr. 53, Winter 1990, S. 86–114.
89. Schalom Ben-Chorin: Als Gott schwieg. Ein jüdisches Credo,
    Mainz: Matthias-Grünewald-Verlag 1986, S. 25.
90. Hans Jonas: Der Gottesbegriff nach Auschwitz. Eine jüdische
    Stimme, Frankfurt am Main: Suhrkamp 1980, S. 39 ff.
91. Schalom Ben-Chorin, a. a. O., S. 28.
92. Jüdische Theologie im 20. Jahrhundert, hrsg. von Schalom Ben-
    Chorin und Verena Lenzen, Reihe »Lust an der Erkenntnis«, Mün-
    chen-Zürich: Serie Piper 1988.
93. Verena Lenzen: Jüdisches Leben und Sterben im Namen Gottes,
    München-Zürich: Piper 1995.
94. Siehe Buchliste.
95. Vgl. die eigentlich nobel zurückhaltende Darstellung von Nathan
    Peter Levinson: Ein Ort ist, mit wem du bist, Berlin: Edition
    Hentrich 1996, S. 134 ff.
96. Vgl. Levinson, a. a. O., S. 137 ff.
97. Heiner Lichtenstein: Bubis gegen Wolffsohn, in: Allgemeine
    Jüdische Wochenzeitung, 19. 11. 1992. Vgl. auch Ignatz Bubis:
    Juden in Deutschland, Berlin: Aufbau Taschenbuch Verlag 1996,
    S. 72 f.
98. Lili Galili u. a., Haaretz 30. 12. 1993.
99. Ignatz Bubis mit Peter Sichrovsky: Damit bin ich noch längst
    nicht fertig. Die Autobiographie, Frankfurt am Main: Campus
    1996.
100. Vgl. Herbert Weichmann zum Gedächtnis. Hamburg nimmt Ab-

schied von seinem Bürgermeister, hrsg. von Hans Fahning, Hamburg: Albert Knaus 1983.

101. Vgl. Gunter Lange: Jeanette Wolff. 1888 bis 1976. Eine Biographie, Bonn: Verlag Neue Gesellschaft 1988.

102. Er gehörte dem Bundestag von 1949 bis zu seinem Tod im Jahre 1963 an. Eine Biographie über ihn gibt es bislang leider nicht. Der Nachlaß ist im Archiv der Sozialen Demokratie bei der Friedrich-Ebert-Stiftung einsehbar. Vgl. den Aufsatz von Willy Albrecht: Ein Wegbereiter: Jakob Altmaier und das Luxemburger Abkommen, in: Ludolf Herbst / Constantin Goschler, Hg.: Wiedergutmachung in der Bundesrepublik Deutschland, München: Oldenbourg 1989, S. 205–213.

103. Michel Friedman (mit Ernst Dieter Lueg): Zukunft ohne Vergessen. Ein jüdisches Leben in Deutschland, Köln: Kiepenheuer & Witsch 1995.

104. Auch analytisch nicht gerade fair verfährt mit ihm Jael Geis in: Y. Michael Bodemann: Gedächtnistheater. Die jüdische Gemeinschaft und ihre deutsche Erfindung, Hamburg: Rotbuch Verlag 1996, S. 64 ff.

105. Interview Ignatz Bubis, Focus, 7. 10. 1996, S. 65.

106. Vgl. Bubis: Damit bin ich noch längst nicht fertig, Kapitel »Breslau« und »Deblin«.

107. So im Focusinterview vom 7.10.1996. Bubis, a.a.O., schildert besonders im vierten und fünften Kapitel ohne jegliche Schönfärberei seine Überlegungen und Gefühle, die dazu führten.

108. Vgl. dazu die Daten für die späten 50er Jahre bei Maor, a.a.O., besonders S.118 und 155.

109. Eine Biographie über Galinski gibt es noch nicht, eine Autobiographie hat er leider nicht geschrieben. Eine Gedenkschrift liegt vor. Sie sollte Festschrift zu seinem 80. Geburtstag werden: Andreas Nachama und Julius H. Schoeps, Hg.: Aufbau nach dem Untergang. Deutsch-jüdische Geschichte nach 1945. In Memoriam Heinz Galinski, Berlin: Argon Verlag 1992. – Für eine kritische Analyse der DDR-Politik Galinskis vgl. Michael Wolffsohn: Die Deutschland-Akte, S.98 ff. und 310 ff. sowie die übrigen, im dortigen Register angegebenen Abschnitte. Zu Galinski besonders in den 50er

Jahren vgl. Nathan Peter Levinsohn: Ein Ort ist, mit wem du bist. Lebensstationen eines Rabbiners, Berlin: Edition Hentrich 1996, besonders S. 104ff., 134ff., 203ff.

110. »Galinski war ein autoritärer Charakter« (Bubis, Damit bin ich noch längst nicht fertig, S. 126).

111. Luuk, Leiter des Informationszentrums Berlin, an den Regierenden Bürgermeister, Berlin, 1.3.1978, Seite 1, Akten Senatskanzlei.

112. Pletsch, Senatskanzlei an Regierenden Bürgermeister, Berlin, 28. 4. 1978, S. 2, Akten Senatskanzlei.

113. Pletsch, 28. 4. 1978, S. 1.

114. Pletsch, II A 1 – 7070, an Chef der Senatskanzlei, Berlin, 1. 3. 1979, Akten Senatskanzlei.

115. Heinz Galinski an den Regierenden Bürgermeister von Berlin, Dietrich Stobbe, 4. 4. 1979, Senatskanzlei.

116. Heinz Dundalski an Galinski, 6. 4. 1979, Senatskanzlei.

117. RB Dietrich Stobbe an Galinski, 3. 5. 1979, Senatskanzlei.

118. Löer, Senatskanzlei, an RB, 9. 9. 1980, Akten Senatskanzlei.

119. Pletsch, II A 1 – 7070, Ergebnisvermerk zur finanziellen Beteiligung Berlins an Projekten in Israel, Berlin, 16. 3. 1979, S. 1, Akten Senatskanzlei.

120. Pletsch an Herrn Chef der Senatskanzlei, 27. 6. 1978, S. 1, Akten Senatskanzlei West-Berlin.

121. Ebd.

122. Nachum Goldmann, Paris, an den RB Stobbe, 13. 6. 1978, Akten Senatskanzlei.

123. Pletsch, a. a. O., S. 2.

124. Pletsch, a. a. O., S. 2.

125. Senatskanzlei, II A 1/V – 7070, Berlin, 6. 6. 1984, S. 1, Akten Senatskanzlei.

126. (Hansjürgen) Schierbaum, Chef der Senatskanzlei an RB, Berlin, 21.3.1984, Akten Senatskanzlei.

127. RB Eberhard Diepgen an den Rektor der Bar-Ilan-Universität, Professor Dr. Emanuel Rackman, Berlin, 30.3.1984, Akten Senatskanzlei.

127a Armin Hermann: Einstein. Der Weltweise und sein Jahrhundert.

Eine Biographie, München–Zürich: Piper 1994, zitiert nach der Taschenbuchausgabe 1996, S. 489.

128. Vgl. dazu Bubis' Autobiographie, a. a. O., S. 165 ff. Vgl. auch Levinson, Ein Ort, passim.

129. Bubis, a. a. O., S. 173.

130. Bubis, Damit bin ich noch längst nicht fertig, S. 127.

131. C. Goschler: Der Fall Philipp Auerbach. Wiedergutmachung in Bayern, in: Herbst / Goschler, Wiedergutmachung, S. 77 f.

132. Goschler, a. a. O., S. 77.

133. Mit diversen, wasserdichten Belegen Goschler, a. a. O.

134. Goschler, a. a. O., S. 96.

135. Bubis, Damit bin ich noch längst nicht fertig, S. 127.

136. Interview, Penthouse, Dezember 1992, S. 19. Zuvor schon in der Frankfurter Rundschau, 5. 10. 1992.

137. Sheldon Teitelbaum, in: Jerusalem Report, 1996; vgl. auch Teitelbaum an Wolffsohn, 15. 9. 1996.

138. Ignatz Bubis: Juden in Deutschland, Berlin: Aufbau Taschenbuch Verlag 1966, S. 34.

139. Dies dokumentiert das zitierte Taschenbuch ebenso eindrucksvoll wie seine Autobiographie Damit bin ich noch längst nicht fertig, Frankfurt am Main: Campus 1996. Vgl. auch die beiden Gesprächsbücher Ignatz Bubis: Ich bin ein deutscher Staatsbürger jüdischen Glaubens. Ein autobiographisches Gespräch mit Edith Kohn, Köln: Kiepenheuer & Witsch 1994. Ignatz Bubis / Wolfgang Schäuble: Deutschland wohin? hrsg. von Frank Schirrmacher, Freiburg i. Br.: Herder 1996.

140. György Konrad: Melinda und Dragoman (Roman), Frankfurt am Main: Suhrkamp 1991, S. 29.

141. Ignatz Bubis, Juden in Deutschland, Berlin 1996, S. 67.

142. Viktor Klemperer: Ich will Zeugnis ablegen bis zum Letzten. Tagebücher 1933–1945, Berlin, Aufbau-Verlag 1995, Band I, S. 111.

143. Ebd.

144. Klemperer, a. a. O., S. 65.

145. A. a. O., S. 193.

146. »... Zionismus, den ich dem Hitlerismus gleichstellte« (a. a. O., S. 529).

147. A. a. O., S. 220.

148. A. a. O., 3. 9. 1939, S. 483 f.

149. Klemperer, a. a. O., S. 69. Vgl. auch a. a. O., S. 98, wo er die vermeintliche Identität von Nationalsozialismus und Kommunismus erörtert. Oder am 13. Mai 1934: Die NS-»Regierung ... treibt immer mehr ins Bolschewistische« (a. a. O., S. 105).

150. Viktor Klemperer: Zwiespältiger denn je. Dresdner Tagebuch 1945. Juni bis Dezember, Dresdner Hefte, Sonderausgabe 1995, hrsg. vom Dresdner Geschichtsverein. Vgl. auch Friedrich Karl Fromme, FAZ, 13. 7. 1996.

151. Ignatz Bubis mit Peter Sichrovsky: Damit bin ich noch längst nicht fertig, Frankfurt am Main: Campus Verlag 1996.

152. Süddeutsche Zeitung, 30. 9. 1996, S. 12.

153. Allgemeine Jüdische Wochenzeitung, 2. 10. 1996.

154. Hildegard Hamm-Brücher, Süddeutsche Zeitung, 30. 9. 1996, S. 9.

155. Viktor E. Frankl: ... trotzdem Ja zum Leben. Ein Psychologe erlebt das Konzentrationslager, München: dtv 1982, Erstausgabe, München: Kösel 1977.

156. Zu Entstehung und Ablauf dieser Distanz vgl. Micha Brumlik: Kein Weg als Deutscher und Jude. Eine bundesdeutsche Erfahrung, München: Luchterhand 1996.

157. Vgl. dazu M. Wolffsohn: Ewige Schuld, S. 43 ff.

158. Vgl. Heiner Lichtenstein: Die Fassbinder-Kontroverse oder Das Ende der Schonzeit, Königstein/Taunus: Athenäum 1986.

159. Vgl. dazu die Schilderung von Bubis: Damit bin ich noch längst nicht fertig, Kapitel 9; Heiner Lichtenstein: Das Ende der Schonzeit, 1986.

160. Vgl. Silbermann / Sallen, S. 103.

161. Vgl. zu diesem Thema aus der Sicht der Israelexpertin der einstigen DDR Angelika Timm: Hammer, Zirkel, Davidstern. Das gestörte Verhältnis der DDR zu Zionismus und Staat Israel, Bonn: Bouvier 1997.

162. Relativ kurz, knapp und klar (und mit weiterführender Literatur) vgl. Werner Bergmann / Rainer Erb: Wie antisemitisch sind die Deutschen? Meinungsumfragen 1945–1994, in: Antisemitismus in Deutschland. Zur Aktualität eines Vorurteils, hrsg. von Wolfgang

Benz, München: dtv 1995, S. 63–64. Ausführlicher Bergmann / Erb: Antisemitismus in der Bundesrepublik Deutschland. Ergebnisse der empirischen Forschung von 1946–1989, Opladen: Leske & Budrich 1991.

163. Bergmann, a. a. O., S. 62.

164. Vgl. die Umfragedaten in M. Wolffsohn / Douglas Bokovoy: Israel. Geschichte, Politik, Gesellschaft, Wirtschaft, Opladen: Leske & Budrich, 5. Auflage 1996, Deutsch-Israelische Beziehungen.

165. 1985 und 1993 waren es in Israel jeweils 57 Prozent (Shlomit Levy: Israeli Perceptions of Antisemitism, Hebrew University Jerusalem, Vidal Sassoon Center 1996, S. 23).

166. Vgl. dazu Frank Stern: Im Anfang war Auschwitz, besonders S. 231 ff. Dort ebenfalls bibliographische Angaben. Besonders wichtig sind für die Zeit 1945–1949 Anna J. und Richard L. Merritt: Public Opinion in Occupied Germany. The OMGUS Surveys, 1945–1949, Urbana usw. 1970.

167. Vgl. Renate Köcher: Deutsche und Juden vier Jahrzehnte danach, Allensbach 1986, besonders S. 12, 23, 33.

168. Um nur auf einige Umfragen des AJC (New York) hinzuweisen: Jennifer Golub: Current German Attitudes toward Jews and other Minorities, 1994; David A. Jodice: United Germany and Jewish Concerns. Attitudes toward Jews, Israel, and the Holocaust, 1991; Jennifer Golub / Renae Cohen: What do the British Know about the Holocaust, New York: AJC 1993; J. Golub: British Attitudes toward Jews and other Minorities, New York 1993; J. Golub / R. Cohen: What do Americans know about the Holocaust, 1993; Tom W. Smith: Anti-Semitism in Contemporary America, 1994; derselbe: What do Americans Think about Jews, 1991; R. Cohen / J. Golub: The Texture of Intergroup Relations. A National Survey, 1994 und 1993; J. Golub / R. Cohen: What do the French Know about the Holocaust, 1994; Edgardo Catterberg / Nora Vanoli: Argentine Attitudes towards Jews, New York 1994; J. Golub / R. Cohen: Current Austrian Attitudes toward Jews and the Holocaust, 1995 und Fritz Karmasin: Austrian Attitudes toward Jews, Israel, and the Holocaust, 1992; J. Golub / R. Cohen: What do Australians Know about the Holocaust, 1994; R. Cohen / J. Golub:

Attitudes toward Jews in Poland, Hungary, and Czechoslovakia. A Comparative Survey, 1991; J. Golub / R. Cohen: Knowledge and Remembrance of the Holocaust in Poland, 1995; Zora Bútorová / Martin Bútora: Attitudes toward Jews and the Holocaust in Independent Slovakia, 1995; A. Kovács / G. Fischer: Anti-Semitism Among Hungarian College and University Students, 1994; Current Russian Attitudes toward Jews and the Holocaust, 1996; L. Gudkov / A. Levinson: Attitudes toward Jews in the Commonwealth of Independent States, 1994; dieselben: Attitudes toward Jews in the Soviet Union. Public Opinion in Ten Republics, 1992.

169. Forsa-Umfrage, in: Die Woche, 5. 5. 1995.

170. Vgl. Schoeps u. a. Jugendstudie Brandenburg, a. a. O., S. 32 mit weiteren Umfragen; gegenüber Israel lehnten diese »besondere Verantwortung« im Frühjahr 1995 genau 56 Prozent der Bundesbürger ab (Forsa-Umfrage, Die Woche, 5. 5. 1995).

171. Forsa-Umfrage, in: Die Woche, 26. 1. 1996.

172. Vgl. Einstellung Jugendlicher in Brandenburg zu Judentum und zum Staat Israel, hrsg. von Julius H. Schoeps u. a., Postdam: Landeszentrale für politische Bildung 1995, S. 22; besonders die Daten auf Seite 32: daß Israel ein Staat sei, der »über Leichen« gehe, meinten (in »bester« DDR-Tradition) 66 Prozent der Jugendlichen – während der Phase nahöstlicher Friedenspolitik unter Rabin und Peres!

173. Leipziger Institut für praktische Sozialforschung (vgl. den Hinweis in: Blick nach rechts, 31. 5. 1995, S. 7).

174. AJC-Umfragen; World Opinion Update, Februar 1995, S. 14 f.

175. Shlomit Levy: Israeli Perceptions of Antisemitism, Hebrew University Jerusalem, The Vidal Sassoon International Center for the Study of Antisemitism, 1996, S. 12.

176. Ebd.

177. Shlomit Levy, a. a. O., S. 9.

178. Zur jüdischen Literatur in der Nachkriegszeit allgemein Hans Schütz: Juden in der deutschen Literatur. Eine deutsch-jüdische Literaturgeschichte im Überblick, München–Zürich: Piper 1992, Kapitel XII: Nach dem Holocaust. Auch Thomas Nolden: Junge jüdische Literatur, Würzburg: Verlag Königshausen & Neumann 1995.

179. Zur (wenig schmeichelhaften) Kontinuität im Wandel der Zeiten vor und nach 1945 bei Naturwissenschaftlern, zum Beispiel Carl Friedrich von Weizsäcker oder Werner Heisenberg, vgl. Ruth Lewine Sime: Lise Meitner. A Life in Physics, University of California Press 1996.

180. Vgl. Frank Stern: Im Anfang war Auschwitz, S. 190. Zu den Historikern vgl. Winfried Schulze: Deutsche Geschichtswissenschaft nach 1945, München: C. H. Beck 1989.

181. W. Schulze: Deutsche Geschichtswissenschaft nach 1945, S. 127.

182. Ausführlich mit vielen Belegen aus den Akten der Militärregierung der USA (OMGUS) und Großbritanniens (OMGB) sowie Sekundärliteratur bei Frank Stern: Im Anfang war Auschwitz, s. Kapitel 4: »Als ob nichts geschehen sei!« Die Universitäten nach der ›Entjudung‹ der Wissenschaft, S. 155 ff.

183. Vgl. für Einzelbeispiele im Fach Geschichte W. Schulze: Deutsche Geschichtswissenschaft, S. 130 ff.

184. Richard Löwenthal: Der romantische Rückfall. Wege und Irrwege einer rückwärts gewendeten Revolution, Stuttgart: Kohlhammer 1971, Urban Taschenbücher Bd. 803.

185. In zahlreichen Gesprächen und Vorträgen hoben sie gerade diesen Aspekt besonders hervor.

186. Gespräch des Autors mit Jacob Taubes, Jerusalem, Hotel American Colony, August 1978.

187. Vgl. zu diesen Vorgängen die quellengesättigte Geschichte der Universität Frankfurt von Notker Hammerstein: Die Johann Wolfgang Goethe-Universität Frankfurt am Main. Von der Stiftungsuniversität zur staatlichen Hochschule, Band I, Neuwied–Frankfurt am Main: Alfred Metzner Verlag 1989, besonders S. 800.

188. Zitiert bei Hammerstein, a. a. O., S. 811.

189. Hammerstein, a. a. O., S. 811.

190. Hammerstein, a. a. O., S. 811.

191. Zur Sichtweise als »Wiedergutmachungsfall« Hammerstein, a. a. O., S. 811 f.

192. Hammerstein, a. a. O., S. 821.

193. Hammerstein, a. a. O., S. 813.

194. Hammerstein, a. a. O., S. 801.

195. Hellmut Becker: Horkheimers und Adornos Rückkehr. Auswirkungen auf das deutsche Denken der Nachkriegszeit, in: Aufbau nach dem Untergang. In memoriam Heinz Galinski, a. a. O., S. 370.

196. Talk im Turm, SAT 1, 28. 4.1996.

197. Vl. Winfried Schulze: Deutsche Geschichtswissenschaft nach 1945, Historische Zeitschrift, Beiheft 10, München: Oldenbourg 1989, S. 35, besonders Anmerkung 15 und S. 40, Anmerkung 33. Ganz allgemein und eher mild zu Wilhelm Mommsen vgl. Helmut Heiber: Walter Frank und sein Reichsinstitut für Geschichte des neuen Deutschlands, Stuttgart: Deutsche Verlags-Anstalt 1966, S. 738–776. Derselbe: Universität unterm Hakenkreuz, Band 1, Teil 1, München: K. G. Saur 1991, S. 371 (Wilhelm Mommsen als »einer der nicht allzu zahlreichen demokratischen Professoren« der Weimarer Republik); Band 1, Teil II, a. a. O., S. 55 ff.; Band 2, Teil II, S. 543 hier doch härter Wilhelm Mommsen einen »Wendehals« nennend. Auf Anordnung der amerikanischen Militärregierung wurde Wilhelm Mommsen am 11. 12. 1945 vom Dienst suspendiert. Emeritiert wurde er am 4. 1. 1949, ohne seinen Lehrstuhl wiedererhalten zu haben. Vom 1. 7. 1949 bis zum 31. 3. 1950 erhielt er einen Forschungsauftrag des Hessischen Kultusministeriums (Catalogus Marburgensis, Marburg: Hessisches Staatsarchiv).

198. Schulze: Deutsche Geschichtswissenschaft nach 1945, S. 37, vgl. a.a.O., S. 108.

199. Wilhelm Mommsen: Bismarcks kleindeutscher Staat und das Großdeutsche Reich, in: Historische Zeitschrift, 167 (1943), S. 66–82.

200. W. Schulze: Deutsche Geschichtswissenschaft nach 1945, S. 126f., besonders S. 127, Anmerkung 26.

201. Wer ist Wer 1962, S. 1040.

202. Interview Ulrich Raulffs mit Hans Mommsen, in: Frankfurter Allgemeine Zeitung, 7. 9. 1996.

203. Johannes Willms, Süddeutsche Zeitung, 7. 11. 1996.

204. Vgl. Freya Eisner, Süddeutsche Zeitung, 3. 2. 1997.

205. Martin Kröger und Roland Thimme: Die Geschichtsbilder des Historikers Karl Dietrich Erdmann. Vom Dritten Reich zur Bundesrepublik. Mit einem (sehr lesenswerten; M. W.) Vorwort von Winfried Schulze, München: Oldenbourg Verlag 1996. Vgl. zu Wer-

ner Conze (1910–1986) und Theodor Schieder (1908–1984): Götz, Aly: Macht, Geist, Wahn. Kontinuitäten deutschen Denkens, Berlin: Argosverlag 1997.

206. Henryk M. Broder: Volk und Wahn, Hamburg: Spiegel-Buchverlag 1996, S. 247 ff.

207. Broder, a. a. O., S. 250.

208. Diskussion im Goethe-Theater, Bremen, 15. 12. 1996.

208a Interviews, FAZ, 9. 4. 1997.

208b FAZ, 3. 6. 1996.

209. Dieser Eindruck drängt sich bei der Lektüre von Hans Mommsens jüngstem Werk einmal mehr auf (Hans Mommsen / Manfred Grieger: Das Volkswagenwerk und seine Arbeiter im Dritten Reich 1933–1948, Düsseldorf: Econ Verlag 1996).

210. Renate Schostack: Direkter Weg nach Auschwitz? Bericht über eine Tagung der Katholischen Akademie in Bayern, FAZ, 3. 6. 1996.

211. Zur Haltung der jüdischen Orthodoxie vgl. kurz, informativ und präzise Menachem Friedman: The Haredim and the Holocaust, in: The Jerusalem Quarterly, No. 53, Winter 1990, S. 86–114. Allgemein zum Thema Juden, jüdische Religion, Tod und Martyrium eigentlich unverzichtbar Verena Lenzen: Jüdisches Leben und Sterben im Namen Gottes, München–Zürich: Piper 1995.

212. Wolfgang Beck, Hg.: Die Juden in der europäischen Geschichte, München: C. H. Beck 1992.

213. Vgl. Das Gesamtverzeichnis 1995/96 sowie den Verlagsprospekt »Die Juden. Geschichte, Religion, Kultur«, Stand 1. 3. 1994.

214. Wolfgang Beck: Skizzen zur Verlagsgeschichte, in: Der Aquädukt 1763–1988. Ein Almanach aus dem Verlag C. H. Beck im 225. Jahr, München: C. H. Beck 1988, besonders S. XXXI ff.

215. Wolfgang Beck, a. a. O., S. XXXI f.

216. Vgl. zu Karl Wolffsohn die Festschrift zu seinem 50. Geburtstag *Ein Leben für den Film*, Berlin 1931: Verlag der Lichtbildbühne.

217. Niko Oswald: Judentum als Gegenstand von Wissenschaft. Eine Kritik des Faches Judaistik in Deutschland, in: Babylon, 8 (1991), S. 47.

218. Oswald, a. a. O., S. 69.
219. Interview mit Oliver Schmidt, Süddeutsche Zeitung, 25. 3. 1993.
220. Vgl. die biographischen Daten in Gordon A. Craig: Über die Deutschen, München: dtv 1985.
221. Kurt Sontheimer, Verzicht auf intellektuelle Redlichkeit, Süddeutsche Zeitung, 12. 2. 1996. Freilich sollte er, weil selbst im Glashaus sitzend, mit solchen Urteilen etwas vorsichtiger umgehen. In seinem Buch über die Adenauer-Ära verrät er uns nämlich, daß der Überfall Nordkoreas auf den Süden des Landes am 25. August 1950 begann, und nicht am 25. Juni. Stünde dort »Juli«, könnte man sagen, es handelte sich sicherlich um einen Druckfehler, so aber wird man sich nur über das Grundwissen dieses deutschen Professors wundern. »Ssssötzen se sich«, hätte der Lehrer im Film »Die Feuerzangenbowle« nach der Fehlleistung des abgefragten Schülers gesagt.
222. Lars Broder-Keil, Welt am Sonntag, 12. 11. 1995.
223. Responsa des Rabbiners Aviner, Jeschiwat Ateret Kohanim, Jerusalem, 25. 8. 1993.
224. Zu diesen vgl. besonders Marcel Reich-Ranicki: Deutsche Literatur in Ost und West, Stuttgart: DVA 1983, Teil II. Derselbe: Ohne Rabatt. Über Literatur aus der DDR, München: dtv 1993 (Originalausgabe, Stuttgart: DVA 1991).
225. Karl Corino, Die Zeit, 4. 10. 1996. Die Ausgabe erschien am 2. 10. 1996, wegen des Tages der Deutschen Einheit am 3. 10.; ders.: Außen Marmor, innen Gips. Die Legende des Stephan Hermlin, Düsseldorf: Econ 1996.
226. end (wahrscheinlich Elisabeth Endres), Süddeutsche Zeitung, 4. 10. 1996.
227. »Der Kaiser ist nackt«, in: Marcel Reich-Ranicki: Ohne Rabatt, München: dtv 1993, S. 84 ff.
228. Michael Wolffsohn: Die Deutschland-Akte. Juden und Deutsche in Ost und West. Tatsachen und Legenden, München: edition ferenczy bei Bruckmann 1995, Teil II.
229. Vgl. meine Deutschland-Akte, S. 141 ff.
230. Zu Beckers Judentum vgl. Jurek Becker: Mein Judentum (1977). Damit beginnt sein Buch: Ende des Größenwahns. Aufsätze, Vor-

träge, Frankfurt am Main: Suhrkamp 1996, S. 9–21. Und vgl. das letzte Interview vor Beckers Tod, Spiegel, 24. 3. 1997.

231. Zu Barbara Honigmann vgl. Reich-Ranicki: Über Ruhestörer. Juden in der deutschen Literatur, München: dtv, erweiterte Neuausgabe 1993, S. 191 ff.

232. Sein Vater war Jude, so daß er hilachisch, also dem jüdischen Religionsgesetz entsprechend, »objektiv« kein Jude ist. Subjektiv hat er sich im Laufe der Jahre offenkundig immer mehr Juden und Judentum verbunden gefühlt. Vgl. seinen Aufsatz in dem Sammelband: Speaking Out. Jewish Voices From United Germany, hrsg. von Susan Stern, Chicago usw.: edition q 1995, S. 102 ff. Besonders wichtig in diesem Zusammenhang Wolf Biermann: Der große Gesang des Jizchak Katznelson vom ausgerotteten jüdischen Volk, Stuttgart: DVA 1995. Zu Biermann und Becker nicht zuletzt Reich-Ranicki: Ohne Rabatt, S. 267 ff. (Biermann) und 289 ff. (Becker).

233. Zitiert aus Wolf Biermann: Jewish Identity – An East German Dimension, in: Susan Stern, Hg.: Speaking Out, a. a. O., S. 114.

234. Biermann, in: Stern, a. a. O., S. 103.

235. Marcel Reich-Ranicki: Ohne Rabatt, a. a. O., S. 182.

236. Zitiert aus: Reich-Ranicki, Ohne Rabatt, S. 195.

237. Gunter Kunert: Rohstoff, unsichtbar, in: Nachama/Schoeps: Aufbau nach dem Untergang, In Memoriam Heinz Galinski, a. a. O., S. 250.

238. Kunert, ebd.

239. Seine Großmutter Margot Brasch war die Tochter von Heinrich Wolffsohn. Heinrich Wolffsohn war ein Bruder meines Großvaters Karl Wolffsohn. Margot Wolffsohn heiratete einen Herrn (an den Vornamen erinnere ich mich nicht mehr) Brasch. Ihr gemeinsamer Sohn war Horst Brasch, später aktiver Kulturpolitiker der DDR. Horst Brasch und sein Sohn Thomas hatten die größten Probleme miteinander. Auch das spricht nur für Thomas Brasch, nicht für Vater Horst. Und weil es in der DDR natürlich keine »Sippenhaft« gab, wurde Horst Brasch 1968 nach der Verhaftung seines Sohnes Thomas als Staatssekretär und stellvertretender Minister für Kultur »abgelöst« (Wer war Wer? Ein biographisches Handbuch, hrsg. von Bernd-Rainer Barth u. a., Frankfurt am Main: Fischer Taschenbuch

Verlag 1995, S. 93). Da Horst Brasch 1922 geboren wurde, sagt der Vorname »Horst« nichts über die politischen Absichten der Namensgeber aus. Das war bekanntlich in der NS-Zeit ganz anders, wäre aber trotz der traischen Brüche in Margot Braschs Biographie höchst unwahrscheinlich. – Zu jüdischen Themen im Werk von Thomas Brasch vgl. Thomas Brasch: Drei Wünsche, sagte der Golem, Leipzig: Reclam 1990.

240. Zitiert aus: Hans Schütz: Juden in der deutschen Literatur, a. a. O., S. 321.

241. Vgl. Wolffsohn: Die Deutschland-Akte, besonders S. 47 f.

242. Zitiert nach Hans Schütt, Juden in der deutschen Literatur, a. a. O., S. 310.

243. Zu seiner Biographie unerläßlich Marcel Reich-Ranicki im Gespräch mit Joachim Fest, Frankfurt am Main: Fischer Taschenbuch 1987.

244. Dieses Wort und Gedankenspiel, das weit mehr als Spiel ist bei Ernst Tugendhat: Als Jude in der Bundesrepublik Deutschland, in: Derselbe: Ethik und Politik, Frankfurt am Main: edition suhrkamp 1992, S. 90.

245. Albert Camus: Der Mythos von Sisyphos. Ein Versuch über das Absurde, Paris 1942, zitiert aus der Rowohlt Taschenbuchausgabe, Reinbek bei Hamburg 1959, Neudruck 1986, besonders »Das Absurde und der Selbstmord«, S. 9 f.

246. Artikel aus dem britischen »Economist«, nachgedruckt in: Haaretz, 27. 11. 1996.

247. Economist, a. a. O.

248. Cornelia Bolesch, SZ, 9. 8. 1995.

249. Ebd.

250. Ebd.

251. Rabbiner Tovia Ben-Chorin an den Vorsitzenden der Jüdischen Gemeinde zu Berlin, Jerzy Kanal, Jerusalem, 11. 1. 1994. J. Kanal an Rabbiner Ben-Chorin, Berlin, 5. 4. 1994.

252. Camus, a. a. O., S. 100.

253. A. a. O., S. 101.

254. Vgl. dazu M. Wolffsohn: Die Deutschland-Akte, S. 304 ff.

Juden in der »antifaschistischen« DDR

1. Reinhard Pietsch, Neues Deutschland, 26. 5. 1995.
2. Mario Keßler: Die SED und die Juden – Zwischen Repression und Toleranz, Berlin: Akademie Verlag 1995.
3. Vgl. seine Rezension der Deutschland-Akte, in: Deutschland-Archiv, Heft 3/1996.
4. Vgl. auch den Abschnitt »Woher sie kamen« im vorliegenden Buch. Dort finden die Leser auch weiterführende Literatur. Zur stichwortartigen Einführung vgl. Burgauer, a. a. O., die allerdings so gut wie keine Quellen ausgewertet hat.
5. Referat Opfer des Faschismus in der Deutschen Verwaltung für Arbeit und Sozialfürsorge, 29. 7. 1946, Stiftung Archiv der Parteien und Massenorganisationen der DDR im Bundesarchiv (= SAPMO-BA; fortan SAPMO), IV, 2/2.027/29. Das ist das ehemalige Zentrale Parteiarchiv der SED/PDS.
6. Referat Opfer des Faschismus, Deutsche Zentralverwaltung für Arbeit und Sozialfürsorge, Berlin 18. 6. 1946, SAPMO, IV, 2/2.027/29.
7. Polizeiinspektion Nord-Mitte, Erfurt, gez. Haussmann, 24. 4. 1946, SAPMO, IV, 2/2.027/30.
8. Aus demselben Dokument, mit Stempel und Datum 8. 4. 1947, ebd.
9. Betr.: Soziale Fürsorge, 4. 9. 1946, BStU (Der Bundesbeauftragte für die Unterlagen des ehemaligen Staatssicherheitsdienstes der DDR [MfS]), HA XX/4–1389.
10. Kurt Friedländer an die Genossen Dahlem / Gniffke, Schwerin, 12. 3. 1948, SAPMO, IV, 2/2.027/31.
11. Alle Zitate aus dem Brief Friedländers, a. a. O.
12. Leo Zuckermann an Paul Merker, 30. 4. 1948, SAPMO, IV, 2/2.027/31.
13. Entwurf Büro Norden, ohne Datum, aber nach dem Juli 1962, S. 2, SAPMO, IV, 2/2.028/76. Die falsche Grammatik des Originals wurde nicht verändert.
14. Ministerium für Auswärtige Angelegenheiten (MfAA), Abteilung Information, Information Nr. 111/III, Berlin, 18. 3. 1966, KdAW, Verb. 68/1, S. 1.

15. »Eventualfragen für die Pressekonferenz« (des Staatssekretärs für Kirchenfragen) am 5. Juli 1988, StS für Kirchenfragen, Bundesarchiv Potsdam (BAP), 0–4–1345, Antwort auf die erste Frage.

16. Positionspapier für die 28. UNO-Vollversammlung, Stellungnahme zu den sogenannten Wiedergutmachungsforderungen, ohne Datum, Bundesamt für offene Vermögensfragen BAROV-Archiv 82.

17. Dr. Peter Kirchner, Vorsitzender der Jüdischen Gemeinde (Ost-) Berlin, an Ministerpräsident de Maizière, Berlin, 15. 6. 1990, BAP, 0–4–1549.

18. Hier und fortan Abteilung X, Bericht, Berlin, 19. 8. 1951, BStU, MfS, AOP, 4615/63.

19. Abteilung VI, Berlin, 14. 6. 1951, BStU, MfS 22/53 Bd. II.

20. Vgl. dazu die Dissertation von Stefan Meining, Historisches Institut, Universität der Bundeswehr München, wahrscheinlich 1998.

21. Vgl. Der Spiegel, 14. 11. 1956 mit Auszügen aus dem Verhör Rajks. Vgl. L. Rajk und seine Komplizen vor dem Volksgerichtshof, Berlin (Ost): Dietz Verlag 1949 (= offizielles Transkript der ungarischen Regierung).

22. Amt für Kirchenfragen, Bericht über die jüdische Gemeinde nach der Bildung des provisorischen Vorstandes, Berlin, 16. 4. 1953, BStU, MfS, 11843/64, S. 1. Zur Entwicklung der jüdischen Gemeinde vgl. Mario Keßler: Zwischen Repression und Toleranz. Die SED-Politik und die Juden (1949–1967), in: Jürgen Kocka, Hg.: Historische DDR-Forschung. Aufsätze und Studien, Berlin: Akademie Verlag 1993, S. 149–167. Es ist schon recht abenteuerlich, von »Toleranz« in diesem Zusammenhang zu reden.

23. BStU, MfS-Bericht, Kontaktperson Blankenstein, Mitarbeiter Haase, ohne Datum, MfS, HA XX/4–754.

24. Verwaltung Groß-Berlin, Abteilung V, Berlin, 14. 11. 1955, Bericht, betr. jüdische Gemeinde von Groß-Berlin, BStU, MfS, HA XX/4–754, S. 1.

25. Bericht, 14. 11. 1955, BStU, MfS, HA XX/4–754, S. 2.

26. BStU, MfS-Bericht, 14. 11. 1955, a. a. O., S. 4.

27. Hauptabteilung V/4/III, Auskunftsbericht, jüdische Gemeinden, Berlin, 11. 3. 1957, BStU, MfS, 11843/64, S. 18 f.

28. Schweigeverpflichtung Willy Bendit, 27. 10. 1959, BStU, MfS, 11843/64.
29. Verpflichtung Willy Bendit, Berlin, 9. 5. 1960, BStU, MfS, 11843/64.
30. Information, StS Kirchenfragen, Berlin, 20. 4. 1961, BAP, o–4–1337, S. 1. Auch BAP, o–4–2675.
31. BStU, MfS-Bericht, 14. 11. 1955, ebd.
32. BStU, MfS-Bericht, 14. 11. 1955, a. a. O., S. 4.
33. BStU, MfS-Bericht, a. a. O., S. 5. Die Judenliste selbst ist zu finden unter BStU, MfS, HA XX/4, 754, sowohl für 1953 und 1967.
34. Louis Rapoport: Hammer, Sichel, Davidstern. Judenverfolgung in der Sowjetunion, Berlin: Ch. Links Verlag 1992, S. 206 ff. Vgl. dazu auch mit weiterführender Literatur Mario Keßler: Die SED und die Juden – zwischen Repression und Toleranz, Berlin: Akademie-Verlag 1995, S. 58 f.; dort auch die Anmerkungen. Keßlers Darstellung ist, wie das gesamte Buch, allerdings eher beschwichtigend. Daß auch außerhalb der Sowjetunion, eben zum Beispiel in der DDR, Judenlisten angefertigt wurden, erwähnt er nicht. Mein Buch »Die Deutschland-Akte« kannte Keßler vor der Niederschrift seiner Arbeit (vgl. seine Anmerkung a. a. O., S. 12, Anmerkung 10). Dort hatte ich im Schlußkapitel die Judenlisten erwähnt und die archivalischen Fundstellen genannt. Diese Tatsache paßte Keßler nicht so gut ins Bild von der letztlich, seiner These entsprechend, doch eher toleranten als repressiven Judenpolitik der SED.
35. Bericht Konsul Livneh an die Osteuropa-Abteilung des Israelischen Außenministeriums, 3. 2. 1953, Israel State Archives (ISA), 2387/22 a.
36. Aktenvermerk, Aussprache über die Einfuhr von Mazzoth, 15. 3. 1956, BAP, o–4–1333, S. 1.
37. Vgl. dazu Aktenvermerk, Berlin 23. 10. 1956, SAPMO, IV, 2/14/249; »Telegraf« (West-Berlin), 23. 10. 1956 und Absage »Der Tagesspiegel«, 8. 11. 1956.
38. Vermerk Hülsen, ohne Datum, über die Aussprache am 23. 11. 1956 mit Dr. Friedländer und dem Vorsitzenden der JG Dresden, SAPMO, IV/2/14/249, S. 2.
39. Vermerk für Staatssekretär Eggerath, StS, Kirchenfragen, Berlin, 6. 2. 1960, BAP, o–4–1337, S. 2.

40. Hülsen, Vermerk über Gespräch mit Riesenburger in seiner Wohnung, am 8. 11. 1956, SAPMO, IV, 2/14/249.
41. Vermerk Hülsen, Aussprache mit Dr. Friedländer und JG-Vorsitzenden Dresden, 23. 11. 1956, SAPMO, IV, 2/14/249, S. 1.
42. Vermerk Hülsen über die Aussprache am 23. 11. 1956, SAPMO, IV, 2/14/249, S. 1.
43. Hauptabt. V/4/III, Auskunftsbericht jüdische Gemeinden, Berlin, 11. 3. 1957, BStU, MfS, HA XX/4/754, S. 16.
44. Lahl, Leiter Referat Kirchenfragen, Magistrat von Groß-Berlin, 13. 3. 1959, BStU, MfS, 11843/64.
45. Vorlage über die jüdischen Gemeinden der DDR, Berlin, 10. 3. 1959, BAP, 0–4–1333.
46. Lahl, Referat Kirchenfragen, Magistrat von Groß-Berlin, 13. 3. 1959, betrifft politische und wirtschaftliche Lage der jüdischen Gemeinde, BAP, 0–4–1337, S. 2.
47. Referat Kirchenfragen, Lahl, Magistrat von Groß-Berlin, 13. 3. 1959, BAP, 0–4–1337, S. 2.
48. Information, Ultn. Sch., Berlin, 11. 1. 1960, BStU, MfS 11843/64, S. 1.
49. Ultn. Sch., Information, jüdische Gemeinde von Groß-Berlin, Berlin, 11. 1. 1960, BStU, MfS, 11843/64, S. 2.
50. Protokoll, außerordentliche Sitzung des Verbandes der jüdischen Gemeinden in der DDR, 17. 1. 1960, BAP, 0–4–1333, S. 2.
51. Kurzbiographie Riesenburger, BAP, 0–4–730, S. 1. Allerdings ist diese Kurzbiographie etwas geschönt. Von einer »Ordination« zum Rabbiner im Jahre 1939 ist hier die Rede. Das war falsch. Die Verschönerung erstaunt nicht. Die Kurzbiographie wurde von Georg Heilbrunn verfaßt (BAP, 0–4–478, S. 3, wo der Text auch zu finden ist). Vgl. zu Riesenburgers Mut im Dritten Reich auch Heinz Galinski an Erich Honecker, West-Berlin, 10. 9. 1986, BAP, 0–4–998, S. 2.
52. Hülsen, Referentin der Abteilung Kirchenfragen der SED, Betrifft: Jüdische Gemeinden in der DDR, 22. 12. 1956, SAPMO, IV, 2/14/249, S. 6f.
53. Vermerk Hülsen, Aussprache vom 23. 11. 1956, SAPMO, IV, 2/14/249, S. 1.

54. Hauptabteilung V/4/III, Maßnahmeplan, Linie: jüdische Gemeinden, Berlin, 11. 3. 1957, BStU, MfS, 11843/64, Blatt 41 f.

55. Auskunftsbericht, Hauptabt. V/4/III, Berlin, 11. 3. 1957, BStU, MfS, 11843/64.

56. Bericht über die jüdische Gemeinde in Halle/S., 17.11.1956, Archiv der Sozialen Demokratie, O 338 d.

57. Ost-Büro der SPD, 17. 11. 1956, a. a. O.

58. Vermerk Hülsen, ohne Datum, über eine Aussprache mit dem Vorsitzenden der jüdischen Gemeinde Dresden und dem Vizepräsidenten des Verbandes der jüdischen Gemeinden der DDR, Dr. Friedländer, am 23. 11. 1956, SAPMO, IV, 2/14/249, S. 3.

59. Vermerk Hülsen ebd.

60. Vermerk Hülsen ebd.

61. Betrifft: Jüdische Gemeinden in der DDR, Hülsen, Referentin, Abteilung Kirchenfragen der SED, 22. 12. 1956, SAPMO, IV, 2/14/249, S. 1.

62. Hauptabt. V/4/III, Auskunftsbericht, jüdische Gemeinden, Berlin, 11. 3. 1957, BStU, MfS, HA XX/4–754, S. 13.

63. Bendit an Kaul, 6. 12. 1956, SAPMO, IV, 2/14/249.

64. Vgl. Vermerk Hülsen, ohne Datum, November 1956, SAPMO, IV, 2/14/249. Siehe Riesenburger weiter unten.

65. Vermerk Hülsen zur Aussprache am 23. 11. 1956, SAPMO, IV, 2/14/249, S. 3.

66. Haslinger, Staatssekretariat für Kirchenfragen, Berlin, 3. 12. 1959, 0–4–1333, S. 5.

67. Einschätzung der Lage in der NVA, ohne Datum (Jahreswechsel 1956/57), BStU, Sekretariat des Ministers (SdM) 1201. Alle Zitate fortan aus diesem Dokument. Zur Datierung: Es ist unter anderem von den Ereignissen in Ungarn und den »Aggressoren in Ägypten« die Rede. Gemeint sind hier Israelis, denn Israel hatte, mit Großbritannien und Frankreich, in einem »Blitzkrieg« ab 29. 10. 1956 die Sinai-Halbinsel bis zum Suezkanal erobert. Briten und Franzosen zogen sich bald zurück, Israel im März 1957. Das Dokument muß deshalb zwischen November 1956 und März 1957 verfaßt worden sein.

68. Angaben zu den Personen vor allem aus *Wer war Wer in der DDR. Ein biographisches Handbuch*, hrsg. von Bernd-Rainer Barth u.a., Frankfurt am Main: Fischer Taschenbuch Verlag, 1996.
69. Bericht, gez. Beckmann, Berlin, 23. 1. 1959, BStU, MfS, AOP, 4615/63.
70. Aktennotiz, 8. 10. 1959, SAPMO, 0-4-1333.
71. StS. Kirchenfragen, Aufgaben auf dem Gebiet der jüdischen Religion, 8. 6. 1960, BAP, 0-4-1333.
72. StS. Kirchenfragen 8. 6. 1960, a.a.O., BAP 0-4-1333.
73. MfS Zentral-Archiv, BStU, 3654/71, Band 2, Blatt 130, »Vorläufige Einschätzung (der Stasi) über den Verlauf des westdeutschen Kirchentages«, Berlin, 17. 8. 1959, S. 3.
74. Borning, Abteilung Sicherheitsfragen der SED an den Genossen Honecker, 11. 11. 1959, SAPMO, IV, 2/16/230.
75. Paul Verner an Walter Ulbricht, 7. 12. 1959, SAPMO, IV, 2/16/230, S. 3.
76. Paul Verner an das Büro der Bezirksleitung der SED, 8. 12. 1959, SAPMO, IV, 2/16/230, S. 1.
77. Abteilung Organisations-Instrukteure, Vorlage für das Sekretariat, Berlin, 4. 12. 1959.
78. Anlage zum Protokoll der Sitzung des ZK-Sekretariats vom 11. 10. 1965, SAPMO, J, IV, 2/3A/12432, S. 3.
79. Aktenvermerk, Dr. Wilke, über ein Gespräch mit Dr. Kirchner, 9. 4. 1979, StS für Kirchenfragen, BAP, 0-4-731.
80. Aktenvermerk, Gespräch StS Seigewasser mit Vertretern der jüdischen Gemeinden, 24. 1. 1967, BAP, 0-4-4716, S. 4.
81. A.a.O., S. 5.
82. Auszug aus dem Monatsbericht Oktober 1967 der Senatsabteilung III des Westberliner Senats, BStU, MfS, SdM, 1465.
83. Vorlage Dr. Wilke an StS, nur für den Dienstgebrauch, für die Besprechung am 22. 1. 1973 mit den Leitern der jüdischen Gemeinden, Berlin, 17. 1. 1973, S. 1, BAP, 0-4-1341.
84. Albert Norden an Walter Ulbricht, 8. 6. 1967, SAPMO, NL 182/1339, S. 1.
85. Vermerk (gez. Boje = stellv. StS) über das Gespräch vom 28. 6. 1967, Berlin, 30. 6. 1967, BAP, 0-4-1247.

86. Vermerk Boje zum 28. 6. 1967 am 30. 6. 1967, a. a. O., S. 3.
87. MfS-Hauptabteilung XX/4 an BV für Staatssicherheit, Berlin, 27. 7. 1967, BStU, MfS, HA XX/4–754.
88. Thomas Auerbach: Vorbereitung auf den Tag X. Die geplanten Isolierungslager des MfS, Berlin: Der Bundesbeauftragte für die Unterlagen des Staatssicherheitsdienstes der ehemaligen Deutschen Demokratischen Republik, Reihe B, Nr. 1/1995.
89. Dazu als Aktion »Spinne« vgl. Zeev Barth, in: Illustrierte Neue Welt, August/September 1995, S. 15.
90. Eine Skizze des Falles auch bei Erica Burgauer: Zwischen Erinnerung und Verdrängung. Juden in Deutschland nach 1945, Reinbek bei Hamburg: rowohlts enzyklopädie 1993, S. 208 ff. Als Frau Burgauer für ihr Buch Material sammelte, waren freilich die DDR-Dokumente noch nicht zugänglich. Vgl. auch Helmut Eschwege (= IM »Ferdinand«): Fremd unter meinesgleichen. Erinnerungen eines Dresdner Juden, Berlin: Ch. Links Verlag 1991, S. 162–165.
91. Vgl. zu der Darstellung vor allem BStU MfS Bezirksverwaltung Halle, XX/521, MfS BV Halle, EMA 3381; MfS BV Halle, ZMA XX/10; MfS AOG Halle, 1853/84; BAP, 0–4–1344 und –1049; SAPMO, IV B 2/14/176.
92. Zur Lage der jüdischen Gemeinden, Berlin, 1. 9. 1987, BStU, MfS, HA XX/4–1380, S. 3.
93. Aktenvermerk Voigt über das Gespräch Wilkes mit Karin und Klaus (= Ehemann) Mylius, 18. 11. 1985, BAP, 0–4–1344, S. 1.
94. Strafanzeige Aris und Rotstein an das Bezirksgericht Halle, 26. 9. 1986, BAP, 0–4–1344.
95. Aris an Franck Chaim Mylius, Dresden, 2. 9. 1986, BStU, MfS Halle, XX/521.
96. Vgl. Alan Cowell, International Herald Tribune, 27. 9. 1995.
97. Hauptmann Gäde, BStU, Abteilung XX/5, Halle, 4. 7. 1986.
98. Ebd.
99. Hauptmann Gäde, a. a. O., S. 4.
100. Vgl. den IM-Bericht vom 4. 7. 1986 als Anlage zur Klageschrift gegen Michael Wolffsohn.
101. Klaus J. Herrmann, Montreal, 28. 8. 1987, BStU, MfS, HA XX/4, Nr. 2032.

102. Gerhard Moest, Leipzig, an Herrmann, 18. 2. 1996.
103. Mario Offenberg an StS Klaus Gysi, Berlin (West), 29. 7. 1985, BAP, IV, B2/14/180, S. 2 f.
104. Das ist der häufigste Vorwurf von Ignatz Bubis oder auch anderen Vertretern der etablierten jüdischen Gemeinden.
105. Zum Beispiel Henryk M. Broder: Erbarmen mit den Deutschen, Hamburg: Hoffmann & Campe 1993, S. 85 ff. Trotzdem ist Broders Buch brillant.
106. Vermerk Hermann über den Besuch Galinskis in Berlin (Ost), 29. 5. 1987, Berlin, 30. 5. 1987, BStU, MfS, XX/4–1389.
107. Aktennotiz, Janott, StS für Kirchenfragen, 21. 9. 1983, BAP, 0–4–448.
108. Dr. Röfke, Abt. II, StS für Kirchenfragen, Information über ausgewählte Gruppen von Jugendlichen ..., Berlin, 20. 5. 1987, BAP, 0–4–1146.
109. Vgl. (Jüdische) Allgemeine, 18. 12. 1987; FAZ, 1. 8. 1988.
110. Hz., Süddeutsche Zeitung, 16. 5. 1988.
111. Hans-R. Karutz, Die Welt, 4. 9. 1989.
112. Jüdische Allgemeine, 8. 8. 1989.
113. Oberstleutnant Pönitz, Bezirksverwaltung für Staatssicherheit Berlin, Abteilung IX, Berlin, 6. 3. 1988, S. 1, BStU, MfS ohne Signatur.
114. Vermerk Rudi Bellmann für den Genossen Jarowinski, 11. 4. 1988, BAP, IV, B2/14/176.
115. Vgl. die Bestände des Staatssekretariats für Kirchenfragen. Es würde zu umfangreich sein, sie alle hier aufzuzählen.
116. Denkschrift und Antrag auf Wiedergutmachungshilfe ..., jüdische Gemeinde von Groß-Berlin, Oktober 1988, BAP, C–20–117.
117. Zentrale Auswertungs- und Informationsgruppe (ZAIG), Wochenübersicht Nr. 48/88, Berlin, 28. 11. 1988, S. 1 f.
118. Erwin Märtin an Genossen Prof. Dr. Dohle, Nur für den Dienstgebrauch, Leipzig, 9. 9. 1988, S. 2.
119. Abteilung, Vorlage an die Dienstbesprechung am 27. 6. 1988, BAP, 0–4–1242, S. 3.
120. Hauptabteilung II, Berlin, 25. 4. 1989, BStU, MfS, HA XX/4–1390.
121. Vgl. BAP, 0–4–1548 mit unzähligen Belegen.

Anmerkungen

122. Information zur Situation in der jüdischen Gemeinde in Westberlin, Berlin, 8. 9. 1980, BStU, MfS, HA XX/4–1389.

123. Lewrenz, Sektorenleiter Kirchenfragen, 6. 10. 1980, SAPMO, IV, B2/14/174.

124. BUNTE, 25. 1. 1996, S. 100.

125. Vgl. seine Ausführungen auf dem »Jugendkongreß 91« des Zentralrates der Juden in Deutschland, Hamburg, 14. bis 17. 11. 1991, Bericht Sabrina Grosse, In: Allgemeine Jüdische Wochenzeitung, 21. 11. 1991, S. 3.

126. (Jüdische) Allgemeine, 4. 4. 1996, S. 9 und Eugen Schön, »Der Anfang nach dem Ende«, in: Blick nach rechts, April 1996. Das Buch zum »Film« wurde von Günther B. Ginzel unter dem Titel »Der Anfang nach dem Ende«. Jüdisches Leben in Deutschland 1945 bis heute im Droste-Verlag Düsseldorf, Herbst 1996 herausgegeben.

127. Michael Wolffsohn: Die Deutschland-Akte, besonders Seite 94ff; vgl. auch die im Index angegebenen Textstellen.

128. Lars Broder-Keil, Welt am Sonntag, 12. 11. 1995 (Berlin-Teil).

129. Michal Bodemann: Die Protokolle der Weisen von Wandlitz, Tageszeitung, 19. 12. 1995.

130. Wolfgang Hertzberg, Inquisitorischer Bannstrahl, in: Freitag, 5. 4. 1996.

131. BStU (»Gauck-Behörde«), ZA, Personenkartei (Klarnamenkartei), F 16, Peter Kirchner.

132. BStU, ZA, F 22, Vorgangskartei, IMB »Burg«. Auf der Vorgangskartei ist der 7. 11. 1977 vermerkt, auf der Decknamenkartei der 3. 11. 1977 (BStU, ZA, Karteikarte F 77, IM »Burg«).

133. BStU, ZA, Karteikarte F 77 (Decknamenkartei), handschriftlicher Vermerk des Datums für den IMB.

134. »Gründe für das Anlegen bzw. die Umregistrierung, (Stasi-)Leutnant Sprotte und Oberstleutnant Sgraja, handschriftliches Datum, maschinenschriftlich am 21. 10. 1976, 20. 10. 1977, Registernummer, BStU, ZA, HA XX/4, Reg.Nr. XV/3855/76.

135. Vgl. die Daten in: Erica Burgauer: Zwischen Erinnerung und Verdrängung – Juden in Deutschland nach 1945, Reinbek bei Hamburg: rowohlts deutsche enzyklopädie 1993, S. 35.

136. Umregistrierung vom 21. 10. 1976, BStU, HA XX/4, Reg-Nr. 3855/76.

137. Löschauftrag für Abt. XII, 9. 12. 1989, BStU, ZA, Abt. XII.

138. Verzeichnis Löschaufträge, Berlin, 29. 11. 1989, BStU, ZA, HA XX/4.

139. Bericht Ellen Presser, Jüdische Allgemeine, 2. 5. 1996, S. 9. Vgl. den Text Peter Kirchner: Akzeptanz oder Widerspruch? Zwischen Religion und Kultur. Porträt der Ostberliner jüdischen Gemeinde, in: Günther B. Ginzel, Hg.: Jüdisches Leben in Deutschland 1945 bis heute, Düsseldorf: Droste 1996, S. 86–119.

140. Ich hätte, so Ginzel (Allgemeine, 21. 11. 1991, a. a. O.) in der Fernsehsendung »Report« zum Moderator Franz Alt gesagt, »daß die Juden moralisch nicht mehr im Recht seien, Wiedergutmachung zu verlangen«. Richtig ist, daß Franz Alt Moderator der Sendung war. Falsch ist, daß ich mit Alt überhaupt in jener Sendung gesprochen hätte. Noch unsinniger ist meine angebliche These über Juden und Wiedergutmachung. Auf Hebräisch sagt man dazu in deutscher Übersetzung: »Keine Bären und kein Wald.« Kurz und knapp, auf berlinerisch: »Quatsch mit Soße.« Meine tatsächliche Position ist unter der Überschrift »Wieder Wiedergutmachung?« nachzulesen in: M. Wolffsohn: Keine Angst vor Deutschland, Berlin: Ullstein-Taschenbuch 1992, S. 189 f.

141. Dietrich Staritz: Geschichte der DDR. 1949–1989, 2. Auflage, Frankfurt am Main: Suhrkamp 1996.

142. Vgl. zu Angelika Timm mit zahlreichen Belegen meine Deutschland-Akte, S. 80 ff. Nur zu empfehlen ist Henryk M. Broder: Volk und Wahn, Hamburg: Spiegel-Buch Verlag 1996, S. 149 ff.

143. Das entsprechende Buch von Angelika Timm: Hammer, Zirkel, Davidstern. Das gestörte Verhältnis der DDR zu Zionismus und Staat Israel, Bonn: Bouvier 1997.

144. Vgl. zu den Stasiagenten in Polizeidiensten, Ws. (= Winters), FAZ, 9. 8. 1996.

144a Signatur: BStU, ASt Ddn. (= Außenstelle Dresden) AiM 5010/90, Band I + II.

145. ORB, drittes Fernsehprogramm, 27. 4. 1996, 20.15 Uhr, »Das Unverhältnis«, Moderation Wibke Bruhns.

146. Stefan Heym an Ronal Lechner, Wiesbaden, 28. 9. 1996.

147. Anonymer Brief aus Jerusalem, 29. 10. 1995.

Anmerkungen

148. Sein Einsatz war eben »ehrenamtlich«, nicht »hauptamtlich« (vgl. Fischers Umregistrierung vom IM Vorlauf »Jan« zum IMS »Frank« am 3. 8. 1987, AIM, 16144/89c). Zur Beendigung, BStU, MfS, Karteikarte F 22. Die »Perspektivlosigkeit« ist dem »Abschlußbericht« zu IM-Vorgang IMS (= Inoffizieller Mitarbeiter für Sicherung des Verantwortungsbereichs) »Frank« zu entnehmen (BStU, ZA, MfS, AIM, 16144/89c).

149. Abschlußbericht, a. a. O.

150. Der Auskunftsbericht befindet sich in derselben Akte, BStU, ZA, MfS, AIM 16144/89c.

151. So die Kennzeichnung durch den »operativen Mitarbeiter« der Stasi im Auskunftsbericht vom 15. 8. 1989, a. a. O.

152. Auskunftsbericht, a. a. O., Blatt 5.

153. Auskunftsbericht, a. a. O., Blatt 7.

154. Auskunftsbericht, a. a. O., Blatt 6.

155. Vgl. M. Wolffsohn: Deutschland-Akte, besonders S. 90 ff. und 305–310.

156. Auskunftsbericht, a. a. O., Blatt 8.

157. Ebd.

158. Ebd.

159. Auskunftsbericht, a. a. O., Blatt 7.

160. Auskunftsbericht, a. a. O., Blatt 10.

161. Ebd.

162. Ebd.

163. Auskunftsbericht, Blatt 9.

164. Ebd.

165. Beurteilung im Auskunftsbericht, a. a. O., Blatt 11.

166. Wir verzichten auf die Wiedergabe der Einzelheiten, die sich in der Akte befinden.

167. Abschlußbericht Hauptmann Strahl, Berlin 9. 9. 1977, a. a. O., Blatt 114f.

168. Einstellungsvorschlag zur Betätigung als Perspektivkader, Berlin, 15. 7. 1971, BStU, ZA, MfS, AIM, 16144/89c.

169. Einschätzung des Forschungsstudenten Fischer, Peter, Hochschule für Ökonomie, 12. 11. 1971, a. a. O., Blatt 116.

170. Oberstleutnant Kratsch, Leiter der Abteilung 2, BStU, HA II/

Hauptverwaltung A / Abt. IV, Berlin 12. 11. 1971, Einschätzung des Forschungsstudenten Fischer, Peter, a. a. O., Blatt 117.

171. Kratsch, 12. 11. 1971, a. a. O., Seite 2, Blatt 117.

172. Handschriftlicher Vermerk, Wegschild (?), 8. 5. 1972, a. a. O., Blatt 117.

173. Aktenvermerk, IM »René«, Oberleutnant Strahl, Hauptverwaltung A/Abt. IV, Berlin, 14. 1. 1974, S. 1, a. a. O., Blatt 118.

174. Ebd.

175. Abschlußbericht Hauptmann Strahl, Berlin, 9. 9. 1977, S. 2, a. a. O., Blatt 115.

176. Ebd.

177. Spiegel, 6. 4. 1996, S. 19.

178. Ebd.

179. M. Wolffsohn: Die Deutschland-Akte, S. 63 f.

180. Schachar Ilan, Haaretz, 18. 9. 1996.

181. Ebd.

182. Siehe die Belege in meinen Büchern Keine Angst vor Deutschland und Die Deutschland-Akte.

183. Schachar Ilan, Haaretz, 18. 9. 1996.

184. Zu Runge vgl. M. Wolffsohn: Die Deutschland-Akte, S. 90 ff. Vgl. auch Michael Wolffsohn: Keine Angst vor Deutschland, Erlangen: Straube 1990, S. 212 (Taschenbuchausgabe, Berlin: Frankfurt am Main-Berlin: Ullstein 1992, S. 179).

185. S. Ilan, ebd.

186. S. Ilan, ebd.

187. BStU, HA XX/9, SV 14/84 »Zionismus«.

188. BStU, HA XX/9, SV 14/84, Blatt 2.

189. S. Ilan, ebd.

190. S. Ilan, ebd.

191. Zum »Ratgeber«: Haaretz, 26. 9. 1991.

192. Schachar Ilan, Haaretz, 18. 9. 1996.

193. Vgl. M. Wolffsohn: Die Deutschland-Akte, S. 43 ff.

194. Vgl. Die Deutschland-Akte, besonders Teil I.

195. Vgl. zur Umregistrierung den Aktenvermerk Kinzas, vom gleichen Tag, BStU, AIM, 3654/71, Teil P, Bd. 1. Aktenspiegel für die Personalakte, BStU, AIM, 3654/71, Teil P, Bd. 1, S. 1.

196. BStU, Der Bundesbeauftragte für die Unterlagen des Staatssicherheitsdienstes der ehemaligen DDR (=»Gauck-Behörde«), AIM, 3654/71.

197. Treffbericht Leutnant Kinza, Berlin, 23. 6. 1958, über das Treffen am 18. 6. 1958 in der KW (= Konspirativen Wohnung) »Knape«, BStU, AIM, 3654/71, Teil A, Bd. 1, S. 2.

198. Aktenvermerk Kinza, Berlin, 10. 10. 1959, BStU, AIM, 3654/71, Teil P, Bd. 1. Ab 1961 übernahm er »eine langjährige Aspirantur der Philosophie« (Aktenvermerk Leutnant Kuschel, Hauptabteilung V/4, Berlin, 6. 1. 1961, a. a. O.).

199. Aktenspiegel, a. a. O., S. 1.

200. Auskunftsbericht über GI »Gerhard«, Kuschel, Hauptabteilung V/4, Berlin, 3. 9. 1961, a. a. O., S. 3.

201. Hauptabteilung V/4, Berlin, 9. 3. 1957, BStU, AIM, 3654/71, Teil P, Bd. 1, S. 1. In a. a. O., Bd. 4 ist auf den Blättern 71 und 72 auch der Bericht 61 vom 16. 5. 1961 zu finden. Dieser gehört zu Aktion J, was die Akten dieser Aktion dokumentierten (vgl. dazu die Deutschland-Akte). Hinweise auf Seidowskys Tätigkeit in bezug auf die jüdische Gemeinde in München auch in: a. a. O., Band 3, Leutnant Kinza, Aktenvermerk, Berlin, 4. 3. 1960. Aufschlußreich ist auch die Information vom 3. 3. 1960, wo über das Innenleben der deutsch-jüdischen Gemeinschaft berichtet wird (ebd., Blätter 134 ff.) Auch die Information vom 12. 4. 1960, a. a. O., Blätter 160 ff. Vgl. auch den Auskunftsbericht vom 24. 3. 1960, S. 4, a. a. O., Band 1, Blatt 116. Zum Auftrag Seidowskys vom 28. 3. 1960, a. a. O., Bd. 1, Blatt 117 f (er sollte »aufklären«). Von einer Adressenliste ist nicht die Rede, aber aufgrund von Inhalt, Zeitpunkt und Führungsoffizieren der Aktion J und Seidowsky muß vermutet werden, daß er die Anschriften der Münchener Juden gesammelt hat. Seidowsky selbst war kein Jude. »Mein Vater wäre Jude gewesen, wenn es also eine Religion gäbe, zu der ich mich sympathisierend verhalte, wäre es das Judentum, allerdings nicht der Zionismus. (Bericht über die Italienreise vom 2. 7. bis 18. 7. 1961, S. 21, Berlin, 15. 8. 1961, Bericht Nr. 61, a. a. O., Band 4)

202. Auskunftsbericht Leutnant Kinza, Berlin, 24. 3. 1960, BStU, AIM, 3654/71, Teil P, Bd. 1, S. 4.

203. Auftrag, Berlin, 23. 3. 1960, BStU, AIM, 3654/1, Teil P, Bd. 1. Vgl. auch den Auskunftsbericht über Seidowsky, Berlin, 4. 10. 1962, a. a. O., Bd. 2, S. 10, Blatt 61. Auch vom 6. bis 11. Mai 1961 war er in München »im Auftrage des MfS zur Beschaffung von Material über antisemitische Ausschreitungen«, a. a. O., S. 11, Blatt 62.
204. Ebd. S. 2.
205. Auskunftsbericht, 3. 9. 1961, a. a. O., S. 3 f.
206. M. Wolffsohn, Deutschland-Akte, S. 43 mit Belegen.
207. Sachstandsbericht Seidowsky, Berlin, 18. 12. 1962, BStU, 3654/71, Bd. 2, S. 8. Auch Auskunftsbericht über Seidowsky, Berlin, 4. 10. 1962, S. 11, a. a. O.
208. Vgl. Die Deutschland-Akte, S. 40 ff. mit Belegen und Einzelheiten.
209. Sachstandsbericht zur Bearbeitung des operativen Materials gegen Hans-Joachim Seidowsky, Berlin, 18. 12. 1962, BStU, 3654/71, Band 2, S. 8, Blatt 141.
210. Befehl Nr. K 1605/69, gez. Mielke, Berlin, 7. 10. 1969, BStU, AIM, 3654/71, Teil I, Bd. 4 und Oberst Kienberg, Berlin, 8. 2. 1971, a. a. O.

Israel und die Juden in Deutschland

1. Umfragedaten dazu in: Michael Wolffsohn: Israel. Geschichte, Politik, Gesellschaft, Wirtschaft, Opladen: Leske & Budrich, 4. Auflage 1995, S. 274 ff.
2. Vgl. Jacqueline Giere / Rachel Salamander, Hg.: Ein Leben aufs Neue. Das Robinson-Album. DP-Lager: Juden auf deutschem Boden, 1945–1948, Wien: Verlag Christian Brandstätter 1995, S. 16 f., 89.
3. Cilly Kugelmann: Die Welt im politischen Umbruch. Das jüdische »DP-Problem« 1945–1950, in: Giere/Salamander, a. a. O., S. 17.
4. Vgl. Brigadegeneral Thomas L. Harrold, European Command Headquarters, Office of the Director of Civil Affairs, US Army, an Dr. Chaim Hoffman, Jewish Agency for Palestine, München, 8. 7. 1948, ISA (Israel States Archives), 376/20. Antwort Dr. Chaim Hoffman, Vertreter der provisorischen Regierung Israels an Harrold, München, 12. 7. 1948, ebd.

5. Vgl. diesen Briefwechsel sowie andere Dokumente in der angegebenen Akte.

6. Außenminister Moshe Shertok an Präsident Chaim Weizmann (Montreux), Tel-Aviv, 20. 7./22. 8. 1948, Documents on the Foreign Policy of Israel, Vol I, 14. 5.–30. 9. 1948, edited by Yehoshua Freundlich, Jerusalem 1981, S. 370. Vgl. auch E. Epstein an Shertok, a. a. O., S. 536.

7. M. Shertok an Eliyahu Epstein (später Elath; Botschafter in Washington, DC), Tel-Aviv 19. 8. 1948, a. a. O., S. 539. Vgl. U. Heyd an Außenministerium, Washington, DC, 15. 2. 1949, Documents, Jerusalem 1984, Vol. II, S. 430.

8. Shertok an Epstein, 19. 8. 1948 ebd. Vgl. auch U. Heyd an M. Shertok und E. Epstein, Washington, DC, 12. 9. 1948, a. a. O., S. 588.

9. Shertok an Epstein, 19. 8. 1948, ebd.

10. Hoffmann an M. Shertok, München, 21. 9. 1948, a. a. O., S. 618 f.

11. »Ohne behindert zu werden«, konnten die Juden ausreisen, lesen wir in den Akten des israelischen Außenministeriums. Es wurde einfach »unterstellt, daß die Männer im nicht wehrfähigen Alter sind«. Notiz, Tel-Aviv, 22. 9. 1948, ohne Verfasser, ISA (Israel State Archives), Jerusalem, Außenministerium, 376/20.

12. Hoffmann an Shertok, 21. 9. 1948, a. a. O., S. 618 f.

13. Treffen M. Shertok mit A. Vishinsky (stellvertretender Außenminister der Sowjetunion), 12. 12. 1948, Documents on the Foreign Policy of Israel, Vol. II, October 1948 – April 1949, edited by Yehoshua Freundlich, Jerusalem 1984, S. 287.

14. Ebd.

15. U. Heyd an Ester Herlitz, Washington, DC, 8. 2. 1949, Documents, Vol. II, S. 420.

16. U. Heyd an Außenministerium, Washington, DC, 15. 2. 1949, Documents, Vol. II, S. 430.

17. Ignatz Bubis, kein DP, doch ein Überlebender, schreibt in sympathischer Offenheit darüber (Bubis: Damit bin ich noch längst nicht fertig, a. a. O., S. 76).

18. Bubis: Damit bin ich noch längst nicht fertig, S. 76.

19. Jisachar Jacobson an die jüdische Kaufmannsvereinigung Hamburg, 6. 6. 1949, ISA, 533/8 auch 533/11.

20. Protokoll über die erste Delegiertenversammlung des Zentralver-
    bandes jüdischer Gewerbetreibender im westdeutschen Bundes-
    staat, 30. 10. 1949, S. 2, ISA, 533/8.
21. a.a.O., Protokoll 14. 10. 1949, ISA, 533/8.
22. Staatskommissar Dr. Philipp Auerbach, München, an Konsul
    Dr. Livneh, 10. 10. 1949, ISA, 2539/6; auch ISA 533/1.
23. Vgl. Jüdische Allgemeine, 27. 1. 1950.
24. Rechtsanwalt Dr. Ostertag an Konsul Dr. Livneh in München,
    Stuttgart, ohne Datum (aber eindeutig Oktober/November 1949),
    ISA, 2539/6; auch ISA 533/1.
25. Ebd.
26. Livneh, München, an Einwanderungsministerium, 2. 11. 1949, ISA,
    2519/4, S. 1; auch ISA, 533/5 a; auch ISA, 2387/22 a; auch ISA 533/2.
27. Livneh an Gemeinde Regensburg, 4. 1. 1950, ISA, 533/11.
28. Konsul Livneh, München, an Abteilung Westeuropa, 1. 3. 1950,
    ISA, 2543/1.
29. Vgl. Gerschon Avner, Direktor der Westeuropa-Abteilung, an
    Konsul Livneh in München, 12. 12. 1949, ISA, 2539/1, S. 1.
30. Livneh, 2. 11. 1949, a.a.O., S. 2. Siehe auch Gerschon Avner, Lei-
    ter der Westeuropaabteilung, an Livneh, 12. 12. 1949, ISA, 2539/1,
    S. 2. Vgl. zum »offenkundigen Nichtbestehen eines intellektuellen
    Lebens« bei den Juden in Deutschland das Memorandum des
    israelischen Außenministeriums, ohne Autor, 9. 3. 1950, ISA,
    533/5 a.
31. Jachil an Außenminister, 3. 5. 1955, ISA, 5563/3991 c, S. 6.
32. Vgl. *Who is Who in Israel (1962)*.
33. Vgl. die Angaben zu Hayim (Chajim) Jachil (Yahil, ursprünglich
    Hoffmann) die Angaben in der Encyclopedia of Zionism.
34. Ebd.
35. Livneh, a.a.O., S. 4.
36. Gerschon Avner, Leiter Westeuropaabteilung, an Konsul Livneh,
    12. 12. 1949, ISA, 2539/1, S. 1.
37. Ignatz Bubis: Damit bin ich noch längst nicht fertig, S. 231.
38. I. Ilsar an Sicherheitsoffizier, ohne Ort, 25. 10. 1950, ISA, 2538/24 c.
39. Ilsar, 25. 10. 1950, a.a.O.
40. Vgl. Rundschreiben Heinz Galinskis, Berlin, an diverse andere

jüdische Vertreter in Westdeutschland, 7. 11. 1949, ISA, 533/11;
auch ISA 533/14.

41. Michael Brenner: Nach dem Holocaust. Juden in Deutschland
    1945–1950, München: C. H. Beck 1995, S. 141.

42. Vgl. auch Rolf Vogel, Hg.: Der deutsch-israelische Dialog, Teil I,
    Politik, München usw.: K. G. Saur 1987, S. 15 ff.

43. Norbert Wollheim, Lübeck, 28. 11. 1949, an Dr. Tramer, Irgun Oley
    Merkaz Europa, Tel Aviv, ISA, 532/4, S. 1.; auch ISA, 532/8. Eine
    Kopie sandte Wollheim auch an den israelischen Konsul in Mün-
    chen, Elijahu Livneh (siehe handschriftlichen Vermerk Woll-
    heims). Das Dokument ist deshalb im israelischen Staatsarchiv.

44. Wollheim, a. a. O.

45. Wollheim, a. a. O., S. 3.

46. Norbert Wollheim, Lübeck, an Karl Marx, 4. 11. 1949, ISA, 532/8.

47. Karl Marx, Düsseldorf, an die Mitglieder des Zentralrat-Direkto-
    riums, 28. 6. 1951, ISA, 533/2, S. 2.

48. Ebd.

49. Vgl. zur wirtschaftlichen Notwendigkeit Michael Wolffsohn: Israel.
    Geschichte, Politik, Gesellschaft, Wirtschaft, Opladen: Leske &
    Budrich, 4. Auflage 1995, S. 444 ff. mit genauen Daten und Quellen.

50. Unterschrift des Verfassers nicht zu entziffern, Note on a Conversa-
    tion with Carl (sic) Marx, Düsseldorf, 20. 3. 1951, ISA, 533/7 a; auch
    ISA, 533/5a; ISA, 533/2; auch ISA, 2417/2.

51. Gespräch mit Marx, 20. 3. 1951, a. a. O., S. 1.

52. J. David an Finanzminister, 7. 9. 1951, ISA, 533/5 b.

53. Vgl. Michael Wolffsohn: Das Wiedergutmachungsabkommen mit
    Israel. Eine Untersuchung bundesdeutscher und ausländischer
    Umfragen, in: L. Herbst, Hg.: Westdeutschland 1945–1955. Unter-
    werfung, Kontrolle, Integration (Schriftenreihe der Vierteljahres-
    hefte für Zeitgeschichte), München: Oldenbourg 1986, S. 203–218.
    M. Wolffsohn: Das deutsch-israelische Wiedergutmachungsabkom-
    men von 1952 im internationalen Zusammenhang, in: Vierteljah-
    reshefte für Zeitgeschichte, 36. Jhg. Heft 4, (1988), S. 691–731.
    Auch M. Wolffsohn: Die Wiedergutmachung und der Westen –
    Tatsachen und Legenden, in: Aus Politik und Zeitgeschichte,
    B 16–17/87, 18. 4. 1987, S. 19–29. M. Wolffsohn: Ben-Gurion und

Deutschland, Bonn: Friedrich-Ebert-Stiftung, 1987, S. 25–48. Besonders M. Wolffsohn: Globalentschädigung für Israel und die Juden? Adenauer und die Opposition in der Bundesregierung, in: Wiedergutmachung in der Bundesrepublik Deutschland, hrsg. von Ludolf Herbst und Constantin Goschler, Schriftenreihe des Instituts für Zeitgeschichte, München: Oldenbourg 1988, S. 161–190.

54. Gespräch mit Marx, 23. 3. 1951, a. a. O., S. 1. Die Notiz erwähnt als Datum der Interview-Veröffentlichung »Anfang Dezember«. Tatsächlich erschien das Interview in der Allgemeinen am 11. 11. 1949.

55. Vgl. weiter unten die Hinweise auf Adenauers Erklärung vom 27. 9. 1951.

56. Gespräch mit Marx, 20. 3. 1951, a. a. O.

57. Vgl. Livneh an Altmaier, 6. 4. 1951, ISA, 534/4a. Altmaier an Livneh, 9. 4. 1951, a. a. O.

58. Gerschon Avner an Livneh, 24. 6. 1951, ISA, 2553/6. Vgl. Livneh an Avner (Westeuropaabteilung), 20. 6. 1951, ISA, 2543/5.

59. Vgl. die Niederschrift des Gespräches am 20. 3. 1950, Aufzeichnung Norbert Wollheims vom 23. 3. 1950, ISA, 2387/22; auch ISA, 31/131, S. 3.

60. Ebd.

61. Wollheim, 28. 11. 1949, a. a. O., S. 3.

62. Ebd.

63. Auszüge der Rede Wollheims zum israelischen Unabhängigkeitstag bei der WIZO (Zionistische Weltfrauenorganisation), Hamburg, 19. 5. 1951, ISA, 533/5b, S. 3; auch ISA, 2539/2 und ISA, 532/8.

64. Brenner: Nach dem Holocaust. S. 147.

65. Gespräch mit Marx, 20. 3. 1951, a. a. O., S. 5.

66. Karl Marx, Düsseldorf, an Leo David, Tel-Aviv, 17. 5. 1951, ISA, 533/7, S. 2.

67. Karl Marx an die Mitglieder des Zentralrat-Direktoriums, 28. 6. 1951, ISA, 533/2, S. 3.

68. Livneh an Westeuropa-Abteilung (Avner), 30. 11. 1951, ISA, 2543/7, S. 1.

69. Livneh, 30. 11. 1951, a. a. O., S. 2.

70. Dr. Felix Shinnar an Konsul Livneh, 2. 1. 1952, ISA, 2528/5.

71. Elijahu Livneh, München, an Gerschon Avner, 6. 12. 1949, ISA, 2543/1.

72. Vgl. E. Katzenstein an Dr. Georg Landauer, Jewish Agency Jerusalem, 7. 3. 1950, ISA, 2552/12. Georg Landauer an Außenministerium, Deutschlandabteilung, 16. 3. 1950, ISA, 2552/12. Der Zentralrat wollte das Referat nicht (vgl. Schreiben Galinski, geschäftsführender Vorsitzender des Direktoriums, an Staatssekretär Ritter von Lex, Bundesministerium des Inneren, ohne Datum, nach der Zentralratssitzung vom 10. 9. 1950, ISA, 533/9).

73. Livneh, München, an Gerschon Avner, Westeuropaabteilung, 26. 4. 1950, ISA, 2543/1.

74. Gerschon Avner an Georg Landauer, 23. 3. 1950, ISA, 2552/12.

75. Livneh an Gemeinde Fürth, München, 1. 3. 1950, ISA, 533/11.

76. Vgl. Das Protokoll der Sitzung der Interessenvertretung der jüdischen Gemeinden und Kultusvereinigungen, Bad Nauheim, 7. 5. 1950, ISA, 533/8.

77. Ignatz Bubis, Vorsitzender des Direktoriums, an Michael Wolffsohn, 26. 3. 1996.

78. Gerschon Avner, Leiter der Westeuropaabteilung, an Konsul Livneh, 4. 7. 1950, ISA, 2552/14.

79. A. Justiz an Gerschon Avner, 5. 7. 1950, ISA, 2552/14.

80. Vgl. das Protokoll der Besprechung vom 1. 8. 1950, ISA, 2539/1 a, S. 5, auch ISA, 533/5 a.

81. Livneh an Westeuropaabteilung, 21. 8. 1950, ISA, 2516/8.

82. Ebd.

83. Vgl. den Abschnitt über Juden in Bayern.

84. Vgl. auch Monika Richarz: Juden in der Bundesrepublik Deutschland und in der Deutschen Demokratischen Republik seit 1945, in: Micha Brumlik u. a., Hg.: Jüdisches Leben in Deutschland seit 1945, Frankfurt am Main: Jüdischer Verlag bei athenäum 1986, S. 21.

85. Jewish Agency (Autor nicht erkennbar auf der Kopie des Dokumentes), an Konsul Livneh, München, 14. 8. 1950, ISA, 2516/8.

86. Konsul Livneh, München, an Einwanderungsministerium, 21. 8. 1950, ISA, 2516/8, S. 2.

87. Jewish Agency an Livneh, 14. 8. 1950, ISA, 2516/8.

88. Ebd.

89. Vgl. die Magisterarbeit von Peter Münch: Die deutschen Juden und Israel unter besonderer Berücksichtigung ihrer Rolle bei den Wiedergutmachungsverhandlungen, MA-Arbeit, Ludwig-Maximilians-Universität, München, Wintersemester 1986/87, besonders S. 20 ff. Auch Michael Wolffsohn: Ewige Schuld? 40 Jahre deutsch-jüdisch-israelische Beziehungen, München-Zürich: Piper Verlag, 4. Auflage 1993, S. 165 f. Ich selbst habe in Ewige Schuld den Bann wohl auch zu sehr als Akt der Offensive interpretiert. Man lernt eben nie aus, wenn man neue Quellen findet und auswertet.

90. Auerbach, Galinski, Piekatsch, Wollheim an Berl Locker, Jewish Agency for Palestine, Entwurf, (ca.) 20. 8. 1950, ISA, 533/9, S. 2.

91. Notiz (Wollheim, Lübeck, 24. 9. 1950) der Besprechung der Zentralratsvertreter Rosensaft und Wollheim mit Dr. Nachum Goldmann in London am 14. 9. 1950, ISA, 533/9.

92. Notiz Wollheim vom 24. 9. 1950, a. a. O.

93. Vgl. Protokoll der Interessenvertretung der Jüdischen Gemeinden in der US-Zone, Stuttgart, 3. 12. 1950, ISA, 533/8, S. 2.

94. So sollte die Sitzung der Interessenvertretung der jüdischen Gemeinden der US-Zone in Stuttgart vom 8. 10. 1950 streng vertraulich sein (Protokoll, ISA, 533/8).

95. Vgl. Protokoll der Sitzung des vorläufigen Direktoriums des Zentralrates am 29. 11. 1950, Frankfurt am Main, ISA, 533/2.

96. Protokoll der Sitzung des Zentralrates der Juden in Deutschland, Berlin, 25. 2. 1951, ISA, 533/2, S. 3.

97. Interessenvertretung der jüdischen Gemeinden der US-Zone, Stuttgart, 3. 12. 1950, ISA, 533/8, S. 4.

98. Konsul Livneh an Westeuropaabteilung (= Gerschon Avner), München, 12. 2. 1951, ISA, 2552/12. Avner hatte den JWK seinerseits kritisiert (Avner an Livneh, 18. 1. 1951, ISA, 2552/3).

99. Vgl. Protokoll der Sitzung des vorläufigen Direktoriums des Zentralrates, Hamburg, 6. 1. 1951, ISA, 533/2. Siehe auch Protokoll der Sitzung des Zentralrates, 7. 1. 1951, ISA, 533/2.

100. Ratstagung, 7. 1. 1951, ISA, 533/2, S. 3.

101. Livneh, Ratstagung, 7. 1. 1951, a. a. O., S. 3.

102. Jacoby auf der Ratstagung vom 7. 1. 1951, ISA, 533/2, S. 3.
103. Ratstagung, 7. 1. 1951, a. a. O., S. 4.
104. J. Zur an Lateinamerika-Abteilung, 30. 7. 1950, ISA, 2539/2.
105. Anlage des Rundschreibens von Norbert Wollheim an die Mitglieder des Zentralrat-Direktoriums, 29. 8. 1951, ISA, 533/2, S. 2.
106. Ratssitzung, 7. 1. 1951, a. a. O., S. 4.
107. Ratssitzung, 7. 1. 1951, a. a. O., S. 6. Zu Levinsohns Sicht der Dinge vgl. Nathan Peter Levinsohn: Ein Rabbiner in Deutschland. Aufzeichnungen zu Religion und Politik, Gerlingen: Bleicher Verlag 1987.
108. Vgl. die Angaben in Jacques Bendelac: Les fonds exterieu d'Israel, Paris: Economica 1982.
109. dpa, 10. 11. 1960, ISA, 299/4.
110. Ebd.
111. Norbert Wollheim, Lübeck, an Konsul Livneh in München, 5. 1. 1951, ISA, 532/8. Wollheim bezog sich auf eine Meldung der Jewish Telegraphic Agency vom 27. 12. 1950.
112. Wollheim an Livneh, 5. 1. 1951, ebd.
113. Was sein handschriftliches »nein« am Rande des Briefes bezeugt.
114. Wörtlich eigentlich »Disziplin« statt »Anweisungen«. Livneh an Westeuropaabteilung, 23. 3. 1951, ISA, 2543/3; auch ISA, 2539/1.
115. Ratstagung, Berlin, 25. 2. 1951, ISA, 533/2, S. 3.
116. Vgl. Livneh, München, an Westeuropaabteilung, 25. 4. 1951, ISA, 2543/4, S. 1. Vgl. auch Livneh an Avner, 9. 5. 1951, ISA, 533/1; auch ISA, 2552/12; ISA, 2539/1 c.
117. Gerschon Avner an Konsul Livneh, 16. 5. 1951, ISA, 533/1; auch ISA, 2552/12; ISA, 2539/1 c.
118. Gerschon Avner an Livneh, 12. 8. 1951, ISA, 534/1, S. 1; auch ISA, 2539/2.
119. Telegramm Karl Marx an Konsul Livneh, 30. 8. 1951, ISA, 532/8. Vgl. auch Telegramm (Marx?) an Livneh, ohne Datum, wohl Anfang September 1951, ISA, 532/10.
120. Dr. Fischer an Dr. Shinnar (genaues Datum auf der Kopie nicht erkennbar), August 1951, ISA, 533/5 b, S. 1.

121. Livneh über seine »ausgeprägte Distanz« zu Karl Marx vgl. Livneh an Direktor der Westeuropa-Abteilung (G. Avner), 3. 9. 1951, ISA, 533/5 b, S. 1.

122. Jakob Altmaier, Spesenrechnung für persönliche Ausgaben März 1951 bis zum Abschluß des »Israel-Vertrages« (siehe den im Auftrag seiner Regierung von Herrn Konsul Dr. Elijahu Livneh an mich gerichteten ›streng geheimen Brief‹ vom 6. März 1951), Frankfurt am Main, 15. 3. 1954, ISA, 615/5. Die Summe für 15 Fahrten nach München zu Besprechungen mit Livneh, drei Reisen nach Paris »zwecks Besprechungen« mit Minister (= Botschafter Israels) Maurice Fischer, Dr. Goldmann und Minister Scharett, Telefon u. a.: 12 000,– DM.

123. Resolution des Zentralrates der Juden in Deutschland, 8. 10. 1951, ISA, 2520/3 a; auch ISA, 5332 und ISA, 533/3. Generalsekretär H. van Dam an Konsul Livneh, 14. 10. 1951, ISA, 2520/3 a; ISA, 533/2; ISA 533/3.

124. Livneh an Westeuropa-Abteilung (Avner), 11. 10. 1951, ISA, 533/4.

125. Vgl. Leo Baeck an Bundeskanzler Adenauer, 16. 10. 1951, ISA, 533/4.

126. Livneh an Westeuropa-Abteilung (= Avner), 19. 10. 1951, ISA, 533/2.

127. Protokoll der Direktoriumssitzung, 7. und 8. 10. 1951, Hamburg, ISA, 533/3; auch ISA, 533/2. Vgl. auch den summarischen Bericht van Dams, 14. 10. 1951, ISA, 533/2.

128. Resolution des Zentralrates, 8. 10. 1951, ISA, 533/2.

129. Livneh an Westeuropa-Abteilung (Avner), 11. 10. 1951, ISA, 533/4; auch ISA, 532/8; auch ISA, 2543/7. Zur Sitzung des Zentralrates mit Livneh vgl. das Protokoll der Direktoriumssitzung vom 7. und 8. 10. 1951, Hamburg, Hotel Reichshof, ISA, 533/3 und ISA 533/2.

130. Van Dam an Livneh, 14. 10. 1951, ISA, 2520/3 a.

131. Entschließung des Zentralrates, 8. 10. 1951, ebd.

132. Dr. H. G. van Dam, Generalsekretär, Memorandum des Zentralrates, Hamburg, November (ohne Tag) 1951, ISA, 533/2, S. 7.

133. Rundschreiben van Dam an Direktorium, Rat und Landesverbände, Hamburg, 15. 11. 1951, ISA, 533/2, S. 2.

134. Van Dam, a. a. O., S. 3.

135. Ebd.

136. Van Dam, a. a. O., S. 2.

137. Konsul Livneh an Westeuropa-Abteilung und Dr. Shinnar, 29. 11. 1951, S. 1, ISA, 532/10; ISA, 533/2; ISA, 533/3; ISA, 2543/7. Siehe das Protokoll der Sitzung ISA 532/2, S. 3.

138. Protokoll Direktoriumssitzung des Zentralrates, Frankfurt am Main, 17. 1. 1952, van Dam, Hamburg, 26. 1. 1952, ISA, 533/2, S. 1.

139. So bedauerte der Zentralrat die nur »sehr geringe Fühlungnahme der israelischen Stellen« (Protokoll, Direktorium, 5. 3. 1952, Frankfurt am Main, ISA, 532/13 b, S. 2).

140. Van Dam an Konsul Livneh, Hamburg, 28. 3. 1952, ISA, 532/13 b, S. 3.

141. Der Weg. Berliner Wochenzeitung, 9. 11. 1951.

142. Van Dam an Livneh, Hamburg, 28. 3. 1952, a. a. O., S. 3.

143. »Danger of independent action by Jewish body in Germany«, wurde Nachum Goldmann von F. L. Brassloff (Jüdischer Weltkongreß) am 9. 10. 1951 gemeldet (Zionistisches Zentralarchiv, Jerusalem, Nachlaß Nachum Goldmann).

144. Vgl. Konsul Livneh an Westeuropa-Abteilung, 3. 4. 1952, ISA, 2520/3 a.

145. Van Dam an Konsul Livneh, Hamburg, 17. 6. 1952, ISA, 532/13 b, S. 6.

146. Van Dam an Livneh, a. a. O., S. 7.

147. Shinnar an Livneh, 1. 7. 1952, ISA, 532/13 b.

148. Van Dam, Hamburg, Dezember 1951, Protokoll der Zentralratssitzung, Düsseldorf, 18. und 19. 11. 1951, ISA, 533/2, S. 4.

149. Van Dam, Dezember 1951, Summarischer Bericht der Sitzung des Zentralrates, Düsseldorf, 18. und 19. 11. 1951, ISA, 533/2, S. 2.

150. Livneh an Westeuropa-Abteilung und Dr. Shinnar, 4. 12. 1951, ISA, 533/2 und ISA, 533/3; ISA, 2520/3 a.

151. Konsul Livneh an das Direktorium des Zentralrates, München, 30. 12. 1951, ISA, 533/3 die deutsche Fassung; ISA, 533/2 die hebräische Fassung.

152. Livneh an Westeuropa-Abteilung und Dr. Shinnar, ISA, 533/2; ISA, 533/3; ISA, 2520/3 a.

153. Livneh an Staatssekretär (»Generaldirektor«) des Außenministeriums, 10. 9. 1952, ISA, 533/1; auch ISA, 533/2.

154. Vgl. auch das für Deutschlands Juden nicht gerade schmeichelhafte Kapitel in den Erinnerungen von Yohanan Meroz: In schwieriger Mission. Als Botschafter Israels in Bonn, Berlin usw.: Ullstein 1986.

155. Vgl. die Zusammenarbeit bei der Abwehr arabischer Proteste gegen das Wiedergutmachungsabkommen, Livneh an Staatssekretär, 12. 11. 1952, ISA, 532/4.

156. Die überproportionale Bedeutung der Juden in Deutschland für Israel hatte Dr. Z. Doriel von der Israel-Mission bereits 1953 erkannt (vgl. Doriel an Shinnar und Jachil, 12. 10. 1953, ISA, 2520/3; ISA, 2520/3a).

157. Dr. Chaim Jachil an Osteuropa-Abteilung: Die Juden in West-Deutschland, 11. 10. 1953, ISA, 2387/22, S. 8. Auch ISA, 2520/3a.

158. Jachil, 11. 10. 1953, a. a. O., S. 8.

159. Vgl. Konsul Livneh an den Vorstand der Israelitischen Kultusgemeinde Münchens, München, 24. 12. 1952, ISA, 2520/3a; ISA, 533/1; ISA, 533/2. Livneh an Westeuropa-Abteilung, 29. 12. 1952, ISA, 2520/3a; ISA, 533/2.

160. Rabbiner N. Peter Levinsohn an Konsul Livneh, Berlin, 31. 12. 1952, ISA, 533/1; ISA, 533/2.

161. Levinsohn an Livneh, ebd.

162. Livneh an Rabbiner Levinsohn, 26. 1. 1953, ISA, 533/1; auch 533/2.

163. J. Kreutner, Zionistische Weltorganisation, an Israel-Mission in Köln, 13. 12. 1957, ISA, 3100/16, S. 1.

164. I. Ben-Jaakov an Westeuropa-Abteilung, 30. 12. 1957, ISA, 3100/16, S. 1.

165. Moshe Tavor, Israel-Mission Köln, an Shinnar, 3. 8. 1959, ISA, 3100/16.

166. I. Ben-Jaakov, Israel-Mission in Köln, an Informationsabteilung, 26. 11. 1956, ISA, 2520/3.

167. Entschließung des Zentralrat-Direktoriums, 18. 11. 1956, ISA, 2520/3.

168. Vgl. Maurice Weinberger an das Außenministerium des Staates Israel, München, 1. 6. 1953, ISA, 2520/3a.

169. Konsul Livneh an Osteuropa-Abteilung, 3. 2. 1953, ISA, 2387/22a, S. 2.

170. Vgl. den Abschnitt über die Juden in Bayern.

171. I. Alter, Osteuropa-Abteilung, an Dr. H. Jachil in Köln (Israel-Mission), 27. 7. 1953, ISA, 2516/8.

172. Münchner Merkur, 14. 12. 1953, zitiert in: ISA, 2527/13.

173. Ebd.

174. I. Ilssar, Vizechef der Osteuropa-Abteilung, an Shinnar in Köln, 30. 5. 1955, ISA, 2525/8, S. 1. Noch am 17. 8. 1953 wurden in Föhrenwald 710 illegale Rückwanderer aus Israel registriert (A. Rupin an Shinnar, Köln, geheim, 9. 5. 1955, ISA, 2525/8, S. 1.

175. Rupin an Shinnar, 9. 5. 1955, ISA, 2525/8, S. 2.

176. Rupin an Shinnar, 9. 5. 1955, ISA, 2525/8, S. 1: Zwischen August 1953 und Mai 1955 hatten rund 400 Deutschland verlassen. Die meisten waren nach Brasilien, Argentinien, in die USA und nach Kanada und Australien ausgewandert, nur 30 kamen wieder nach Israel.

177. Vgl. auch J. Ilsar, Stellvertreter Westeuropa-Abteilung, an Dr. F. Shinnar in Köln, 30. 5. 1955, ISA, 300/4. Shinnar an Ilsar, 8. 6. 1955, a. a. O.

178. Vgl. Abschnitt aus Protokoll der Sitzung der Weltvereinigung, 15. 9. 1953, ISA, 2388/22, S. 1.

179. Vgl. Osteuropa-Abteilung an Dr. Jachil, Israel-Mission, Köln, 25. 12. 1953, ISA, 2516/8. Die Entscheidung fiel auf der Sitzung des Vorstands der Jewish Agency am 7. 1. 1954, ISA, 32/131.

180. In Düsseldorf, Jachil an Zwi Harel, Jewish Agency, 8. 7. 1954, ISA, 32/131, S. 1.

181. I. Ben-Jaakov, Israel-Mission in Köln, an Abteilung Westeuropa, 27. 12. 1957, ISA, 3100/16, S. 1.

182. Pinchas Rosen an Leiter der Konsularabteilung, 16. 1. 1961, ISA, 3309/16, S. 2.

183. I. Ben-Jaakov an Abteilung Westeuropa, 27. 12. 1957, ISA, 3100/16, S. 1.

184. Auskünfte verschiedener Bundesbehörden an den Autor, 1995/96.

185. Rali Saar, Haaretz, 10. 1. 1996.

186. Vgl. FAZ und SZ vom 15., 16. und 17. 1. 1996 sowie die diversen Agenturmeldungen jener Tage.

187. Zitiert nach Schirli Golan, Jediot Acharonot, 8. 1. 1996.

188. Roy Greenwald, Haaretz, 15. 1. 1996.
189. Roy Greenwald, Haaretz, 22. 1. 1996.
190. FAZ, 17. 1. 1996, S. 2.
191. Vgl. Michael Wolffsohn / Uwe Puschner: Geschichte der Juden in Deutschland. Quellen und Kontroversen, München: Bayerischer Schulbuchverlag 1992, S. 210. Die dortigen Angaben basieren auf und wurden ergänzt aus dem Statistischen Jahrbuch der Bundesrepublik Deutschland, diverse Jahrgänge. Auch die übrigen Angaben über Israel und die Juden der Welt sind in diesem Buch zu finden. Vgl. auch das American Jewish Year Book und den israelischen Statistical Abstract.
192. Michael Wolffsohn: Politik in Israel. Entwicklung und Struktur des politischen Systems, Opladen: Leske & Budrich 1983, S. 147. Dort auch ausführliche Erklärungen.
193. Vgl. zu den Angaben und Quellen Michael Wolffsohn / Douglas Bokovoy: Israel. Geschichte, Politik, Gesellschaft, Wirtschaft, Opladen: Leske & Budrich, 4. Auflage 1995, bes. S. 369 und 445.
194. Akiva Eldar, Haaretz, 28. 1. 1996.
195. Haaretz, 31. 1. 1996, S. 1 und 2.
196. Zitiert nach Welt am Sonntag, 21. 1. 1996, S. 22.
197. Greenwald, Haaretz, 22. 1. 1996.

An den Rand notiert

1. Vgl. dazu meinen Artikel in der Welt am Sonntag, 21. 4. 1996.
2. SZ, 24. 5. 1995, Passauer Ausgabe.
3. SZ, 10. 6. 1996, Beilage Literatur & Lesen.
4. Marcel Reich-Ranicki zitiert diesen Satz in der FAZ vom 15. 7. 1995.
5. Bundesvorstand Christlicher Gewerkschaftsbund Deutschlands, 20. 12. 1994.
6. Vgl. Welt am Sonntag, 18. 12. 1994.
7. epd, evangelische information, 48/94, S. 22.
8. Vgl. die Daten in Michael Wolffsohn / Douglas Bokovoy: Israel. Geschichte, Politik, Gesellschaft, Wirtschaft, Opladen: Leske & Budrich, 4. Auflage 1995, S. 218f.

9. Alphons Silbermann / Herbert Sallen: Juden in Westdeutschland. Selbstbild und Fremdbild einer Minorität, Köln: Verlag Wissenschaft und Politik 1992, S. 22 ff.

10. Elijahu Salpeter, Haaretz, 15. 5. 1996. Hier stellt Salpeter eine britische Umfrage vor.

11. Sonja Margolina: Das Ende der Lügen, Berlin: Siedler Verlag 1992.

12. Yosef Hayim Yerushalmi: »Diener von Königen und nicht Diener von Dienern.« Einige Aspekte der politischen Geschichte der Juden, München: Carl Friedrich von Siemens-Stiftung, 1995, S. 10.

13. Vgl. dazu Nathan Stoltfus: Widerstand des Herzens. Der Protest in der Rosenstraße und die deutsch-jüdische Mischehe, in: Geschichte und Gesellschaft, 21 (1995), S. 218–247.

14. Peter Y. Medding u. a.: Jewish Identity in Conversionary and Mixed Marriages, New York: American Jewish Committee (AJC) 1992. Egon Mayer: Children of Intermarriage. A Study in patterns of Identification and Family Life, New York: AJC 1983. Derselbe / Carl Sheingold: Intermarriage and the Jewish Future. A National Study in Summary, New York: AJC 1979.

Wie normal ist heute jüdisches Leben in Deutschland?

1. Hildegard Hamm-Brücher, Süddeutsche Zeitung, 30. 9. 1996. Die Anführungszeichen waren im Text selbst zu finden.

2. Micha Brumlik: Kein Weg als Deutscher und Jude. Eine bundesrepublikanische Erfahrung, München: Luchterhand 1996, S. 9.

3. Elijahu Salpeter, Haaretz, 22. 5. 1996.

4. Salpeter, a. a. O. 22. 5. 1996. Laut Umfrage in Großbritannien im Jahre 1996 (JPR-Umfrage): 44 Prozent (Haaretz, 24. 9. 1996).

5. Ein Beispiel fürs strukturell schlechte Gewissen eines nach außen höchst erfolgreichen Juden in Deutschland vgl. Herbert Riehl-Heyse: Götterdämmerung. Die Herren der öffentlichen Meinung, Berlin, Siedler Verlag 1995, S. 45–55.

6. Julius H. Schoeps, in: (Jüdische) Allgemeine, 27. 6. 1996: Vgl. Ignatz Bubis, zitiert in: Süddeutsche Zeitung, 17. 6. 1996. Nicht alle der rund 45000 russischen Einwanderer waren wirklich jüdisch.

Man wird realistischerweise annehmen können, daß zwischen 30 und 40 Prozent keine Juden waren.

7. Ignatz Bubis: Juden in Deutschland, Berlin: Aufbau Taschenbuch Verlag 1996, S. 61. Die Zahlen beziehen sich bis Ende Mai 1996.

8. Vgl. Michael Wolffsohn: Juden ja, Israel nein? Wider die guten Deutschen, in: Derselbe: Verwirrtes Deutschland, München: edition ferenczy bei Bruckmann, 2. Auflage 1994, S. 53 ff. Vgl. auch Rali Saar, Haaretz, 20. 4. 1994.

9. In Israel stieg im letzten Jahrzehnt der Anteil auf rund 40 Prozent (vgl. M. Wolffsohn: Israel. Geschichte, Politik, Gesellschaft, Wirtschaft, Opladen: Leske & Budrich, 5. Auflage 1996, Abschnitt »Religion«.

10. Angaben der »Allgemeinen« Jüdischen Wochenzeitung, 18. 5. 1995.

11. Vgl. Tanja Kröni, Allgemeine Jüdische Wochenzeitung, 15. 6. 1995. Für die USA vgl. Elijahu Salpeter, Haaretz, 9. 4. 1997, Daten des Jüdischen Weltkongresses zitierend.

12. Rachele M. Smulian, in: American Jewish Year Book 1995, New York: The American Jewish Committee 1995, S. 301.

13. Peter Baum, Allgemeine Jüdische Wochenzeitung, 5. 8. 1993.

14. Economist (London), nachgedruckt in: Haaretz 27. 11. 1996.

15. Ebd.

16. Henriette Boas, The Netherlands, in: American Jewish Year Book 1995, New York: The American Jewish Committee 1995, S. 293.

17. Vgl. Rabbiner Tovia Ben-Chorin an den Vorsitzenden der jüdischen Gemeinde zu Berlin, Jerzy Kanal, Jerusalem, 11. 1. 1994. Jerzy Kanal an Rabbiner Tovia Ben-Chorin, 5. 4. 1994.

18. Vgl. sein Buch über Juden in der deutschen Literatur. Es trägt den bezeichnenden Titel »Über Ruhestörer« (erweiterte Neuausgabe, München: dtv 1993).

19. Vgl. Umfrage Mina Zemach, Haaretz, 25. 9. 1996.

20. Stand 31. 10. 1996.

21. Elisabeth Noelle-Neumann: Political Correctness – was ist das? in: Frankfurter Allgemeine Zeitung, 16. 10. 1996.

PIPER

Brigitte Hamann
Hitlers Wien

Lehrjahre eines Diktators. 652 Seiten. Geb.

Brigitte Hamann auf Spurensuche in Hitlers Wien. Niemand hat bisher eine derartige Fülle von zeitgenössischen Quellen ausgewertet. Die Autorin ist damit zu der Expertin für Hitlers frühe Jahre in Wien geworden. Ihr Buch ist die umfassende Biographie des jungen Hitler und zugleich das Porträt einer Stadt, die ihm verhaßt war und in die er 1938 als Triumphator zurückkehren sollte.

»Die Lektüre des Buches ist ein erstaunliches Erlebnis: Unbewußt ertappt sich der Leser zunächst dabei, Verständnis für das schmächtige Bürschchen aufzubringen, das sich mittellos in einer Großstadt wie Wien durchs Leben schlagen muß, einer Stadt, die der Einwanderung aus dem Osten kaum Herr wird – die Ernüchterung bleibt aber nicht aus. Brigitte Hamann entfaltet das Soziogramm der Habsburg-Metropole, beschreibt die Bevölkerungsschichten (Österreicher, Deutsche, Slawen, Ungarn, Ruthenen, Böhmen u.a.), eruierte die Mietpreise und Lebenshaltungskosten, sogar Hitlers Monatseinkommen, führt uns das Leben in dieser Stadt plastisch vor Augen … Als deprimierendes Fazit bleibt der Gedanke, daß nichts, aber auch gar nichts von Hitlers politischen Wahnvorstellungen ein Eigenprodukt war. Nicht nur in diesem Sinn war Hitler der größte Betrüger dieses Jahrhunderts.«
Süddeutsche Zeitung